*Marika Rökk · Herz mit Paprika*

# *Marika Rökk*

## *Herz mit Paprika*

Erinnerungen

*Aufgezeichnet von*
*Elvira Reitze*

*Mit 73 Fotos*
*und einer Filmographie*

Universitas

**Bildnachweis**

Film-Dokumentationszentrum Action, Wien 12, 45, Schutzumschlag-Rückseite rechts oben; Archiv: 1, 2, 4, 6, 25, 28, 29, 30, 32, 35, 42, 43, 44, 54, 61, 65, 66, 67, 68, 69; Stiftung Deutsche Kinemathek, Berlin: 5, 13, 15, 16, 19, 23, 27, 39, 40, 48, 58, 59, 60; Deutsches Institut für Filmkunde, Frankfurt/M.: 9, 11, 14, 20, 21, 22, 24, 26, 33, 41, 47, Schutzumschlag-Rückseite links oben; dpa, Frankfurt/M.: 73; Archiv Dr. Karkosch, Gilching bei München: 3, 7, 8, 17, 18, 31, 36, 37, 38, 49, 51, 55, 56, 57, 70, Schutzumschlag-Rückseite unten; Ingrid von Paleske, München: 71; Bilderdienst Süddeutscher Verlag, München: 10, 34, 46, 50, 52, 53, 62, 63, 64, 72

Neu durchgesehene und erweiterte Ausgabe 1993

Schutzumschlaggestaltung: Atelier Bachmann, Reischach
unter Verwendung eines Fotos von Winfried Rabanus, München
Satzarbeiten: Fotosatz-Service Weihrauch, Würzburg
Druck und Binden:
Wiener Verlag, Himberg
Printed in Austria
ISBN: 3-8004-1294-2

# Inhalt

# »Nix da, die liegt mir nicht!«

*Probeaufnahmen in Berlin bei Georg Jacoby – Mit zwanzig wurde ich »das Ufa-Baby«*

Als ich Anfang 1934 nach Berlin kam, um »die Rökk« zu werden, war ich zwanzig, und ich kann wirklich nicht behaupten, ich sei als strahlende Göttin im Triumphwagen eingefahren – o nein. Mit elf Jahren hatte ich im Pariser »Moulin Rouge« getanzt, mit zwölf am Broadway meine Wirkung ausprobiert, war als Liebling vom Boulevard durch Budapest geschwänzelt und im »Stern der Manege« als Sensation im Zirkuszelt gefeiert worden.

Ich liebte das Publikum, lebendige Leute, Applaus, Lacher, das Echo auf mich, die heiße Rökk-Marika. Ich war »The little Hungarian Princess«, wie die Amerikaner sagten. Jetzt kam das ungebärdige Füllen in die strenge Ufa-Schule. Ich sollte ein Filmstar werden, aber ich mochte gar nicht leuchten in der sachlichen Arbeitsatmosphäre der Ateliers.

Die Menschen in Berlin waren anders, kühler als die in meiner Heimat. Sie schmeichelten mir nicht. Sie sagten nicht: »Küß die Hand, Künstlerin« wie die Ungarn. Sie sagten gar nichts. Die Ufa hätte damals mit ihren Stars und großen Schauspielern das Colosseum füllen können, wenn sie es gewünscht hätte. Eine Anfängerin bedeutete nicht viel in diesem Weltunter-

nehmen, und daß sie viel Talent hatte, war selbstverständlich.
So riß ich meine großen grünblauen Augen auf und blickte mißtrauisch in die Runde. Ich war unsicher. Unterhielten sich zwei Beleuchter im Atelier und sahen auch nur einmal zu mir herüber, schoß ich sofort auf sie zu und zischte: »Was sprechen Sie über mich?« Ich konnte ja ihre Sprache noch nicht. Bei der Wiener Aufführung vom »Stern der Manege« hatte ich Deutsch wie ein Papagei geplappert. Ich wußte wohl den Sinn, aber ich kannte nicht die Worte.
Das kühle Berliner Seelenklima bedrückte mich sehr. Später habe ich diese geradlinige Art verstanden. Ich gewann sie lieb, wurde meiner wieder sicher, wußte genau, wieviel es bedeutet, wenn ein Lob kommt von diesem Publikum, daß es nämlich viel mehr zählt als wendige Komplimente. Aber das war viel später. Damals fühlte ich mich fremd, einsam, verlassen.
Zwei Frauen halfen mir, die Fremdheit zu überwinden. Da war Emmy Harald, die Lehrerin, die mir die Ufa sozusagen nach Maß verpaßte. Sie war eine ruhige, ausgeglichene Frau in den besten Jahren, mit einer gehörigen Portion Festigkeit begabt. Sie hatte die diffizile Aufgabe, mir Deutsch beizubringen und bei Gesellschaften dafür zu sorgen, daß ich lecker und gesetzt zwischen Champagner und Schnittchen Figur machte und meine ersten Sprachkenntnisse beileibe nicht für unbedachte Äußerungen mißbrauchte.
Emmy baute sich also bei jeder Party wie ein Gardeoffizier neben mir auf und sorgte durch einen kräftigen Stups mit dem Ellenbogen notfalls für Contenance.
Mein allererste Frage in Deutschland war gewesen: »Wo kann ich Tanzen üben?« So kam ich zu Sabine Ress, und ich hatte das Gefühl, daß sie mich gleich sehr

liebgewann. Diese schöne, charmante und edle – ja, edle Frau begleitete von da an alle meine beruflichen Schritte und Tanzschritte in den zwölf glücklichen Ufa-Jahren. Sie strahlte Ruhe aus, und das war genau der Einfluß, den ich brauchte.
Ich war ein wildes Bretterkind, an riesige Häuser und große Gesten gewöhnt. Ich hatte immer mit starken Mitteln gearbeitet, eine Publikumsdompteuse, ein Ausbund an Temperament, ein mimischer Vulkan. Mein Ausdruck war viel zu kräftig für die intime Nähe, die eine Kamera zum Publikum herstellen kann. Und ich hatte meinem Vater in großen Zügen gehorcht, aber ich hatte nie gelernt, willig Ratschläge anzunehmen oder gar nach irgendeiner Pfeife zu tanzen.
Also mußte ich gezähmt werden, und Sabine tat es schwesterlich und einfühlsam. Sie bewunderte meine Technik. Ich trainierte bei ihr Spitzentanz und schüttelte meine berühmten Pirouetten sozusagen aus dem Fußgelenk. Aber wenn sie mir für die Choreographie zu meinem ersten Film eine Schrittfolge vorschlug, die mir nicht paßte, war ich ganz Opposition. Ich explodierte förmlich, krähte, daß ich diese Kombination niemals – niemals! – machen würde, völlig ausgeschlossen, kein Wort mehr drüber.
»Gut«, sagte Sabine, »dann machen wir etwas anderes.« Hatte ich das akzeptiert und geübt, fragte ich schließlich: »Und wie sah der erste Vorschlag aus?« Nun, sie zierte sich ein bißchen, aber dann rückte sie damit heraus, und wir machten die erste Fassung, natürlich. Oh, sie war diplomatisch. Sie durchschaute mich. Ich war ein wildes Pferdchen, und sie ließ mich galoppieren, bis ich von selber zurückkam.
Mein Leben lang habe ich mich nicht zwingen lassen.

Sabine Ress hatte das intuitiv sofort erfaßt. Ich muß immer selber auf meine Fehler kommen. Aber es ist erstaunlich, wie oft ich tatsächlich darauf gekommen bin. Der Herrgott hat mir einen guten Instinkt gegeben – und eine übernormale Kraft, gekoppelt mit einer unverwüstlichen Gesundheit. Wenn ich mich damals wusch, schrubbte ich mit einem ungeheuren Kraftaufwand an mir herum – eine mittlere Elefantenherde wäre bei diesem Energieverschleiß sauber geworden. Meine Güte, wäre ich nicht so kräftig gewesen, ich wäre schon in der Badewanne gestorben.
Heute mache ich »Take it easy«. Man gibt in allem ein bißchen nach. Man wird klüger, leider aber eben älter. Manchmal denke ich: Hättest du das eher gemacht, würdest du ewig leben. Mein erster deutscher Film hieß »Leichte Kavallerie«. Er hatte viel Reklame und wenig Erfolg. Ich wußte mit mir noch nicht genug anzufangen, und die anderen kannten meine Möglichkeiten natürlich erst recht nicht. Ich war kein Kind mehr, aber auch noch keine Frau. In Damenkleidern sah ich aus wie die Teilnehmerin an einem Schülerfasching, und in Teenagergarderobe wie eine zu jugendlich gewandete Madame. Man hatte ja damals noch nicht diese kleidsam sportliche Allerweltsgarderobe für Mädchen von sieben bis siebzig.
Ehrlich gestanden: Ich war auch ein bißchen pummlig. So stand ich eines Tages in der Wannsee-Villa vom Produktionsleiter Zeisler malerisch am kalten Buffet. Zum Babyspeck trug ich langes rotes Haar, ein tolles knöchellanges türkisfarbenes Kleid, das gut zu meinen Augen paßte, und ich war knackebraun gebrannt. Emmy Harald flankierte dieses zwar nicht erfolgreiche, aber heftig aufstrebende Filmtalent.
Dann rauschte mein Schicksal durch den Raum, aber

ich merkte nichts davon – nicht ein winziges Lüftchen, keine Ahnung künftiger Wonnen, Triumphe, Zärtlichkeiten. Ein Herr mit verkniffenem Mund und recht strengem Gesichtsausdruck betrat den Raum, und der ahnungslose Hausherr führte ihn sofort zu mir und sagte: »Darf ich Ihnen Herrn Jacoby vorstellen? Er wird seinen nächsten Film mit Ihnen machen.«
Servus! Zeisler wußte eben noch nicht, was ich auf dem unfehlbaren Klatschwege schon längst vernommen hatte: Dieser Herr hatte mich bereits gewogen und zu schwer befunden. Um es präzise zu sagen: Er hatte sich meinen ersten Film angeschaut und die Zumutung, mit diesem Küken einen Film zu machen, mit dem Aufschrei »Nix da, die liegt mir nicht« abgelehnt. Er hatte schwere Sachen wie »Quo vadis« und zuletzt etwas mit dem Titel »Ehestreit« gemacht. Er würzte nicht mit Paprika und schon gar nicht mit Marika – dachte er. Ich jedenfalls hatte mir nach dem Reinfall bereits herrliche Hoffnungen auf Heimkehr gemacht, wenn mir auch die unrühmliche Zutat des Weggeschicktwerdens nicht behagte.
Nun rang ich um eine möglichst königliche Miene und sagte: »Ah, Sie sind *der* Jacoby, der mit mir keinen Film machen will!« Man sah, daß es ihm peinlich war. Er fragte leise: »Das wissen Sie schon?« Und obwohl ich deutlich Emmys Ellenbogen in den Rippen spürte, setzte ich mich in Positur und funkelte: »Und warum? Bin ich Ihnen nicht schön genug?«
»Mein Gott«, säuselte er, »eigentlich sind Sie doch ein ganz hübsches kleines Frauchen, man hat sie nur entsetzlich verschandelt im Film, ganz falsch angezogen, und von diesen Augen hat man gar nichts gesehen.«
Es fehlte nicht viel, und ich wäre aus der Haut gefah-

ren, jedoch begann Emmys Kur für gesetztes Benehmen zu diesem Zeitpunkt bei mir schon die ersten Früchte zu tragen. Ich lächelte falsch. Er lächelte etwas verwirrt zurück. Zeisler stand in tiefer Resignation dabei. Wir konnten alle drei nicht ahnen, daß Georg Jacoby und ich später Zeislers Villa kaufen und als Ehepaar in Besitz nehmen würden ...

Ein paar Tage später kam ein Brief: Ich wurde zu Probeaufnahmen bei Jacoby bestellt. »Emmy«, erklärte ich höhnisch, »jetzt will er's gutmachen, dieser Unmensch, aber ich gehe nicht, auf gar keinen Fall, und wenn ich tot umfallen sollte!«

Na, ich wurde den ganzen Tag getestet. Meister Jacoby hatte Unmengen von Garderobe herbeischaffen lassen, alle paar Minuten wurde ich umfrisiert. Ein Stab von Personal und Fachleuten war auf den Beinen und bemühte sich um den ungarischen Fratz. Heute hätte man mit dem Aufwand beinahe einen kompletten Film gedreht, aber damals konnte man es sich leisten, viel zu investieren, um sehr viel zu bekommen.

Jacoby war gemäßigt freundlich und sehr höflich. Er ließ mich dies und das tun. Schließlich mußte ich einen Brief vorlesen, strahlend am Anfang, dann zunehmend enttäuscht, zuletzt bitterlich weinend. Nun, weinen konnte ich immer vorzüglich. Ich las zwar sehr stockerig in meinem miserablen Deutsch, aber zuletzt konnte ich vor Schluchzen sowieso kaum noch reden. Da sagte der große Regisseur zur kleinen Rökk-Marika: »Ein Menschlein, das so was kann, wird es zu etwas bringen!«

So machten wir unseren ersten Film zusammen. Er hieß »Heißes Blut«, aber wir und die Berliner nannten ihn »Kalter Kaffee«. Immerhin: Ein Anfang war gemacht. Ich war das »Ufa-Baby«.

# Karriere oder Kohlroulade?

## *Dreharbeiten und Liebe in der Pußta – Vom Umgang mit launischen Pferden*

Wir fuhren nach Ungarn. Um zehn Pfund leichter nach meiner Hungerkur, wollte ich mich an meine gewichtige Doppelrolle in »Heißes Blut« machen, und ich sah nun wirklich knabenhaft genug aus, um auch einen Knaben, wie vorgeschrieben, spielen zu können. Mein Busen war zierlich, und wenn die Weste schön knapp saß, bauschte sich absolut nichts.

Ich war im Dorf beim Bürgermeister einquartiert. Wir drehten eine deutsche und eine französische Version, und auch das französische Team, mit einer sehr zierlichen Hauptdarstellerin und einem männlichen Supercharmeur, wie er im Reiseführer steht, wimmelte im Dorf umher, denn was heißt drehen? Wir warteten, warteten und warteten, während am Himmel immer neue Wolken aufzogen und ihren Segen auf die durstige Pußta und über unsere Stimmung schütteten.

Zum Abendbrot trafen wir uns immer alle, und das hatte für mich zwei gravierende Wirkungen. Einmal wirkte ich so heftig auf den hübschen Franzosen, daß er nächtens im Regen an mein Bürgermeisterstübchenfenster zu klopfen pflegte, was ich damenhaft, aber doch sehr aufgeregt überhörte. Außerdem dachte ich nicht an ihn. Ich dachte an meinen Regisseur, der sich immer von uns absonderte, meist still und ernst in einer Ecke Patiencen legte. Ich lag im Dunkeln und stellte mir seine Augen vor ... wie er mich angesehen hatte ... wie er mir übers Haar gestrichen hatte ... keine Frage: Ich war verliebt.

Zweite Wirkung des Regenwetters: Ich freundete mich beim Abendessen mit meinen Landsleuten an, die uns betreuten und bekochten. Bald hockte ich in der Küche und gab meine reichhaltigen Weltkenntnisse zum besten, wobei ich emsig die Leckereien einschob, die man mir reichlich und unermüdlich vorsetzte.

Nach sechs Wochen gab es Alarm. Die Sonne schien! Wir wollten sofort mit den Dreharbeiten beginnen. Nur paßte die Heldin des Stücks leider nicht mehr in ihre Knabensachen. Das Ufa-Baby war wieder so mollig wie vor der Hungerkur. Während ich in mich hineinschluchzte, ließen hilfreiche Hände Nähte aus, schlitzten die zu engen Stiefel einfach ein Stück auf, nähten mir alles provisorisch auf den Leib und schickten mich dann in die Arena – eineinhalb Stunden zu spät.

Bebend trat ich vor meinen Meister. »Entschuldigen Sie bitte« – *wollte* ich sagen. Er brüllte mich an. Er brüllte – ich hatte noch nie einen Menschen so brüllen hören. Es war wie die Posaunen von Jericho. Aber ich fiel nicht um. Ich warf mich drehbuchgerecht in den Sattel – diese wilden Pußtapferde sind an Weite gewöhnt. Sie gehen los wie ein Westerngaul. Ich startete im Galopp und legte dann all meine Verzweiflung und all meinen Willen, es besser zu machen, in diesen Ritt, übersprang noch einen Brunnen und ein paar Büsche und sah bei meiner Rückkehr freundliche Gesichter. Mein Partner Hans Stüwe nickte mir anerkennend zu,

und Jacoby lächelte ein bißchen. Der Tag wurde schön.
Ich ritt in der Totale sogar als Double für die kleine, ängstliche Französin. Mein Franzose verdrehte mit viel »Très jolie« und »Ma petite« bewundernd die Augen. Nachmittags gab es einen kleinen Rückschlag: Mein Pferd bockte plötzlich und warf mich in hohem Bogen ab. Ich, Stehaufmännchen von Natur aus, saß erneut auf, ritt wieder an und wurde an derselben Stelle von meinen bockenden Pferdchen beinahe noch einmal aus dem Sattel geschleudert. Peinlich war, daß sich etliche Offiziere versammelt hatten zum Zuschauen, die nun ein gewisses Lächeln aufsetzten: Was tut so ein kleines Mädchen auch auf einem so großen Pferd?
Einer der Herren – ich glaube, ihm gehörte das Pferd – erbot sich großzügig, die Strecke abzureiten, und wieder stand das Tier an der Stelle wie festgezaubert. Nun, durch männliche Autorität untermauert, wurde die Ursache festgestellt: Das Pferd hatte vor den riesigen Sonnenblenden gescheut, deren reflektierte Strahlen sich just an dieser Stelle trafen.
Als die Sonne unterging, schien für mich die Sonne. Jacoby zog mich an sich, und ich fühlte wieder diesen Alarm im Körper. Er lobte mich, strich mir übers Haar. Leidenschaft war es sicher nicht. Er sagte: »Sieh mal, du mußt noch viel dazulernen. Film ist auch eine Kunst. Man muß sie ernst nehmen.« Seine Worte sind mir immer nachgegangen. Ich achte stets auf Disziplin und Pünktlichkeit.
Abends lobten alle meine Reitkünste. Sie schienen zu meinen, ich sei gleich mit Sporen zur Welt gekommen, und ich ließ sie in diesem Glauben. In Wirklichkeit jedoch waren gerade meine Reitkenntnisse das Ergebnis

echter Überwindung. Ich hatte meine erste Begegnung mit einem Pferderücken in Budapest. Das war, als ich mich auf das ehrgeizige Projekt, das Theaterstück »Stern der Manege«, vorbereitete.
Ich konnte bereits Akrobatik und Seiltanz und rauschte nun in nagelneuen Breeches und äußerst schicken Stiefeln sieghaft in den Tattersall. Mein Vater begleitete mich zur ersten Reitstunde. Ich war voller Vorfreude, denn es hat mich immer gereizt, etwas auszuprobieren, was ich noch nie gemacht hatte.
Dann kam der Lehrer. Er führte das Pferd am Zügel. Ich sah das Pferd an, und es schaute mich an – als ob es sagen wollte: »Du da darfst auf *meinem* Rücken nicht reiten!«
Mein Vater, gar nicht gewöhnt an Empfindlichkeiten bei seiner Tochter, sagte: »Was ist denn los? Rauf mit dir.« Ich wurde aufs Pferd gehoben, meine Güte, dieser *warme* Körper! Ehrenwort: Ich habe eine Figur gemacht, als ob ich die Hose voll hätte. Der Lehrer lächelte mitleidig. »Erst mal Schritt«, sagte er, »Ferse vorsichtig dran.« Das ging. »Und nun Trab«, kommandierte mein Lehrer, »ganz locker!« Na, Servus! Da lag ich. Ich schaute das Pferd an. Es schaute mich an. Es schaute *zynisch*, jawohl.
»Vater«, blökte ich, »schau diese Augen an. Und es ist so komisch warm. Sag alles ab. Ich will kein Stern der Manege sein. Ich kann ja auch mal Angst haben!« Aber genau das durfte ich eben nicht. Mein Vater, Motor meines Lebens, im Grunde viel genauer über meine Wünsche und Fähigkeiten im Bilde als ich selber, zwang mich dazu, den ersten Unterricht durchzuhalten. Zur zweiten Stunde kam ich breitbeinig wie ein alter Jockei, der erwartet, daß jeden Moment sein Enkel mit dem Roller durchfahren will.

Ich hatte einen schrecklichen Muskelkater, denn beim Tanzen werden die Muskeln auf ganz andere Weise beansprucht. Ich ließ mich aufs Pferd rollen. Es war miserabel. »Sag ab«, empfahl ich meinem Vater und drückte den Tränenkloß ein Stückchen nach unten. Er schüttelte den Kopf.
Den psychologischen Auftrieb erhielt ich von meinem berühmten Partner, der mich auf meine Klagen hin aufschneiderisch begleitete. Und was wollte der liebe Gott? Der Angeber bekam zum Vorreiten ein äußerst lebendiges Pferd. Er schwang sich in den Sattel, setzte gleich Galopp an und landete im selben Tempo auf dem Boden.
»Haben Sie sich weh getan?« fragte ich heuchlerisch. Dann richtete ich mich zu meiner vollen Höhe auf und sagte: »Herr Stallmeister, wollen Sie bitte mein Pferd bringen!« Die Angst war wie weggeschnitten. Ich lernte buchstäblich im Galopp. Ich machte die halsbrecherischsten Dinge. Alles. Nach der Premiere stand in den Zeitungen: »Natürlich stimmt es nicht, daß Marika Rökk dies alles in fünf Wochen gelernt hat.« Hier versichere ich feierlich: Es stimmt doch.
Nun, für »Heißes Blut« in Ungarn kamen mir diese Reitkünste sehr zustatten. Sie versöhnten meinen Regisseur. An diesem Abend brachte er mich sogar das erstemal in mein Quartier. Um zehn Uhr wurde das Licht ausgemacht, und er hatte eine riesengroße Taschenlampe. Wir haben sie lange als Souvenir gehütet. Zum Abschied tätschelte er mir die Wange und sagte: »Laß die Jalousie runter, Kind.« Er hatte vielleicht etwas über meinen französischen Verehrer erfahren. Jedenfalls küßte er mich nicht.
Er tat es auch nicht am nächsten und nicht am übernächsten Abend. Ich dachte: »Ist der schön blöd!« Ich

sah mich im Spiegel an. Schließlich war bekannt, daß Georg Jacoby ein Draufgänger bei Frauen war. Sein Ruf als Liebhaber war geradezu untadelig. Ich blieb immer bis nach zehn Uhr in unserem gemeinsamen Aufenthaltsraum. Wenn Jacoby und ich dann ins Dorf gingen, klangen die Hirtenflöten romantisch über die Felder, und es prickelte, wenn er mich anfaßte.

Wie alt mag er sein? überlegte ich. Er war ja viel älter als ich.

Eines Abends faßte ich mir ein Herz. »Gute Nacht«, sagte ich, »darf ich Ihnen ein Bussi geben?«

Er lächelte. Dann küßte er mich. Es war ein braver Kuß. Er legte einfach seinen Mund auf meinen. Aber mein Herz schlug höher: Seine Lippen zitterten.

Das Glück dieses Flirts – denn mehr war es vorerst nicht – hätte vollkommen sein können. Wenn nicht der Produktionsleiter Grewen gewesen wäre. Die frische Luft bei den Außenaufnahmen und meine frische Verliebtheit machten mir großen Appetit. So füllte ich mir beim Essen den Teller beruhigend voll. Aber ich hatte meine Rechnung ohne Herrn Grewen gemacht. Er warf seine Argusblicke sofort auf meine Portion und rief der Bedienung laut zu: »Nein, nein, alles abräumen!« Alle hörten es. Ich wurde mal wieder blutrot. Ich haßte sie alle. Wie sie fraßen! Dieser Grewen – ein richtiger Sadist!

Die Option auf einen dritten Film hätte zu diesem Zeitpunkt angemeldet werden müssen. Klar, daß Grewen nicht dafür plädieren würde. Er zeigte mir stets ein strenges Gesicht, ließ mir die Kartoffeln vom Teller nehmen und vermittelte mir ständig das Gefühl der Unzulänglichkeit.

Eines Abends hatte ich mir zwei wunderschöne Krautwickel aufgetan. Meine Güte, wenn man nicht mal es-

sen darf, was ist das für ein Leben? Grewen kam und sagte: »Eine Kohlroulade zurück!« Das reichte! Ich sprang auf und rannte hinaus, rannte durchs ganze Dorf, rannte schluchzend zur kleinen Kirche und warf mich vor dem Altar nieder. »Lieber Gott, tu ein Wunder«, jammerte ich, »wenn ich nicht essen darf, will ich weg vom Film. Mach, daß sie mich nach Hause schikken.«
Aber der liebe Gott hat's besser gewußt. Er traf seine eigene Entscheidung. Ein Telegramm von Vater lautete: »Nach Fürsprache von Grewen Option ausgeübt.« Später erfuhr ich, daß der gekabelt hatte: Ganz großes Talent. Option unbedingt ausüben.
Abends trat ich an Grewens Tisch und fragte: »Sie haben mich also doch ein bißchen gern?«
Er blickte auf, mürrisch wie immer. »Warum denn nicht?« mümmelte er. »Du sollst nur nicht so viel fressen.«
Er blieb immer streng mit mir. Aber von nun an hielt ich meine Portionen freiwillig kleiner.
Später haben wir viel gelacht über diese Episode. Ich war schlank und hatte keine Mühe mehr mit den Kalorien.
Irgendwann waren die Dreharbeiten in der Pußta zu Ende. Wir kehrten zu Innenaufnahmen nach Berlin zurück. Mein Herz zog mich immer mehr zu Jacoby hin. Aber ich dachte, daß Pußtaromantik wohl ein Kapitel sei und Großstadttempo ein anderes.
Ich weiß, daß ich Sex ausstrahle. Männer haben mich immer mit diesem Blick betrachtet, der eng mit dem Gedanken an »Bett« zusammenhängt. Ich habe es, im Vertrauen gesagt, immer sehr genossen. Ich zeige heute noch gern meine Beine. Aber ich finde nicht, daß Sex sich in der Zahl der Affären ausdrückt, die man

hinter sich bringt. Insofern bin ich ein braves Frauchen gewesen. Und ich weiß, daß man ein überschäumendes Temperament wie meines zum Beispiel auch bei *einem* Mann unterbringen kann, wenn der Mann danach ist.

Jacoby war danach. Als ich das erstemal in seiner Berliner Villa übernachtet hatte, kam ich mir jedoch vor wie eine Kokotte. Kolle hatte uns ja noch nicht auf die freizügigen Sprünge geholfen. Ich fand mich wahnsinnig sündhaft und weigerte mich, zur Hausdame hinabzusteigen, um in der Küche zu frühstücken. Vollkommen angezogen saß ich auf dem Bett und erklärte Georg in meinem Spezialdeutsch: »Ich bin nicht schlechtes Mädchen. Ich geh nicht. Ich trau mich nicht, in ihre Augen zu schauen.«

Georg, der edle Ritter, stieg tatsächlich allein hinunter, um der Hausdame zu sagen, ich sei »etwas anderes«, wie ich später erfuhr. Dann holte er mich. Sie war fünfzig, sah aber viel jünger aus. »Haben Sie gut geschlafen, *Frau* Rökk?« fragte sie. Ich fand das äußerst imponierend, Frau genannt zu werden. Sie setzte noch hinzu: »Bei uns ist es so schön ruhig.« Ich sagte: »Dankerrschön!« Mein Herz flog ihr zu. Sie blieb lange bei uns, Frau Grabowsky, kochte Kaffee bei hektischen Dreharbeiten, beruhigte die Atmosphäre. Ich habe sie all die Jahre sehr gern gehabt. Sie war einer der Menschen, die Beruhigung in mein Leben brachten. Ich lebte stets am Rande eines Gefühlsausbruchs, war zu aufgeregt, zu exaltiert. Jede Kleinigkeit konnte eine sinnlose Explosion hervorrufen. Ich brauchte das stabile Element in meiner Umgebung, brauche es heute noch. Die mörderischen physischen Anstrengungen und die Gewaltakte der Willensanstrengung, die eine Karriere wie meine erfordert, sind allerdings ohne

diese äußerste Anspannung auch gar nicht zu erzielen. Mit Wurstigkeit ist hier nichts getan.
Jedoch habe ich es immer allen gedankt, die meinetwegen Beherrschung aufbrachten, beruhigend auf mich einwirkten, mir zuliebe zumindest den Eindruck erweckten, wahre Ausbunde an Ausgeglichenheit zu sein. Jacoby brauchte sich in dieser Hinsicht nicht anzustrengen. Wir ergänzten uns mühelos. Als ich ihn eines Tages sagen hörte: »Ich muß mich jetzt ganz umstellen für diese kleine Frau«, da wußte ich: Ich hatte eine Heimat gefunden.

# Kraftproben

*Heiratsantrag bei Georgy, Blumen nach der ersten Nacht und Streit mit den geliebten Eltern*

Nach den Außenaufnahmen in Ungarn bewies ich in Berlin nachdrücklich, daß der Filmtitel »Heißes Blut« auch vorzüglich auf die Hauptdarstellerin paßte, und bevor ich bei Jacoby geborgen war, stellte ich viel an. Im Herzen war ich noch immer das Bühnenkind. Was »Film« bedeutet, war mir nicht aufgegangen. Ich leistete mir Launen, Extravaganzen und eine völlig unberechtigte Überheblichkeit.

Morgens erhob ich mich gemütlich aus den Federn und schlenderte mit Verspätung ins Atelier. Ich gab mir auch keine große Mühe mit dem Studium der deutschen Sprache. Ich fühlte mich auf Abruf, das war es. Eines Tages sollte ich singen: »Lieder, die uns der Zigeuner spielt, gaukeln ein Märchen uns vor.« Abgesehen davon, daß ich mit dem schwierigen Text durcheinandergeriet, machte ich auch noch eine wahre ungarische Demonstration daraus. Ich sang: »Liedärrr« und »Zigeunärrr«, daß es nur so knarrte. Ich machte es fünfmal, zehnmal, zwanzigmal. Dann stöhnte Jacoby: »Mein Gott, welch ein Dilattantismus!«

Und was tat Rökk-Marika? Sie sprang leichtfüßig vom Podium und knallte dem berühmten Regisseur eine

Ohrfeige. Der Erfolg war durchschlagend. Alles erstarrte. Die Musiker waren so still, die Zuschauer ganz zu Salzsäulen erstarrt, die Atmosphäre so beklommen, daß mir's unheimlich bewußt wurde: Hallo, das gehörte sich nicht, was du da gemacht hast.
Aber gehauen ist gehauen. Er sah mich ernst an, drehte sich auf dem Absatz um und verließ das Studio. Ich ergriff meinen Mantel und rauschte – wenn schon, denn schon – ebenfalls hinaus. Emmy Harald sagte nur leidgeprüft: »Das wird Folgen haben, Marika.« Und ich schnappte zurück: »Bittärrschön, soll Folgen haben!«
Nachmittags bei Direktor Corell war ich wesentlich kleinlauter. Er belehrte mich eine Stunde lang und verlangte Entschuldigung bei Jacoby vor versammelter Mannschaft. Ich flehte: »Bitte nicht, bitte unter vier Augen!« Corell blieb hart.
Emmy paukte mir eine kleine Entschuldigungsrede ein, die ich in der Nacht ständig memorierte. Mein Körper glühte, mein Kopf platzte fast. Welche Schande!
Am anderen Morgen wankte ich ins Atelier. Alles war auf seinem Platz. Der berühmte Engel schwebte durch den Raum. Jacoby stand ganz ruhig neben der Kamera. Da lief ich zu ihm hin und fiel ihm um den Hals und gab ihm Bussis links und rechts und schluchzte.
»Ist ja gut«, sagte er, »ist ja gut. Du bist ein wildes ungarisches Pferdchen, aber das sind nicht die schlechtesten.«
Ich beschloß, nun nie mehr unartig zu sein. Na, Servus! Ich war zu lange angehimmelt worden, zu sehr verwöhnt. Der strenge Ton behagte mir nicht.
Immerhin: Ich war erst einmal ein Muster an Lieblichkeit. Jacoby, dieser vornehme Mann, trug mir nichts nach. Das war nicht seine Art. Er klatschte nicht, war

nie rachsüchtig oder schadenfroh. Die Ohrfeige war sonderbarerweise der Knalleffekt, der unsere Gefühle steigerte. Jeden Morgen kam er in meine Garderobe und fragte: »Wie geht's, wie ist die Stimmung?«, und eines Tages fragte er auch: »Wollen Sie heute abend mit mir essen gehen?« Ich sagte ja.
Heute kann man es nicht fassen, aber ich, Ernährerin meiner Familie, mußte Emmy Harald bitten, mich meinen Eltern gegenüber zu decken. So hörig war ich. Wir sagten, ein Bekannter von ihr sei zu Besuch und wir wollten zu dritt ausgehen. Eine kleine Notlüge ist manchmal wichtig im Leben, und diese war wirklich nur ganz klein: Emmys Freund, ein indischer Architekt, war tatsächlich gerade angekommen, und die beiden verbrachten den Abend gemeinsam. Ich ging mit Jacoby in ein elegantes Lokal. Die Ober verbeugten sich auf diese bestimmte Weise, die nur gewissen Leuten zuteil wird. Es ist die Mischung aus Trinkgeld und Persönlichkeit, die das bewirkt. Ich fühlte mich mächtig.
»Mögen Sie Austern?« fragte Georg.
»O ja«, stöhnte ich genießerisch. Dabei war mir ein würziges Kalbspörkölt schon immer lieber. Er bestellte dann ein Rebhühnchen, und mich ritt der Teufel: Ich nahm Forelle. Ich hatte noch nie Forelle gegessen. Und dann kam sie, blau wie eine Wasserleiche, hübsch garniert, starrte sie mich mit ihrem Glupschauge trübsinnig an.
»Nein«, erklärte ich angeekelt, »keinen Bissen kriege ich davon runter.«
»Aber nein«, sagte Jacoby geduldig, »das ist etwas ganz Feines.« Der Ober mußte den Kopf von der Wasserleiche entfernen und die blaue Haut abziehen. Dann probierte ich tapfer auch den ersten Sahnemeerrettich

meines Lebens, dazu weiße Kartöffelchen. Es schmeckte mir. Heute ist Forelle eins meiner Lieblingsgerichte. Aber Georg mußte in allem viel Geduld mit mir haben, bis ich es akzeptierte.
Es war ein reizendes Souper, doch traute ich mich nicht, lange zu bleiben. Wir holten Emmy aus ihrem Lokal ab, und Georg fuhr uns nach Hause. Ich ängstigte mich sehr, denn er war ein miserabler Autofahrer, echter Horror, immer startend wie Jackie Stewart und bremsend wie eine blockierte Düsenmaschine.
Ich wohnte mit meinen Eltern in der Potsdamer Chaussee 49 bei Frau Muthesius, einer sehr lieben originellen Dame. Das Haus lag idyllisch, hatte einen riesigen Garten und eine »Rehwiese«. Ich hatte mein Bett dicht am Fenster. Eines schwülen Abends blinzele ich – steht ein Rehlein draußen und guckt neugierig.
Meine Eltern erklärten, sie müßten nach Budapest, ein Haus zu kaufen. Ich wurde Emmy Harald übergeben. Hurra, Hurra! Ich liebte meine Eltern sehr, aber nun konnte ich mit Jacoby ausgehen, soviel ich wollte. Das tat ich. Und als wir eines Abends bei Horcher diniert und ich die ersten grünen Chartreuse meines Lebens getrunken hatte, erklärte ich im Auto vor meiner Haustür kategorisch: »Ich möchte so gern zu dir gehen.«
Er sah mich ernst an und sagte: »Das können wir machen. Aber wirst du's auch nicht bereuen?«
Ich lächelte so bezaubernd und weltläufig wie möglich. »Das hängt von dir ab«, flüsterte ich.
Nun, er war wundervoll zu mir, sanft und rücksichtsvoll. Ich hatte keine sexuelle Erfahrung, aber ich merkte doch, mit wieviel Liebe und Fingerspitzengefühl er mich behandelte. Er nahm mich so zart, daß ich überhaupt nicht erschrak. Sicher war er zu mir anders

als zu Mädchen, die schon viele solcher Erlebnisse hinter sich hatten. Bei aller Gier zeigte er Verantwortungsgefühl. Er meisterte die ihm wohl ungewohnte Aufgabe vortrefflich.
Ich schlief wie ein Murmeltier. Als ich aufwachte, war die Bettdecke mit Blumen überschüttet, auch der Boden ums Bett herum und der Weg zum Badezimmer. Georg war leise aufgestanden und hatte in der Gärtnerei nebenan ein Fuder Blumen gekauft. Ich fühlte mich als unbeschreiblich sündiges Luxusgeschöpf. Daß ich immer noch die kleine Marika war, sieht man daran, daß ich Frau Grabowsky nicht in die Augen sehen wollte . . .
Ich war 22, Georg 53. Er sagte zu mir: »Ich bin geschmeichelt und entzückt, daß ich so etwas Schönes bekommen habe – und noch dazu in meinem Alter!«
Ich behielt meine Marika-Allüren bei. Ich war schwierig und unbequem. Von Kind an war ich diszipliniert gewesen, jetzt ließ ich mich gehen. Morgens kam ich immer ein bißchen zu spät. Jacoby drückte ein Auge zu. Aber eines Morgens hatte ich mich umfrisieren lassen und stapfte mit halbstündiger Verspätung in die heiligen Drehhallen.
»Na, der liebt dich. Der sagt schon nichts«, dachte ich. Er sagte auch nichts – er brüllte. Mein Gott, wie er brüllte! Nicht mal mein Vater hatte solchen Zorn entwickelt. Ich schielte in die Runde. Schadenfrohe Gesichter, soweit der Blickwinkel reichte. Ich raste einfach raus, nach Hause. Und während alle noch warteten, das verlorene Filmkind möge zurückkommen, fuhr ich schon mit dem Taxi zum Bahnhof, nahm den nächsten Zug nach Budapest und holte meine Eltern spätabends aus dem Bett. »Wir haben ein paar Tage Drehpause«, erklärte ich heuchlerisch. Sie ahn-

ten nichts – wie konnten sie. Ich hatte ihnen vorschriftsmäßig geschrieben und zweimal in der Woche telefoniert, ein teurer Beweis töchterlicher Zuneigung. Aber mein Herz hatte ich ihnen schon lange nicht mehr ausgeschüttet – seit Georg. Instinktiv spürte ich, daß sie dies alles nicht billigen würden.

Sie zogen Morgenröcke über, und wir saßen in der Küche, tranken Sekt, waren vergnügt. Ich plapperte fröhlich von Berlin und aß seelenruhig etliche Schinkenbrote. Um drei Uhr morgens gingen wir ins Bett. Um neun Uhr weckte mich meine Mutter. Die Ufa hatte angerufen. Welch ein Malheur!

Sie hatten sich Sorgen gemacht, sogar an Selbstmord gedacht. Meine Eltern schickten mich postwendend zurück. Der Empfang war gar nicht gut. Jacoby wirkte kühl wie ein Schneemann. Die Stimmung im Atelier war schlecht. Mir war nicht gerade tralala zumute. Nicht mal Appetit hatte ich – ein schlechtes Zeichen.

Abends schminkte ich mich in meiner Garderobe ab. Mein Herz klopfte wie ein Hammer. Ich wartete auf Jacoby. Aber er kam nicht. Er ließ sich auch telefonisch nicht erreichen. Ich dachte »Oi, oi, oi!« – bei einer Ungarin höchste Alarmstufe.

Am nächsten Abend aber trafen wir bei einem Empfang im Künstlerklub KddK zusammen. Ich trug ein knallendes apfelgrünes Satinkleid mit abgrundtiefem Ausschnitt, dazu silberne Sandalettchen und eine leichte Jacke aus weißem Hermelin. Ich sah ziemlich unwiderstehlich aus. Jacoby goß mir Sekt ein. Ich jubilierte innerlich. Ich sah: Er hat mich noch lieb.

Er bot mir an, mich nach Hause zu fahren, und was soll ich sagen? Ich wurde unterwegs wieder frech. »Film«, höhnte ich, »ich wollte nie zum Film. Vater wollte es. Immer diese Belehrungen hier, hab ich doch gar nicht nötig mit meinen internationalen Tanzbeinen, und immer hören, daß ich Sprache dilettantisch spreche. Genug. Ich gehe nach Paris! Dies war mein letzter Film. Ich schwöre!«

Er bremste. »Geh nur. Du bist jung und hübsch und kannst die Beine flutschig schmeißen. Na und? Nichts hast du bewiesen. Man wird sagen, du hättest es nicht geschafft und seiest davongerannt. Du hättest es schaffen können. Aber bitte! Geh! Geh!«

Und er riß die Wagentür auf und stieß mich in den Schnee. Dann gab er Gas und fuhr ab. Tatsächlich, er fuhr ab.

Da lag ich in meinem dünnen Kleidchen mit dem leichten Jäckchen und den Sandalettchen im Schnee, morgens um zwei Uhr, mindestens zwei Kilometer von meiner Wohnung entfernt. Eine ganze Woge von Selbstmitleid packte mich. Mein Lieber, ich heulte. »Brutaler, gemeiner Mensch!« brüllte ich. Ich marschierte los.

Bestimmt werde ich erfrieren, dann wird's ihm leid tun, dachte ich, Marika, du bist doch nicht gerüstet für Sibirien. Du wirst gewiß sterben. Zitternd und wirklich schon fast erstarrt in der Eiseskälte, bog ich schließlich in einen kleinen Abkürzungsweg ein. Georg war nach einer Weile doch unruhig geworden und wieder umgekehrt, aber seine Kratzbürste war nicht mehr zu sehen.

Die stakste heulend in die Küche und machte sich Glühwein – eine ganze Flasche, jawohl!

Mit hängenden Haaren, wie ein begossener Pudel, saß ich auf dem Hocker. Meine Tränen versiegten allmählich. Und plötzlich wußte ich: Marika, solchen Mann brauchst du dringend. Er hat recht gehabt.

Als er am nächsten Morgen kleinlaut anrief – natürlich

tat ihm auch schon wieder alles leid –, unterbrach ich seinen Redefluß. »Georgy«, sagte ich gesetzt, »bitte eine Frage, du mußt sie nicht gleich beantworten: Willst du mich heiraten?«
Er wußte ja schon, ich war nicht verrückt, nur eigenartig. So gab er mir sein Jawort.
Ich mußte es Vater beichten. Er empfahl Bedenkzeit.
Glücklich waren meine Eltern nicht über meine Wahl. Sie wußten, daß ich Jacoby auch nicht für meine Karriere nötig hatte, wie später viele Leute behaupteten. Ich war ja ohne ihn zur Ufa verpflichtet worden. Ich konnte auf eigenen Beinen die Erfolgsleiter hochsteigen. Nein, ich liebte seine Art, seine Güte, sein Verständnis und natürlich auch seine künstlerische Feinfühligkeit.
Leider funkte seine abgewrackte Freundin mir nun arg dazwischen. Sie war schon »alt«, nämlich 28 Jahre. Sie hatte ihn fröhlich behumst, doch wollte sie brennend gern Frau Jacoby werden. Nun mobilisierte sie alle Hilfstruppen, um ihn bei meinen Eltern anzuschwärzen, aus »menschlichen Gründen« traten sie und ihre Freunde als Zeugen gegen ihn auf, ich sei doch noch so blutjung und nun diesem Ungeheuer ausgeliefert ... Sie hatten Erfolg, leider. Meine Eltern legten ihr Veto ein. Und was tat ihre Tochter, die an äußersten Gehorsam gewöhnte, im Sinne des Vierten Gebotes erzogene Tochter? Sie nahm die Herausforderung »wir oder er« an.
»Ich bin großjährig«, sagte ich. »Ich gehe zu Jacoby. Und ich freue mich schon auf den Tag, wenn ihr sagen werdet: ›Wir haben uns geirrt.‹« Dieser Entschluß fiel mir schwer. Immer war es beglückend für mich gewesen, am Elterntisch zu sitzen, mit ihnen zu tratschen und zu lachen.

Vier Jahre hielt die gespannte Stimmung an. Wir telefonierten miteinander, ich besuchte sie sogar. Aber daß sie nie fragten: »Wie geht's ihm?«, das tat mir weh.
Georg entschädigte mich für vieles. Er war großzügig, spendabel, von einer unvergleichlichen Zärtlichkeit. Er hat mich auch nicht hypnotisiert gehabt, wie meine Feinde damals behaupteten. Wirklich nicht.
Jedenfalls dachte ich: Euch allen werd' ich's zeigen. Ich büffelte nun Deutsch, ich wurde ehrgeizig wie nie. Ich lernte eine Menge, mit diesem wundervollen Lehrmeister an meiner Seite. Eines Tages rief Vater an: »Mutter und ich würden gern für einige Tage zu euch kommen.«
Er sagte »euch«. Mein Herz flatterte vor Glück. Georg hatte vorher immer wieder zu mir gesagt: »Warte nur, du ungeduldiges Geschöpf, es wird gut werden.« Nun lächelte er nur: »Siehst du?« Geheiratet haben wir erst viel später, als wir »Kora Terry« zusammen drehten, aber wir hatten es nur aus steuerlichen und finanziellen Gründen aufgeschoben. Als Ungarin konnte ich besser Geld nach Budapest überweisen, und das neue große Haus kostete viel. Als wir heirateten, wurde ich deutsche Staatsbürgerin. Alle hatten gedacht, wir hätten schon bei den Dreharbeiten zu »Und du, mein Schatz, fährst mit« in England geheiratet. Zehn Jahre blieben wir zusammen, dann trennten wir uns. Aber immer blieben wir eifersüchtig aufeinander. Und für mich waren die Jahre mit Georg Jacoby die wichtigsten meines Lebens.

1 Mittelpunkt meiner Jugend war mein Vater Eduard Rökk.

2 Gar nicht lustig: Mit Oma Rökk und Brüderchen Edus.

3 Papa zahlte drauf bei meinem ersten Auftritt als Neunjährige in einem eigenen Tanzabend in Budapest.

4 Amerika, Amerika! Als Dreizehnjährige ganz Dame für den Schaukasten.

5/6 Den letzten Schliff für Amerika gab mir Nat Wayburns New Yorker Tanzschule.

7 In den riesigen Kinopalästen der amerikanischen Großstädte trat ich auf einer Tournee in einer Vaudeville-Show auf. Ich kam den Amerikanern orientalisch.

8 Nach meinem amerikanischen Intermezzo ging's über die Zwischenstation Hamburg nach Berlin. Ich trat im Wintergarten und in der Scala auf.

9 Mein Start bei der Ufa war der im Zirkusmilieu spielende Revuefilm »Leichte Kavallerie«, 1935.

10 In der Operettenverfilmung »Der Bettelstudent« war ich, neben Johannes Heesters in der Titelrolle, 1936 die Bronislawa. Mein Partner: Berthold Ebbecke als Jan Janicky.

# Die lästige Elfe

## *Allererster Applaus im ungarischen Nobelbad Héviz – Mit acht Jahren zum Tanztraining*

*Héviz im Jahre 1921: Das elegante Ungarn trifft sich hier im Sommer. Brandheiße Klatschgeschichten werden mit harmlosem Lächeln ausgetauscht, Damen führen ihre neuesten Hutkreationen durch den Park, Mütter präsentieren ihre flüggen Töchter, ältere Herren ihre jüngste Liebe, straffe Herrschaften lindern dezent in den warmen Quellen ihr Zipperlein.*
*Héviz ist das sanfte Sommerdorado für alle, die es sich leisten können, ein Kurort nach Maß für das behäbig fließende Wohlleben einer Schicht.*
*Vor dem Musikpavillon lauert täglich ein achtjähriger Fratz, ein kleines, knochiges Mädchen mit riesengroßen grünblauen Augen. Der Kapellmeister lächelt und hebt den Taktstock. Ein Walzer.*
*Die Kleine wartet noch. Kunst darf man nicht verschwenden. Die Szenerie belebt sich. Erwachsene lächeln aufmunternd. Da springt das kleine Mädchen auf und gleitet in den Walzertakt hinein, richtet die Riesenaugen fest auf ihre Zuschauer, lächelt halb entrückt, halb werbend zurück.*
*Ein Csárdás nun. Die Kleine legt düstere Leidenschaft in ihre Miene. Duftende Damen applaudieren, elegante Männer rufen »Bravo!« Erster Rausch, von Be-*

*wunderung erzeugt, nie mehr zu entbehren, immer neu begehrt. Jeden Tag in Héviz tanzt die Kleine, hat nie Tanz vorher gesehen, paßt sich dem Rhythmus und dem Ausdruck der Musik bezaubert an, verlegen beobachtet von Vater und Mutter, lauthals gelobt von allen anderen Verwandten. Denn sie sind zuhauf hier: die Karolys, nicht die Rökks, die solide und fest im Städtchen Kalócsa ihr geordnetes Leben führen. Nein, die Karolys – mit ihrem verwirrenden Anteil von adeligem Herkommen im Blut, immer ein bißchen zu groß in den Ansprüchen, weitherzig, leichtherzig, Genießer allesamt. Die Karolys, ohne Hemmungen ein wenig beim reichen Rökk schmarotzend, der's als Architekt geschafft hat – was der Mann für ein Glück hat, das hat nun halt nicht jeder. Aber er hat ja eine Karoly genommen, liebt sie, verwöhnt sie, überschüttet sie mit Geschenken.*

*Beim Gruppenbild scherzt der Rökk-Eduard: »Damen, die ihre Handtasche nicht von meiner Frau haben, bitte aufstehen!« Na und? Natürlich braucht keine aufzustehen. Woher die Handtasche kommt – gekauft oder geschenkt –, ist das wichtig? Hauptsache, man hat eine.*

*Man schmückt schließlich als Gegengabe. Karolys schmücken immer. Sie sind bizarr, aber von untadeligem Chic. Keine Dutzendware. Wenn der Onkel hoch beim Pferderennen setzt und sich »einen Anzug für jeden Tag im Monat« machen läßt und plötzlich ohne Mittel dasteht: kein Grund zur Beunruhigung. Noblesse oblige.*

*Punkt vier Uhr sind sie alle im Kurpark versammelt, Claque für die kleine Tänzerin, die ihrem Instinkt folgt, das Röckchen anmutig lüpft, mit ihren Zuschauern flirtet – jawohl, flirtet.*

*Die große Jászai Marie. Ungarns Sarah Bernhardt, wendet sich an die verlegene Mutter: »Ich beobachte das Kind. Wo lernt es tanzen?«*
*Die Mutter sagt: »Nirgends.«*
*Die große Tragödin sagt: »Dieser Ausdruck, diese Augen! Achten Sie auf meine Worte: Sie wird Künstlerin werden. Sie wird ihr Geld damit verdienen. Sie sollen sie Tanzen lernen lassen.«*
*Das kleine knochige Mädchen knickst tief und küßt der berühmten Fürsprecherin die Hand.*

Ich war acht, als ich das vage Bedürfnis zu tanzen unbedingt konkretisieren wollte. Die Ermutigung der Jászai hatte gewirkt. Ich saß kurlos herum und begehrte Tanzunterricht. Aber mein Kis-Papa, mein »kleiner« Papa, der seine Kinder sonst mit Geschenken überschüttete und ihnen nie einen Wunsch abschlug, sagte nein. Und Mama, ganz Weibchen, sagte natürlich, was Kis-Papa sagte.
Da saß ich, Hauptdarstellerin in dem Stück »Martyrium eines Kindes«, Unterzeile »Willkür der Erwachsenen«. Ich litt ostentativ, war appetitlos, bleich, schweigsam, von Tragik umwittert.
Ich hatte meinen Wunsch jetzt artikuliert, aber immer hatte ich eigentlich schon Tänzerin werden wollen. In jedem Lokal, in dem auch nur einer fiedelte, ließ ich meinen Teller stehen und schwebte als lästige Elfe zwischen den Tischen umher, fiel den Leuten fast in die Suppe, riß Blümchen aus den Vasen und streute sie rhythmisch über Tisch und Schweinshaxe.
Meine guten Eltern litten immer sehr, aber meine Tanzbeine waren nicht zu stoppen. Mein Berufswunsch war klar – mit einer Abweichung. Unsere

Hausschneiderin hieß Philoxera, und sie liebte mich sehr, drückte und knuddelte mich und scherzte mit mir. Eines Tages war bei uns zu Hause Honoratiorentee: Frau Apotheker, Frau Bürgermeister als gesellschaftliche Glanzstücke.
Papa spielte auf dem Klavier, und ich tanzte zierlich dazu. Die Damen waren gerührt – oder taten jedenfalls so.
»Was willst du denn mal werden, mein Kind?« fragte die Apothekersgattin in sicherer Erwartung der Antwort: »Tänzerin!« Aber Kis-Marika riß die Augen auf und krähte stolz: »Ich will eine große Hure werden!«
Noch jahrelang sah meine Mutter verunsichert aus, wenn wir darüber lachten. Jetzt fragte sie mit ersterbender Miene – denn sie *wußte* ja, daß alle dachten, sie wären dem normalen Umgangston im Hause Rökk auf die Spur gekommen –, sie fragte also: »Woher hast du denn das?«
Ich gab freundlich Auskunft: »Die Philoxera gibt mir immer Bussi und sagt, ich bin so süß und werde eine große Hure werden.«
Nun, diese etwas gewagte berufliche Laufbahn wurde also gleich wieder ad acta gelegt. Jetzt war ich im Fastenstreik. Mutter dachte, wie Mütter so leicht »Mein Gott, sie stirbt« – und eines Tages gab sie nach. Heimlich meldete sie mich in der Tanzschule an.
Die Lehrerin sagte: »Das Kind ist prädestiniert fürs Tanzen.« Ich bekam einen Nachhilfelehrer für die Schulfächer, die ich tatsächlich ab sofort arg vernachlässigte. Zweimal in der Woche ging ich zur Tanzschule, das füllte mich aus. Und sowenig ich sonst den Mund halten konnte – Papa erfuhr kein Sterbenswörtchen davon.

Natürlich renommierte ich bei meiner Freundin mit meinen neuen Kenntnissen. »Du, ich kann jetzt richtig tanzen«, vertraute ich ihr an.
Ich trainierte, wo ich ging und stand, sogar die Schulpausen füllte ich mit Battements und Sprüngen. In den Stunden allerdings waren meine Darbietungen weniger glanzvoll, und wenn ich überhaupt Schritte zu tun hatte, so waren es die in die Strafecke.
Meine Lehrerin war eine Schönheit, schlank, mit einer ganz schmalen Taille, hochgewachsen, blond, herrlich schön. Ich liebte sie so und machte ihr doch soviel Kummer.
Eines Tages, als ich wieder meinen Stammplatz in der Strafecke eingenommen hatte, wurde meine Freundin aktiv.
»Die Marika kann wunderschön tanzen«, bemerkte sie zu meiner Ehrenrettung.
Die schöne Lehrerin fragte: »Stimmt das?« Ich nickte, wurde wieder mal blutrot wie heute noch manchmal, würgte noch an dem Kloß im Hals, an der Beschämung der Strafaktion, war schon begierig, meine Kunst zu zeigen.
»Na, dann tanz uns doch etwas vor«, sagte das Engelsgesicht. Oh, sie war bezaubernd, ich hatte es ja gewußt. Ich summte eine Melodie und legte allen Schmelz und alles Können in meine Bewegungen. Dann kam Applaus. Die Kinder klatschten, und das Engelsgesicht lächelte mir anerkennend zu. Ich war im Himmel.
Am nächsten Tag brachte ich meiner Freundin Bonbons mit. Eine Hand wäscht die andere.
Nach vier Monaten Tanztraining kam die schwerste Prüfung, die ich in meinem Leben zu bestehen hatte. Meine Mutter hatte meinem Vater unsere Seiten-Sprünge nun doch gebeichtet. Ich hatte ein Harlekin-

tänzchen eingeübt – ein Tanz macht immer mehr Effekt als die reine Demonstration von Schritten und Übungen.

Vater saß da. Mein Herz schlug im Hals. Ich hatte Angst, aber ich war zuversichtlich. Wahrscheinlich war dies bereits ein heftiger Anfall von Lampenfieber, gemischt aus dem plötzlichen Bewußtsein, daß man versagen *könnte*, und der absoluten Gewißheit, daß man siegen *muß*.

Jemand spielte die Melodie auf dem Klavier. Ich tanzte. Diese Spitzenpirouetten, für die ich geboren war, die andere erst nach einem Jahr konnten, gaben meiner Darbietung bereits Glanz.

Als ich geendet hatte, hätte man ein Stecknadelchen fallen hören können. Dann streckte Papa die Arme aus. Ich stürzte an seine Brust, und er drückte mich fest an sich.

»Ja«, sagte er leise, »du bist zum Tanzen geboren, und du sollst es studieren. Ich werde dir von heute an immer beistehen. Wenn du es schaffst, sollst du zu den Großen gehören.«

Ich weinte vor Glück, die Lehrerin weinte, Mama weinte, natürlich. Papa hatte Tränen in den Augen. Oh, wenn Ungarn weinen, ist das ein hohes Glück.

# »Sie wird sich schon noch entwickeln«

## *Umzug der Eltern, Geburt in Kairo und Mamas Fauxpas*

*Kairo: Ein hübsches junges Mädchen fährt einen Kinderwagen spazieren. Ajourstickerei überzieht prächtig die Kissen. Das Baby, das hier so reich ausgestattet kutschiert wird, muß ein glückliches Baby sein.*
*Damen neigen sich erwartungsvoll über den Wagen – und ihre Mienen werden ernst. Das Baby, mit einer bedrohlich wirkenden Teufelskappe aus schwarzen Haaren, sieht sie fünsch aus wasserhellen Augen an. Die Damen seufzen. Dreimal toi, toi, toi – möge die eigene Familie von solchen Babys verschont bleiben. Dieses ist häßlich wie die Nacht.*
*Es gibt gute Seelen. Manche Dame neigt sich milde verzeihend tiefer. Der kleine Affe aber streckt blitzschnell das Ärmchen aus und erntet, was geschickte Hutmacherinnenhände auf dem Kopfputz der gnädigen Frau installiert haben: Klatschmohn und Veilchen und Kraut und Rüben.*
*Der kleine Affe schließt die Fäustchen ganz fest und brüllt mörderisch, wenn die schöne Dame ihren Skalpschmuck zurückbegehrt. Valerie, das niedliche Tantchen am Kinderwagengriff, blickt mit blauen Gletscherblicken ungerührt auf die Leiden der Schönen.*

*»Entschuldigen Sie bitte, gnädige Frau«, sagt sie kühl, »aber Marika mag so gern bunte Hüte!« Sie* liebt *das Baby nämlich.*
*Sie bastelt einen richtigen Madamehut für den kleinen Affen, mit einem ganzen Blumenbeet und einer kompletten Gemüseplantage darauf. Sie hängt ein Spiegelchen so an den Wagen, daß der kleine Affe sich hingerissen betrachten kann.*
*Damen, die sich nun unvorbereitet über den Wagen neigen, lachen sich kaputt. Baby grinst fünsch zurück. »Sennene, sennene«, singt es – eine eigene Komposition. Alle staunen sehr. Keine Frage: Dieses Baby hat das gewisse Etwas. Man weiß ja, nicht die Schönheit, sondern die Ausstrahlung macht's. Dies ist Marikas erste Vorstellung. Ein Erfolg.*

Es gehört zur Familienüberlieferung: Als ich am 3. November in Kairo zur Welt kam, erschreckte ich alle Umstehenden sehr. Ich kam sozusagen mit dem Götz-Zitat zur Welt, und auch das erst nach langen Mühen. Ich war eine Zangengeburt, und als erstes erblickte mein Hinterteil das Licht der Welt. Ich schrie laut und kräftig, aber mein Aussehen hatte doch sehr gelitten.
Meine Mutter stöhnte, als die Hebamme mich ihr vorführte: »Nein, das gibt's doch nicht!« Wahrhaftig hört sich dieses erste Porträt der Künstlerin nicht sehr vorteilhaft an. Mein Hals war fast dicker als der Kopf, schwarze Haare wucherten im Übermaß, und wo andere Babies eine süße Stupsnase haben, gähnten bei mir nur zwei Löcher – wie bei einem Totenkopf.
Nach den zwei ausgesprochen schönen Kindern vorher war ich für Mama ein Schock. Und das Schlimme ist:

Der Schock hielt an. Ich blieb noch eine ganze Zeit so unansehnlich.
Aber die Natur ist wunderbar. Es hat sich doch noch verwachsen. Ich hatte ja auch ein günstiges Klima zur Entwicklung.
Mama sagte zum Arzt: »Ehrlich, sie schaut schlimm aus«, und er tröstete: »Sie wird sich schon noch entwickeln.« Und Mama und Papa hatten ihr häßliches Kind lieb.
Dann kam Valerie aus Budapest, Mutters Schwester. Großmutter Karoly hatte zwölf Kinder zur Welt gebracht – jedenfalls pflegte sie zu sagen: »Ich *glaube*, daß es zwölf waren.« Fünf waren nur groß geworden, und da Großmutter einen Beruf ausübte, übernahm meine Mutter als Älteste den größten Teil der Mutterpflichten. Sie war die »Kis-Mama«, die kleine Mama, und die Geschwister schlossen sich eng zusammen.
Eines Tages heiratete die große Tochter den Architekten Eduard Rökk. Es war eine heftige, innige Romanze, und sie dauerte ihr ganzes Leben. Eduard liebte die schöne Karoly abgöttisch.
Immer wieder hörten wir Kinder später von ihm: »Liebt eure Mutter. Sie ist ein einmaliges Geschöpf. Wir können glücklich sein, daß wir sie haben.«
Er hatte recht. Wir hatten schöne Eltern, gute Eltern. Nach ihrer Hochzeit zogen sie in eine Neubauwohnung. Papa war jung, phantasievoll, aufstrebend – und noch recht erfolglos. Das Geld war knapp.
Der kleine Eduard wurde geboren, und danach kränkelte Mutter, die sehr große, zarte, überschlanke Frau, in der feuchten Neubauwohnung.
»Wasser in der Lunge«, konstatierte der Arzt. In schöner Weltfremdheit empfahl er beschleunigten Klima-

wechsel – »am besten Ägypten, das Klima ist genau richtig.«

Nun, woher sollte ein junger Architekt das Geld für Überfahrt und Aufenthalt nehmen? Jetzt kommt eine Geschichte, die ich erzähle, weil sie *wahr* ist, so unwahrscheinlich sie auch klingen mag.

Ein Preisausschreiben wurde von einer großen Firma in der Zeitung veröffentlicht. Ein architektonisches Problem war zu lösen. Dem Sieger bot die englische Firma Reise zu zweit, Vertrag, Wohnung. Das Wunder: Zielort war Kairo. Ägypten war nähergerückt.

Mein Vater grübelte und grübelte über der Lösung. Er fand sie nicht. Immer wieder fragte er nach, ob andere Anwärter bereits fündig geworden waren. Schwermut breitete sich aus im Hause Rökk. Sollte dieser vermeintliche Wink des Schicksals ein Trugbild gewesen sein?

Eines Nachts fuhr mein Vater aus dem Schlaf hoch, und er *hatte* die Lösung. Das Unterbewußtsein hatte offenbar ein paar Überschichten eingelegt. Er begrüßte sein Schicksal mit einem sonderbaren Laut, halb Jodler, halb Löwe. »Edus! Was ist?« fragte Mama beunruhigt. In jungen Ehen sind ja noch alle Überraschungen der Welt möglich.

Nun, dies war eine. Ihr junger Gatte hatte soeben Kairo in die Tasche gesteckt ...

Sie gondelten gen Alexandria. Das Klima änderte sich, aber zuerst bekam es meiner Mutter gar nicht. Auf dem Schiff verursachte ihr die fremde Zusammensetzung der Luft vielmehr Erstickungsanfälle. Der Arzt konnte nicht helfen. Sie litt grauenvoll.

In Kairo jedoch genas sie sagenhaft schnell. Das junge Paar bezog eine bescheidene, nette Wohnung. Vaters Job war sehr befriedigend. Mutter ging viel spazieren.

Die finanziellen Verhältnisse besserten sich. Eitel Sonnenschein rundum – bis auf Mamas Sehnsucht nach ihrem kleinen Edus, der bei Großmutter Rökk in Budapest geblieben war, als seine Eltern ins Ungewisse aufbrachen.
»Wir werden ihn bald nachholen«, trösteten sich die jungen Eheleute. Hand in Hand schlenderten sie durch die Straßen von Kairo, betrachteten Schaufenster und machten Zukunftspläne.
Ein besonders teurer Teppichladen hatte es Mama angetan. Sie mochte echte Teppiche und drückte sich vor der ausgestellten Pracht die Nase platt. Da sie wußte, daß ihr Geld noch nicht für so ein echtes Stück dieser Preislage reichen würde, hätte sie es dabei bewenden lassen.
Papa war anders. »Wir gehen rein«, entschied er.
Beflissen eilte ein Araber herbei, und in flottem Tempo wurde nun Teppich auf Teppich ausgerollt vor Mamas begehrlichen Blicken.
Sie fand Vergnügen am Spiel, setzte Reiche-Mädchen-Miene auf, üppige »Das-haben-wir-doch-alles-schon«-Resignation.
»Wenn der Esel wüßte«, sagte sie mit geziertem Lächeln auf ungarisch zu Papa, »daß wir gar kein Geld haben . . .«
Der Araber sah sie freundlich an. »Das macht gar nichts«, erklärte er – fließend ungarisch. »Sie haben nun diese teuren Teppiche gesehen. Wenn ich meinen freien Tag habe, führe ich Sie zu dem Händler, bei dem wir selber kaufen!«
Mama wurde sehr rot. Der Araber hatte lange in Budapest gearbeitet. Man darf eben nicht denken, Ungarisch sei selten wie Kisuaheli. Leider dachten wir das manchmal. Auch in Amerika erlebten Mama und ich

eine ähnliche Geschichte, die werde ich später berichten.
Dieser Araber jedenfalls trug den Esel nicht nach. Er wurde ein guter Freund des Hauses und kam oft zum Schachspielen. In Kairo wurde überhaupt viel Schach gespielt, und Papa speziell war ein leidenschaftlicher Anhänger dieser friedlichen Schlachten.
Mutter war gesund – zart noch, aber gesund. Sie brachte ein Mädchen zur Welt, ein bildhübsches Baby, doch es hatte keine Kraft zum Leben. In den Armen meiner Mutter schlief es für immer ein. Mutter, stets voller Ahnungen und dem Unwägbaren eigentlich näher als mein lebhafter Vater – trotz seiner nächtlichen »Eingebung« –, träumte von einer Erscheinung, die ihr ein anderes kleines Mädchen verhieß.
Die Prophezeiung traf bekanntlich ein. *Ich* war es, die solchermaßen angekündigt wurde. Nur blieb meine Mutter ungewarnt, was meine äußere Erscheinung und meinen »hinterrückschen« Auftritt auf der Bühne der Welt anbelangte.

# Ein Seidentuch von Kaiserin Sissi

## *Die Rökks und die Karolys – Kinderjahre in Budapest*

Sechs Monate war ich alt. Man sprach von Krieg. Meine Eltern packten. Wir wollten die Familie wiedersehen und den kleinen Eduska zu uns nach Kairo holen. Frühsommer 1914. Der Erste Weltkrieg brach aus. Es war ein schmerzliches Wiedersehen mit der Heimat und der geliebten Familie für meine Eltern.
Kairo blieb eine Station in unserem Leben. Keiner von uns ist jemals wieder hingefahren. Was meine Eltern dort erworben hatten, war verloren. Nur ein bißchen Silber wurde geschickt. Teppiche, Möbel, Porzellan – alles fiel Plünderern zum Opfer.
Vater wurde als Leutnant eingezogen. Mutter blieb mit uns beiden Kindern zurück, beherrscht und zuversichtlich. Und wir hatten Glück.
Eine Begebenheit in diesem Kriege, von der Vater uns Kindern immer berichten sollte, wurde viel später, im letzten Krieg, noch einmal hochgespielt. Vater hatte in seinem Bautrupp hundert russische Kriegsgefangene, und er sorgte ordentlich für sie. Sie nannten ihn »Dobra«-Kommandant, das heißt guter Kommandant. Eines Tages brach ein Aufstand im Lager aus. Ein Wärter wurde zusammengeschlagen und erlag später seinen Verletzungen. Nun sollten die Anführer erschossen

werden. Mein Vater, jedoch, Gerechtigkeitsfanatiker, mit den wahren Ursachen – schlechte Ernährung, schimmliges Brot – vertraut, trat energisch für sie ein. Vater, gerader blauer Blick, Festigkeit, Redegabe, Gabe, Menschen zu überzeugen und zu gewinnen. Er schaffte es. Sie blieben am Leben.

Im letzten Krieg während der russischen Besatzung lag Edus im Krankenhaus. Russische Militärs fertigten Namenslisten an. »Rökk, Eduard«, sagte mein Bruder. Da sagte ein älterer russischer Offizier zum Dolmetscher: »Rökk. Rökk? Fragen Sie ihn, ob der Vater Architekt war!« Natürlich kannte Edus die Geschichte, und er sagte: »Ich bin der Sohn.«

Der russische Offizier erklärte: »Ich war dabei.«

Wie wunderbar ist das Leben. So trug gute Tat wirklich den Lohn in sich. Edus führte das Dasein eines gehätschelten Privatpatienten und wurde geradezu einer liebevollen Mastkur unterzogen ...

Nach dem Ersten Weltkrieg machte sich Papa als Großbauunternehmer selbständig. Er hatte nun Angestellte, Holzlager, ein Haus, auch ein Auto – und, da er mit diesem Vehikel auf Kriegsfuß stand, auch einen Chauffeur. Leider konnten auch dessen Fahrkünste Papa nicht von den Vorzügen der Autofahrerei überzeugen. Er mied die Blechkiste nach Kräften, während Mama, nach sanftem Protest gegen Abschaffung dieser herrschaftlichen Angelegenheit, mit uns Kindern genießerisch spazierenfuhr.

Wir lebten gutsituiert und fröhlich, eingebettet in unsere Familie, im geliebten Heimatland. Das bin ich: Blut der hochfahrenden, verspielten, kräftigen Karolys mit ihren dominierenden Frauenfiguren, Blut der verläßlichen, feinsinnigen, künstlerisch inspirierten Rökks, die vor Generationen aus Schwaben eingewan-

dert waren, Bilderbuchdeutsche mit ihrer Häuslebaue-Mentalität.
Ur-Oma Karoly, das läßt sich nun wirklich nicht beschönigen, war das, was man damals streng »gefallenes Mädchen« nannte. Natürlich war sie keineswegs gefallen. Sie hatte sich freiwillig hingelegt – für einen bezaubernden, gutriechenden Adligen aus dem Gefolge der Kaiserin Elisabeth. Sopron hieß der Ort, in dem die Kaiserin Sissi eines Tages auf einer kaiserlichen Wohlwollen-Tournee eintraf. Die örtlichen Jungfrauen wurden sofort zu Folkloreübungen herangezogen, und meine Urgroßmutter, damals natürlich alles andere als eine Urgroßmutter, tanzte in der ersten Reihe.
Sissis Blick fiel halb staunend, halb argwöhnisch auf das prächtige Haar, das Uhrahnchen zu einer Zopfkrone aufgesteckt hatte. Kapriziös wie eine Königin im Märchen verlangte sie, das Haar solle gelöst werden. Sie selber war sehr stolz auf ihr kaiserliches Haar, doch ehrt es sie, daß sie den Vergleich mit den Naturgaben des Kindes aus dem Volke nicht scheute.
Uhrahnchens Haare wurden gemessen – und zu lang befunden, jedenfalls länger als Sissis Schopf – Ehrenwort. Die Kaiserin, ganz Kaiserin, ließ ihr huldvoll ein zartes Seidentaschentuch überreichen, elfenbeinfarben, mit einer breiten Goldspitze und mit dem in Gold eingestickten Namenszug »Elisabeth«! Dieses Taschentuch wurde natürlich nicht zum Schneuzen benutzt. Es hing vielmehr, fein eingerahmt, an der Wand – ich selber konnte es bei meiner Großmutter als Erbstück bewundern.
Nun war aber eben nicht nur Sissis kaiserlicher Blick auf die Prachtflechten der Dorfschönen gefallen, sondern auch der wesentlich begehrlichere des jungen Ad-

ligen. Er liebte das Mädchen kurz und heftig und verschwand, wie es Standessitte war. Sie blieb mit ihrem Baby Julianna zurück.

Gefallene Mädchen hatten's sehr schwer damals. Sie mußten in der Kirche hinten stehen. Aber Uhrahnchen arbeitete sich zäh nach oben im öffentlichen Ansehen. Als sie bei der Predigt nicht mehr aus der vordersten Reihe verwiesen wurde, stand auch einer Heirat mit einem netten – und betuchten – Gutsbesitzerssohn nichts mehr im Wege, und wenn sie nicht gestorben wären, lebten sie heute noch ...

Töchterchen Julianna aber hatte Mutters Energie, Temperament und Schönheit geerbt und auch die schillernde Note des flüchtigen Vaters. Sie heiratete später einen sensiblen Kunsttischler, der nicht in unsere industriell orientierte Welt paßte. Sie verdiente also in ihrem Restaurant selber Geld. Sie war ohne Zweifel eine Frühemanzipierte.

Nach dem zwölften Kind fing sie eine neue Laufbahn als Geliebte an. Sie verließ den stillen Großvater und tat sich mit einem Prachtexemplar von Kerl zusammen, der singen und Csárdás tanzen – und Wurst machen konnte. Er war Schlachter. Viel später kamen die beiden uns nach Paris nach. Es hatte mit dem Gelderwerb mal wieder nicht geklappt – ein typisches Familienmerkmal etlicher Karolys. Sie kamen hochgemut mit gar köstlichen Rezepten echter ungarischer Salami und anderer Spezialitäten, aber sie hatten nicht mit dem Patriotismus der Franzosen gerechnet, der sich durchaus auch auf Wurst und Schinken erstreckte. Franzosen aßen damals französisches Fleisch, voilà! Und sie wollten beim Einkauf französisch sprechen, c'est tout!

Vater stampfte dann wenigstens eine Bude auf einem

Markt aus dem Boden, aber sie blieben auf ihren Wurstwaren sitzen. Wir fraßen ungeheure Mengen ungarischer Salami und warfen den Rest in die Seine in der Hoffnung, daß die Fische vielleicht weniger patriotisch gesonnen wären.
Oma Julianna war es auch, die mir zum Entsetzen meiner Mama den Rat gab:
»Wenn du einen Mann hast und er läßt im Bett auffallend nach, dann gib acht. Warte nicht, bis er dich betrügt. Betrüge zuerst!«
Mama hatte das Perfekte der unausgeglichenen Karolys geerbt. Sie war eine Dame, graziös und anmutig. Mein Vater nannte sie »Özike«, das heißt Rehlein. Sie hieß Maria Caroline Charlotte. Ihr ältester Bruder Jennö war ein Studienkollege von Vater gewesen. Ich erwähne ihn hier in Dankbarkeit, denn er vermittelte das erste Zusammentreffen meiner Eltern.
Er wurde später Präsident vom »Juventus-Club«, dem großen italienischen Fußballteam. Sein Grab liegt in Italien, und viele Jahre lang marschierten die Sportler an seinem Todestag dorthin, um ihn zu ehren. Die Familie war sehr stolz darauf.
Alle Kinder von Großmutter Julianna waren ihr nachgeraten, drei Brüder und Charlotte, nur Valerie, mein Kairoer »Kindermädchen«, ähnelte dem Großvater, ein Seelchen, sehr zart, übersensibel, einen Kopf kleiner als die hochgewachsenen Geschwister.
Die Rökks, wie gesagt, waren Nachfahren von Schwaben. Ihr Erbe hat mir gewiß auch den Kontakt zu den Ländern und Menschen des deutschsprachigen Raumes so erleichtert. Großvater arbeitete als Mechaniker in Kalocsa, Großmutter, eine einfache Frau, war ein ganz musischer Typ, hochmusikalisch, mit einer ausgeprägten schnellen Auffassungsgabe für Melodien.

Sie war auch sparsam. Ihr Wahlspruch: »Es gibt mehr Tage als Wurst.«
Vater hatte zwei Geschwister, Tante Sari und Onkel Karol, »Karcsi« genannt, auf den wir alle sehr stolz sind, denn er ist ein namhafter Maler. Im Ersten Weltkrieg war der junge Diplomarchitekt in russische Gefangenschaft geraten. Er wurde verwundet, und da man ihn nicht gefunden hatte, wurde er als tot gemeldet. Sieben Jahre trauerte die Familie um ihn, ließ an seinen vermeintlichen Todestagen Messen lesen und hielt das Telegramm für einen Scherz, in dem es hieß: »Eintreffe morgen 9 Uhr Bahnhof. Bitte abholen. Karcsi.«
Aber er kam wirklich zurück, heil und gesund, mit einer jungen russischen Frau, die ihr Kindchen auf den Rücken gebunden hatte.
Sie hatte den Verwundeten gefunden und gesund gepflegt – ein rechtes Schiwago-Idyll. Und in der kalten russischen Weite hatte Karcsi angefangen zu malen. Bilder, die so suggestiv sind, daß es einen beim Anschauen friert. Er blieb auch später hauptsächlich bei seinen Schneemotiven. Rußland hatte ihn für immer geprägt. Alle großartigen internationalen Angebote hat er ausgeschlagen. Er lehnte auch eine sehr ehrenvolle – und einträgliche – Berufung nach Paris ab. Mein Vater riet: »Karcsi, das mußt du machen!«
Er sagte nur: »Schau, Edus, vielleicht werde ich weltberühmt, aber immer wird dann der Zwang einer erwartungsvollen Öffentlichkeit mich verpflichten und bedrücken. Nein, ich bleibe hier und male, wenn mir danach zumute ist. Glaube mir, die Qualität meiner Bilder würde leiden.«
Ich habe einige Bilder von ihm und bin sehr glücklich darüber. Kurz vor seinem Tode schickte er mir ein

Buch. Es war eine Anerkennung für den Maler Karol Rökk. Mein Onkel schrieb: »Liebe Marika, du bist so eingesponnen in dein Leben. Dieses Buch schicke ich dir, damit du weißt, wer dein Onkel war.« Onkel Karols Söhne sind Architekten geworden. Meine Kusine dichtet. Musisch sind wir alle.

Mein Vater: Mein geliebter Vater. Sportlich, musikalisch. Er hatte das absolute Gehör und ein kolossales Rhythmusgefühl. Leider habe ich nur letzteres geerbt. Papa hatte als Amateursportler Medaillen für besondere Leistungen im Weitsprung und im Laufen. Und für die Budapester Zeitung schrieb er unter einem Pseudonym kleine Glossen und heitere Pointen. Das Pointieren, das meinen schauspielerischen Stil stark bestimmt, habe ich bestimmt von ihm mitbekommen.

Edus und ich waren unbeschwert und behütet, und unsere Eltern verwöhnten uns nach Kräften. Wir hatten ein Haus im Stadtteil Pestujhej, in unmittelbarer Nachbarschaft der Behausung des armen und leider auch total versoffenen Hutmachers Bácsi Olah, der immer leicht schlingernd seines Weges ging und dem Spruch vertraute von den Vögeln unter dem Himmel, die der Herr doch ernährt. Es waren in seinem Falle jedoch mehr die Herren seiner Nachbarschaft, die seiner armen Frau und den acht Kindern mit Spenden und Nahrungsmitteln unter die Arme griffen – darunter auch Papa. Olah Bácsi revanchierte sich, indem er ahnungslosen Passanten unvermittelt zurief: »Es gibt *zwei* Herren in Pestujhej: mich – und Herrn Rökk!«

Edus und ich wurden zur Freigebigkeit erzogen – kein Problem natürlich, wenn man selber im Wohlstand lebt. Man trennt sich so leicht von Sachen, die so leicht erworben wurden.

So entwickelten Edus und ich spielerisch einen Wohltätigkeitskomplex besonderer Prägung. Wir luden Kinder ein, die nicht so gut verdienende Väter hatten. Einmal haben wir den Badeofen geheizt und unsere neuen Freunde üppig eingeschäumt. Da waren wir ausnahmsweise allein zu Hause. Diese Aktion, nachträglich natürlich doch entdeckt, brachte Mama auch auf unsere anderen Schliche: Wir kleideten die Kinder neu ein – mit unseren Sachen! Das Kindermädchen suchte ratlos nach Lackschuhchen und neuesten Mäntelchen.

Unser Kommentar nach der Entdeckung: »Wir können doch keine alten Klamotten verschenken!«

Nun, was sollten unsere Eltern machen? Gar nichts, natürlich. Der Tag, an dem wir selber arm waren, war übrigens nicht mehr fern. Vater baute viel Einfamilienhäuser, für die er mit den Bauherren feste Kosten vereinbarte. Dann kam die Inflation. Vater konnte seinen Verpflichtungen nicht mehr nachkommen.

Ich liebäugelte zu diesem Zeitpunkt schon heftig mit der internationalen Tanzbühne, mit Lehrern, die mir mehr geben konnten als meine liebevolle Betreuerin der ersten Schritte. Drei Jahre lang hatte ich bei ihr studiert, hatte in der Oper rumgesessen, Tänzer gesehen, die einen ganz anderen Stil pflegten, die Sehnsucht geschürt nach Spitzen-Lehrern.

»Ich weiß nicht, Papa. Ich kann mich hier nicht richtig entwickeln«, quengelte ich.

Dann fiel das Wort »Paris«! Mein Herz hüpfte. Ich betete heimlich. Aber mein Wunsch erfüllte sich durch die äußeren Umstände sozusagen automatisch. Vater, der Anti-Geschäftsmann, Bohemien, sprachenkundig, leichtherzig, mutig, brach unsere Brücken bedenkenlos ab. Und Mama folgte ihm mit ihrem absoluten

Vertrauen. Das Restgeld wurde bei einem uns gut bekannten Direktor auf seiner Bank deponiert. Wir reisten nach Paris: Vater, Mutter, Edus und ich. Wir hatten das Jahr 1924.

Ich war bereit, die Welt zu erobern. Da war diese Stadt von zärtlicher Kühle, nicht so leidenschaftlich intensiv wie Budapest, unverbindlicher, gelassen bereit, den Fremden zu akzeptieren, ihm Spielraum zu geben, seinen eigenen Stil zu verwirklichen. Paris erweckte gleich ein Gefühl von Abenteuer und Bewunderung in mir, das sich bis heute gehalten hat.

Ich rief: »Bonjour, Paris!« – »Bonjour« und »merci« waren meine einzigen französischen Vokabeln.

# Sieg mit Pirouette

## *Vortanzen im »Moulin Rouge« – In Paris waren wir plötzlich arme Leute*

*»Moulin Rouge« am Vormittag: Die perfekte Pracht der Nächte desillusioniert sich. Plüsch und Holz und Nägel – das Wunderwerk der Kulissen ist nun als Skelett zu erkennen, ein bißchen abgewetzt, verschlissen von all den Aufregungen, Temperamenten, Leidenschaften, Schmutzfüßen der Showleute und der Besucher.*

*»Moulin Rouge« am Vormittag: Geruch nach altem Rauch und Sektlachen und Pappe, Leimgeruch, Mischmasch aus Parfüm und Schweiß aus aller Herren Ländern. Abgestandener Geruch, abgestandenes Vergnügen.*

*Atmosphäre: scheußlich – aber anheimelnd für den Zirkusmenschen, den Show-Zigeuner, den Nichtbürger des fahrenden Volkes, den Künstler.*

*Ein bißchen Puderstaub aus den Garderoben, ein bißchen Friedhofsluft von längst verwelkten Blumen, die Verehrer und Impresarios gespendet haben, und ein Hauch von Kaffee.*

*Der rote Plüsch hat einen fahlgrauen Schimmer. Für das kleine Mädchen aber dekoriert er das Schloß seiner Träume. Dünne flache Gestalt, staksige Beinchen, zusammengewachsene Augenbrauen, elf Jahre altes*

*Energiebündel, unermüdlich und nicht zu entmutigen, mit einem stählernen Ehrgeiz begabt.*
*Kleines Mädchen knickst vor der großen Mrs. Hoffmann, Leiterin der berühmten Girltruppe. Ein Pianist sitzt am Flügel, gleichgültig, herbestellt, um beim Vortanzen von irgendwem Musik zu machen. Ein wunderschönes, blondlockiges Mädchen hat die superlangen Beine übereinandergeschlagen, Haltung: Abwarten und Tee trinken. Noch ein wunderschönes blondlockiges Mädchen, steht so rum, gänzlich uninteressiert, abkommandiert am Vormittag, wo man schlafen und faulenzen möchte.*
*Jetzt lächeln sie alle, fast gerührt, ach Gott, ein Kind. Die Meisterin reicht der Kleinen die Hand. Und das dürre Geschöpf, streng nach des Papas Anweisung, schaut jedem nacheinander mit aufgerissenen Augen starr und offen ins Auge, gibt fest die Hand, wie ein winziger Möbelpacker. Papa hat immer gesagt: Leute fest anschauen und fest die Hand geben!*
*Die Kleine drückt dem Pianisten ihre Noten in die Hand, verzieht sich schweigend hinter die Bühne, zieht sich um. Unterhaltung ist sowieso ausgeschlossen. Mrs. Hoffmann spricht nur englisch, ihre Truppenmitglieder auch.*
*Die Kleine tritt auf die Bühne, noch staksiger anzusehen im Trainingsdreß. Der erste Ton – und »Brrrrrr«: die erste Pirouette. Ein wüster Wirbel, Beine, Herz und Lunge in Hochform, Tanz an der Grenze zum Machbaren. Der hochtrainierte, gesunde, fürs Tanzen prädestinierte Körper gibt alles her.*
*Mrs. Hoffmann winkt: Aufhören! Sie zieht die Kleine von der Bühne, schließt sie in die Arme. Die Kleine starrt sie ernst an, mit zusammengewachsenen Augenbrauen. Grünblauer Blick. Siegerblick. Selbst-*

*verständlich, keiner kann solche Pirouetten – nur Marika.*
*Das wunderschöne Captain-Girl umarmt sie, es duftet nach Tausendundeiner Nacht. Und das andere Girl, ein Star der Truppe, sogar nach Tausendundzwei Nächten.*
*Der Pianist grinst beifällig. Die Lawine von Wohlwollen kann nur eins bedeuten: Engagiert!*
*Jetzt, beim ruhigen Dastehen, fühlt Marika plötzlich leichten Schwindel. »Jessa«, denkt sie, »jetzt bin ich in meiner Familie der Verdiener!«*

Wir waren zuversichtlich. Papa würde in Paris bestimmt einen Job finden. Und zur Not konnten wir sogar von den Zinsen des Geldes leben, das wir in Budapest auf der Bank hatten.
Wir zogen in eine nette Pension – vorläufig. Natürlich wollten wir uns später verbessern. Ich bekam einen Privatlehrer, einen ungarischen Professor, der mich sorgfältig und ohne die alberne Arroganz unterrichtete, die Erwachsene meist Kindern gegenüber für angebracht hielten. Er behandelte mich wie eine verständige Person, und siehe: Ich war eine.
Im Laufe der Zeit hat er mich gut vorangebracht, obwohl ich es nicht liebte, mich auf einen Lehrstoff zu konzentrieren. Ich war ein Quirl, motorisch, sozusagen auf Sprungfedern montiert. Ich konnte auch nicht längere Zeit stillsitzen. Die meisten Strafen in der Budapester Schule hatte ich erhalten, weil ich unkonzentriert herumrutschte. Hätte ich alle zehn Minuten einen Handstand machen dürfen – welch eine bestrikkende Schülerin wäre aus mir geworden. Ich gebe jedoch zu, daß bei mehreren ähnlich gelagerten Tem-

peramenten das Klassenbild vielleicht doch etwas uneinheitlich und konfus gewirkt hätte.
Mein Lehrer in Paris aber ließ mich in der Erkenntnis, daß Vokabeln nicht darunter leiden, wenn man sie im Wandern lernt, ruhig auf und ab gehen. Das entspannte mich, tut es heute noch. Geistige Anstrengungen koppele ich gern mit körperlicher Bewegung, laufe beim Rollenlernen und beim Diktieren wie ein Eisbär auf und ab, stundenlang.
Sorgfältig wurde erwogen, wem man nun meine Tanzbeinchen anvertrauen sollte.
Wir wählten das berühmte Institut der Madame Rudkowska, und sie wählte mich, denn natürlich nahm sie nicht jeden.
»Das Kind ist sehr begabt«, erklärte sie nach ein paar Tagen. Das war wie ein Ritterschlag. Sie befaßte sich nun sehr sorgfältig mit mir, war streng, nahm mich hart an die Kandare. Sie sah mir nicht den kleinsten Schnitzer nach, und das hätte ich auch nie gewünscht. Ich schwärmte für Perfektion.
Trotzdem wurde an meinem Tanzstil auch stets meine Ausstrahlung gelobt. Schon bei meinem allerersten Tanzabend in Budapest, den Papa selber für seinen Star von morgen arrangiert und finanziert hatte, schrieb die Presse: »Sie tanzt nicht mit den Füßen, sondern mit der Seele.«
Die etwas pathetische Formulierung stimmte insofern, als eine Ballerina beim Ballett ihren Gesichtsausdruck vollkommen kühl und neutral hält. Ich erlaubte meinen Mienen, meine Gefühle beim Tanzen zu spiegeln. Ich sah – wie schon unbewußt als ganz kleines Mädchen – meine Zuschauer an, ich wandte mich an sie, forderte zum Miterleben auf. Bis heute kann ich es schlecht erklären, aber ich selber spüre die Wirkung

und die Rückwirkung: Was *ist* das, diese Massenhypnose?
Bei meinem allerersten Tanzabend mit neun hatte ich zwölf Stückchen vorgeführt, bereits mit Schwierigkeiten gespickt. Und in den Pausen, während ich mich umzog, sang ein Mitglied der Staatsoper. Ich war aufgeregt und mächtig eingebildet damals. Einen eigenen Tanzabend, das hat ja nun wirklich nicht jeder.
Papa zahlte kräftig zu beim künstlerischen Start seiner Tochter, aber die guten Rezensionen waren doch sehr ermutigend für uns alle. Und das Geld floß ja noch reichlich.
Madame Rudkowska, Exilrussin, hievte mich nun auf das internationale Niveau. Und ich wußte tatsächlich *sofort*, daß sie das schaffen würde.
Ich ackerte. Ich schuftete. Ich wurde einer von Madames Lieblingen, das ehrte mich – und es verpflichtete. Ich dampfte förmlich vor Eifer und Begeisterung.
Mein Kis-Papa lief sich inzwischen die Hacken ab auf der Suche nach einem angemessenen Job. Frankreich hatte zwar den Krieg gewonnen, aber Arbeitslosigkeit herrschte trotzdem. Und ein Ungar, der zusammen mit Deutschen und Österreichern an der Front gestanden hatte, war nicht gerade willkommen.
Meine Eltern nahmen die Fehlschläge gleichmütig hin. Sie taugten nicht zum Jammern. Ihre strahlende Lebensfreude behauptete sich auch in etwas mulmigen Situationen.
Außerdem waren wir zwar nicht reich, aber auch nicht arm wie Kirchenmäuse. Aber dann passierte etwas, das uns sozusagen die Wurst vom Brot nahm. Ein Telegramm rief Papa nach Budapest. »Unsere« Privatbank war bankrott.
Papa und Mama reisten Hals über Kopf nach Budapest.

Wir wurden bei ungarischen Freunden in Pflege gegeben – eine sehr spannende und heftig begrüßte Angelegenheit, denn was wußten wir Wohlstandspflänzchen schon von drohender Armut, von Hunger gar, von Existenzsorgen?
Wir sollten sie nun kennenlernen. Ich begriff plötzlich, was »arm« ist. Nie wieder habe ich diesen Schock vergessen, auch die üppigsten Gagen konnten mich nie völlig über diese Erfahrung hinwegtrösten. Wenn einer viel später ein sehr langes Telefongespräch aus einem andren Land mit mir führte, mußte ich zum Beispiel immer denken: Was das kostet!
Manchmal hab' ich's auch laut gesagt. So enttäuscht man Leute. Nur sehr gute Freunde kannten die Ursache dieses Gedankenganges.
Meine Eltern kamen sehr still zurück aus Budapest. Auch für sie war diese Lage wohl eine harte Lektion, die sie erst begreifen mußten.
Die Witwe des Bankiers hatte zu meinem Vater gesagt: »Herr Rökk, ich weiß, mein Mann hat all Ihr Geld verspekuliert. Ich habe noch etwas Schmuck. Das ist alles, was mir geblieben ist. Nehmen Sie es!«
Ihre weinenden kleinen Töchter standen neben ihr. Vater und Mutter blickten auf die drei schwarzgekleideten, schwergeprüften Hinterbliebenen, dann sahen sie sich an. Sie brauchten sich nicht zu beraten. Niemals hätten sie der armen, tief beschämten Witwe das letzte bißchen Besitz genommen.
Papa hatte den Kopf geschüttelt. So schlecht es uns später auch ging – nie habe ich ein Wort des Bedauerns über diese Entscheidung gehört, nicht von Papa und nicht von Mama.
Nicht von Mama, das zählte besonders, denn sie begann nun, lächelnd ihren Schmuck zu versetzen und

zu verkaufen. Die Liebesbeweise von Papa aus erfolgreicher Zeit wurden nun als Liebesbeweise Mamas für ihre Familie weggegeben.
»Ich brauche nicht so zu glänzen«, pflegte Mama zu sagen. Papa sah sie schmerzlich an. Er hatte seine Ansprüche bereits weit hinabgeschraubt, zuletzt fand er einen sehr dürftigen Job. Der Chef war unfreundlich. Er war zum erstenmal entmutigt. Wir zogen in ein dürftiges Zimmer um.
Mamas Schmuckstücke, die Papa einst sorgfältig nach ihrer Schönheit ausgewählt und entsprechend teuer bezahlt hatte, brachten jetzt nur den Gegenwert des Materials. Die letzte Brillantbrosche war auf dem besten Wege, in Wurst und Brot umgesetzt zu werden. Unsere Stimmung war auf dem Nullpunkt.
Edus und ich allerdings waren eben Kinder. Die Sorgen unserer Eltern bedrückten uns vorübergehend, doch mit einigen Schmalzstullen im Bauch fühlten wir uns dann doch wieder jedem Sturm gewachsen.
Edus übrigens fand wesentlich schneller Anschluß an das französische Leben als ich. Erstens war er erheblich sprachbegabter als ich, zweitens vertrödelte er natürlich auch keine Zeit mit dem Einüben von sechs Überschlägen rückwärts und ähnlichen Extravaganzen.
Er kam bald in die öffentliche Schule, während ich – trotz unserer Misere – meinen Professor behielt. Edus und ich begannen nun auch mit unseren selbständigen Eroberungsstreifzügen durch Paris. Eine unserer Spezialitäten war Fußballspielen im friedlichen Garten von Notre Dame. Ich glaube, der Wärter mochte uns nicht. Jedenfalls lief er immer schimpfend hinter uns her. Aber wir waren schneller, ätsch.
Ich übte, lernte, tobte herum, ein Durchschnittskind

mit einigen Ambitionen. Aber mein Schicksal rotierte schon – genau gesagt: Es rotierte auf 36 bildschönen Mädchenbeinen, der Hoffmann-Girls-Truppe, die im Moulin Rouge gastierte.

Eines Abends brachte Kis-Papa Spendenkarten für eine Vorstellung in diesem hochgeschätzten Musentempel an. »Moulin Rouge« war Spitzenklasse für Revue und Show, wie die »Folies-Bergères« oder das »Casino de Paris«.

Ich war erwartungsvoll und aufgeregt. Bis dahin hatte unser Geld nicht für solche Extravaganzen gereicht. Ich war also sofort bereit, den edlen Spender in mein Nachtgebet einzuschließen. Er hieß Monsieur Szilárd, war Ungar und hatte zum »Moulin Rouge« insofern enge Beziehungen, als sein Lokal dicht daneben lag. Die Stars aßen sogar bei ihm. Ein auserwählter Mann, fand ich.

Wir gingen früh hin. Ich war wie elektrisiert. Was für ein Programm! Welche Leistungen! Der Schock meines Lebens kam, als die Hoffmann-Girls auftraten. Sie waren einer der Höhepunkte des erlesenen Programms. 18 Luxusgeschöpfe, traumhaft gewachsen, wirbelten auf die Bühne. Ich fiel nicht in Ohnmacht, aber viel fehlte nicht daran. Jedenfalls dachte ich: »Jessas«, das dachte und rief ich damals immer, wenn ich äußerste Gemütsbewegungen ausdrücken wollte. »Jessas«, dachte ich also. Ich konnte blendend tanzen, gewiß. Aber diese Mädchen konnten einfach alles: Spitzentanz, Akrobatik, Fechten, Saltos am laufenden Band, einfach alles – *und* sie waren bildhübsch. Jessas!

War Kis-Marika nun entmutigt? Beschloß sie, die Ballettschuhchen eiligst mit einer Küchenschürze zu vertauschen? Litt sie unter ihrem mageren Körperchen,

wo noch nicht einmal der Ansatz verführerischer Rundung zu entdecken war? Sah sie ein entmutigendes Feld vor sich? Weit gefehlt.
Kis-Marika beschloß: 1. das auch alles flink zu lernen, was die konnten, 2. schnellstens bildhübsch zu werden, 3. besser zu werden als die jungen Damen, 4. auch ein Hoffmann-Girl zu werden. Basta.
Nachts betete ich: Lieber Gott, du mußt mir aber wirklich helfen. Mach, daß ich genommen werde!
Ich war von einem fanatischen Wunsch besessen, sonst wäre wohl eine solche Entwicklung gar nicht denkbar gewesen. Man überlege: ein Kind in einer Truppe, in der das jüngste Mitglied 18, das älteste 25 war, in der außer Begabung auch der unfehlbare Appell an den Schönheitssinn der Zuschauer verlangt wurde.
Man weiß ja, daß Wünsche, wenn sie nur mit äußerster Kraft ausgestattet sind, immer erfüllt werden. Ich stieg auf dem Weg zur Schule immer beim Moulin Rouge in einen anderen Bus um. Wenn das kein Schicksalswink war! Bei Onkel Szilárd, dem Auslöser meines Plans, trank ich eine Orangeade. Ich wußte, er würde mich nicht bezahlen lassen, das war längst ausprobiert. Mit Vater war ich schon zum Eisessen dagewesen. Außerdem war mein Risiko nicht groß. Ich *hatte* nämlich gar kein Geld.
Ich sagte: »Onkel Szilárd, ißt vielleicht die Mrs. Hoffmann bei dir?« Sie aß.
Ich sagte: »Könntest du wohl vermitteln, daß ich ihr vortanzen kann? Ich bin sicher, daß sie mich einstellen wird.«
Onkel Szilárd sah mich sehr von oben herab an. »Hast du denn gesehen, was diese Mädchen können?« fragte er.
Ich sah Onkel Szilárd gleichfalls sehr von oben herab

an, soweit das bei unserer unterschiedlichen Körpergröße möglich war.
»Ich habe vor allem gesehen, was sie *nicht* können – nämlich solche Pirouetten wie ich«, erklärte ich hochnäsig. Ich *wußte* einfach, daß ich in dieser Hinsicht einmalig war. Zu meinen Pirouetten gehörten ein bestimmter Wuchs, ein übermäßig entwickelter Gleichgewichtssinn, ein animalisches Zusammenspiel von Schwung, den die Schulter gab, und Beinarbeit, die einen Bruchteil später einsetzte.
Onkel Szilárd hatte mich ja noch nie tanzen sehen. Er konnte nicht wissen, welche Perle der Tanzkunst hier vor ihm leuchtete. Aber ich wußte es. Ich verzieh ihm.
»Schön«, willigte er ein, »komm übermorgen, dann sage ich dir Bescheid.«
Übermorgen – was für eine entsetzlich lange Zeitspanne für jedes ungeduldige Kind. Übermorgen – das ist doch genau wie nächstes Jahr, wenn du groß bist, irgendwann, mañana. Für mich war diese Wartezeit eine der größten Nervenproben, an die ich mich erinnern kann, und das will in meinem an Nervenproben reichen Leben etwas heißen.
Nun, ich durfte vortanzen. Mrs. Hoffmann hatte gnädig genickt. »Morgen, elf Uhr«, berichtete Herr Szilárd. »Noten mitbringen.« Haha, Noten mitbringen. Als ob jedes kleine Mädchen Noten zum Mitbringen hätte. Na, ich hatte welche – von meinem Tanzabend in Budapest. Die kramte ich nun heimlich hervor und steckte sie in meine Schulmappe. Klar, ich sagte nichts zu Hause. Erwachsene sind unberechenbar. Sie können kleinen Mädchen die schönsten Pläne vermasseln.
Am anderen Vormittag verabschiedete ich mich heuchlerisch von Mama. »Pápá«, rief ich, das bedeutet

»Auf Wiedersehen« in einer Babysprache, irgendwann mußte ich's mir angewöhnt haben. Im Vertrauen: Ich sag's heute noch zu meinen Freunden, und einige haben es sich auch schon angewöhnt. »Pápá«, rufe ich zum Abschied. Und sie sagen: »Pápá, Marika!«
Vielleicht ist es einfach der kindliche Seufzer nach dem Beschützer. Als ich ganz klein war, hieß es bei mir immer: »Mama, Mama.« Dann wuchs ich heran, und plötzlich hieß es: »Papa, Papa.« Es gab wieder eine Zeit, in der ich nach Mama rief, aber schließlich blieb doch Papa mein Halt im Leben.
Ich tanzte also vor. Ein kleiner Kobold muß mir beigestanden haben – er und dieser wunderbare Instinkt, dem ich so viel verdanke, der mich im richtigen Moment das Richtige tun läßt, der mir das Gefühl für Wirkung und Timing und Pointen vermittelt, ohne den der Begabteste immer im zweiten Glied herumkrebsen wird.
Daß ich mit den Pirouetten begann, war sicher mehr als kindliche Schläue. Ich wußte einfach: *Gleich* mußt du sie umhauen. Nicht nach und nach Kenntnisse vorzeigen, sondern überrumpeln. Pirouetten von dieser Güte haben sie gar nicht.
Als ich an Mrs. Hoffmanns streng gebändigtem Busen lag, hörte ich die lieben Englein deutlich singen. Was sangen sie? Sie sangen: »Amerika, Amerika!« Jessas!

. In meinem zweiten Operettenfilm, »Gasparone«, 1937, war wieder
·hannes Heesters (Mitte) der männliche Hauptdarsteller. Weitere Partner:
›dith Schollwer und Heinz Schorlemmer.

? Unter der Regie meines späteren ersten Ehemannes Georg Jacoby drehte
h 1938 »Eine Nacht im Mai«. Es war unser fünfter gemeinsamer Film.
fein Partner war Viktor Staal (links im Bild).

4 Daß die Außenauf-
ahmen zu »Eine Nacht
n Mai« zum Teil bei
:egen und Kälte im
ıpril stattfanden, merk-
: man dem fröhlichen
ilm mit der Musik von
eter Kreuder natürlich
icht an.

◁
3 »Gasparone«: Ein Ufa-
tar-Foto im Stil der
reißiger Jahre.

5 Einen Riesenerfolg
escherte mir 1939 der
evuefilm »Hallo Jani-
e«. Er kam kurz vor
.usbruch des Zweiten
Veltkriegs heraus.

16 In »Hallo Janine« 1939, durfte ich nac[h] Herzenslust steppen...

17 ...und in de[m] Tschaikowsky-Film »[...] war eine rauschen[de] Ballnacht« konnte i[ch] mich im selben Ja[hr] einmal wieder auf Sp[it]ze präsentieren.

# Vamp mit Hosenklappe

*Erfolg als »Hoffmann-Girl« – Mit elf Jahren Ernährerin der Familie*

Ich trödelte noch ein bißchen draußen herum, denn ich mußte ja ordnungsmäßig »von der Schule« kommen. Eine Kleinigkeit für einen frischgebackenen Anlern-Star. Wir aßen. Ich setzte meine harmloseste Miene auf, aber im Bauch war mir mulmig. Denn nun mußte doch gebeichtet werden.

Onkel Szilárd hatte zwischen Mrs. Hoffmann und mir gedolmetscht, und sie hatte mir ans Herz gelegt, Papa schon morgen zu mir zu schicken. Daß ich meine Pirouetten im Alleingang getanzt hatte, darauf kam sie gar nicht.

»Wollen wir nicht etwas spazieren gehen, Papa?« fragte ich heuchlerisch nach dem Essen.

»Ja, gut«, sagte Papa.

Unterwegs raffte ich mich auf. »Ich will dir etwas beichten, aber bitte: schrei nicht gleich!« flehte ich, womit ich viel töchterliche Einfühlungsgabe verriet. Denn er hätte sicher geschrien. Aber nun tat er es nicht. Er blickte streng, aber ich merkte: Er war gerührt.

»Vielleicht kann ich auch ein bissel helfen«, erklärte ich eifrig, »denn wenn Mama auch noch so lacht – sie verkauft ihren Schmuck gar nicht gern.« Er strich mir

übers Haar. Er war stolz auf mich. So sind Töchter. Sie kennen ihre Väter.
Mama war leider keineswegs so leicht zu faszinieren. »Ein Girl?« fragte sie langgezogen, und alle adligen Vorfahren ihrer Sippe zischten abfällig durch den Raum. »Ein Girl – nein, das ist nichts für meine Tochter!«
»Aber das sind doch lauter Solistinnen, Charlotte«, begütigte Kis-Papa. Nun, wir hatten natürlich das letzte Wort. Als Trumpf rief ich aus: »Die Welt wartet auf mich!« Ehrenwort, es knackte richtig in meinen Gliedern, so hoch reckte ich mich . . .
Mrs. Hoffmann sagte zu Papa: »Sie ist noch sehr jung. Das stört mich nicht. Alle meine Mädchen sind sehr jung zu mir gekommen – nun, nicht sooo jung. Sie muß sofort studieren. Eins von meinen Mädchen heiratet hier, und Marika muß einspringen.«
Mein Vater sagte fest: »Aber ich möchte nicht, daß meine Tochter eine ›Dritte von rechts‹ wird. Sie hat das Zeug zu einer Solistin.«
Mrs. Hoffmann stimmte sofort zu. »Sie bekommt ein Solo. In der großen Schubert-Show am Broadway, die wir als nächstes machen, wird sie namentlich im Programm als eine meiner sechs Solistinnen aufgeführt, und sie wird zwei Solonummern erhalten. Es bedeutet etwas, ein Hoffmann-Girl zu sein, Herr Rökk. Solistinnen sind eigentlich alle. Und mit Ihrer Tochter habe ich Großes vor.«
Die Anfangsgage war anständig, natürlich bei weitem nicht so groß wie mein Stolz. Alle anderen Mädchen waren schon richtige Weibchen. Bei mir waren statt Busen nur die Quarzerln angelegt.
Trotzdem hatte ich einen Riesenerfolg, als ich mich das erstemal in der gemeinsamen Garderobe umzog.

Ich trug nämlich die abenteuerliche Unterwäsche der Tochter aus gutem ungarischem Hause: von der Hausschneiderin aus feinstem Batist gefertigte Hemdhose selbstverständlich mit zierlicher Stickerei, deren praktische Attraktion in einer rückwärtigen großen Klappe bestand, die mit vier Wäscheknöpfen energisch verschlossen wurde.
Die Girls nun drängten sich mit absoluten Weihnachts-Bescherungs-Blicken um mich und riefen: »Ist sie nicht süß?! Ist das nicht entzückend?!« und kicherten, wie nur Mädchen in diesem Alter kichern können: inbrünstig und sehr entnervend für den Bekicherten. Und das war *ich*. Na ja. Ich litt eigentlich nicht an unterentwickeltem Selbstbewußtsein, doch erklärte ich Mutter nachdrücklich:
»Die Hosen kommen weg!«
Mutter jedoch, heimlich vielleicht auch an verlorenen Schmuck und ganz gewiß an die Maßstäbe guter ungarischer Kinderstube denkend, erklärte mit ungewohnter Strenge:
»Die Hosen bleiben an!«
Nun, meine neuen Kolleginnen gewöhnten sich daran. Ohnehin wirkte ich gewiß recht exotisch auf sie.
Ich selber war ziemlich stolz auf mich – besonders auf das Foto, das ein bekannter Star-Fotograf von mir anfertigte. Ich wurde mit aufgedonnerter Frisur und Schminke als verführerisches Sweetheart aufgemotzt, und so hing nun mein Bild im Schaukasten des »Moulin Rouge«: Schönheit zwischen Schönheiten, ein kleiner, aber raffinierter Schwindel, ein Wechsel auf eine ansehnliche Zukunft. Jeden Tag betrachtete ich die auf dem Foto, die ja schließlich ich war, mit riesiger Bewunderung. Jessas, ich war eine Beauty!
Vier Tage übte ich an den Tänzen – mitsamt meinem

ungarischen Solotanz. Dann stand ich auf der Bühne, nun selber ein Mittel der Verzauberung. So ein Gefühl hat man nur einmal im Leben.
Akrobatik wurde zuerst noch ausgeklammert bei mir, die mußte ich erst studieren – und das tat ich. Mein Pensum war unheimlich reichhaltig, aber ich schaffte alles mit unverwüstlicher Gesundheit und einer überschäumenden Lebensfreude.
Am Vormittag besuchte ich immer noch »die Schule« von Madame Rudkowska. Mein ungarischer Professor erschien nachmittags. Zwischendurch trainierte ich die ungewohnten Akrobatikübungen, abends tanzte ich im Moulin Rouge. Ich hatte Muskelkater von den ungewohnten Anstrengungen der akrobatischen Übungen, und das Neue der Bühnenwelt nahm mich in Anspruch. Aber aufgeben? Daß ich nicht lache! Ich war vergnügt wie ein Lämmchen zu Ostern.
Ich bin immer so geblieben. Wirbel und Anforderungen machen mich erst richtig lebendig. Damit ist auch die Frage beantwortet, die mir manchmal fremde Leute stellen: Warum ich immer noch ackere, mir keine Ruhe gönne, nicht süßes Nichtstun praktiziere, das ich mir doch wohl leisten könne. Ich glühe nur vor Leben, wenn ich ordentlich zu tun habe.
60 Dollar Wochengage erhielt ich – jessas! Als ich die erste auf den Familientisch legte, weinten alle: Mama, Papa und Edus. Nur ich sah düster unter zusammengewachsenen Augenbrauen auf meine gerührte Familie. Gott, war ich stolz! Elf Jahre, und Ernährerin!
Damit ein Ersatz aus den eigenen Reihen einspringen konnte, wenn einmal ein Mädchen der Truppe erkrankt war, setzte Mrs. Hoffmann eine »Testprobe« an. Jedes Girl sollte dabei mindestens die Nummer ei-

nes anderen vorführen, da wir alle stark spezialisiert waren – Step, Akrobatik, Jazz, Klassisches Ballett und so weiter.
Meine große Stunde schlug. Ich beherrschte das gesamte Repertoire meiner Solistenkolleginnen – schließlich hatte ich erbittert trainiert und die Augen immer offen gehalten. Jetzt zeigte ich, was ich konnte. Die »Großen« wußten sich nicht zu lassen vor Begeisterung. Sie staunten neidlos – jawohl neidlos. Keine gab zu erkennen, daß sie sich von mir überrumpelt, an die Wand gedrückt, kaltgestellt, verladen fühlte.
Später waren solche Unterstellungen an der Tagesordnung. Da war ich bereits ein Star. Da wurden mir großes Können und die Ausschließlichkeit, mit der ich eine Rolle anging, häufig als widerliches Strebertum und Xanthippengeist ausgelegt. Das hat mich immer sehr gekränkt. Ich werde noch auf einzelne Fälle zurückkommen.
Hier herrschte dagegen eitel Wonne. Mrs. Hoffmann drückte mich einmal mehr an ihren Busen. Fünf Nummern hatte ich vorgeführt. Die sechste war meine – sowieso in der Schwierigkeit ihrer Pirouetten nicht nachzuahmen. Ich reckte mich: Ich wurde anerkannt. Die peinlichen Hosenklappen waren mehr als wettgemacht. Nicht auf die Hose, auf das Können kommt es an . . .

# Zwei Landeier am Broadway

*Weihnachtsbescherung in New York –*
*Pech auf der Tournee –*
*Und plötzlich arbeitslos*

Amerika. 24. Dezember 1925. Eine weltfremde Ungarin und ihre zwölfjährige Tochter. Vater hatte keinen Reisepaß erhalten, ich durfte das Milch-und-Honig-Land nur mit einer Begleitperson betreten, und das war meine kluge, unpraktische, sprachunkundige, schüchterne Mama, erzogen, sich auf den Mann zu stützen. Aber nun war keiner da.

Die Premiere war für den ersten Weihnachtstag angesetzt, und das Probengeld hatten wir verbraucht. Wir waren blank.

Die Sehnsucht nach Papa und Edus quälte uns. Die fremde Sprache, die unpersönliche Atmosphäre drückten auf unser Gemüt. Ständig wurde bei uns geweint, sogar die Mäuse müssen geweint haben in unserem einfachen Appartement.

Aus geschwollenen Augen sahen wir diesem Weihnachten entgegen. Gage gab's erst nach der Premiere, und Mrs. Hoffmann unsere »Mißwirtschaft« einzugestehen, dazu waren wir zu stolz.

Ich hatte immerhin noch die Tröstung und Aufregung der zu bestehenden Premiere vor mir. Erste Anzeichen von Lampenfieber meldeten sich. Die letzte Probe mußte absolviert werden. Wir, die Hoffmann-Girls,

wurden im Star-Rang aufgeführt. Mein Name prangte. Das war etwas.
Aber Weihnachten ist eben etwas Besonderes, gefühlsträchtig und heimwehfördernd. Weihnachten muß strahlen und duften, es braucht Wärme und Licht und die vertrauten Küchendünste, wenn es heiter sein soll. Mutter und ich waren wie im Märchen: einsam, arm und unglücklich.

*Ich komme ins Theater. Ein Beleuchter grinst, der Inspizient läßt ein breites Lächeln los. Eine Kollegin ist zur gleichen Zeit eingetroffen. Sie feixt wie Micky Maus.*
*Was ist los? Bin ich schwarz im Gesicht?*
*Ich öffne die Tür zur Garderobe. Da weiß ich, was los ist. Ich sehe die Bescherung – im wahrsten Sinne des Wortes. Die Hoffmann-Girls haben ihrer Kleinsten den Weihnachtstisch gedeckt. Er biegt sich fast: eine Puppe, Knabberzeug, Modeschmuck aller Art – sie wußten ja alle, daß ich heimlich an Woolworth' Grabbeltischen nach Tinnefschmuck zu graben pflegte. Parfüm ist drauf, Lippenstift. Und hier die Attraktion: eine seidene Wäschekombination, rosé mit weißer Spitze – und ein Pyjama, Luxusklasse, gelb, weißes Spitzengeriesel. Adieu, ihr Batist-Klappen-Ungeheuer! Ein Anfang ist gemacht. Ich schreie laut vor Freude, ich bussele ihnen die Schminke runter, ich weine, natürlich, auf die mühelose ungarische Art.*
*Dieser Luxus! Nun steht der mondänen Entwicklung nichts mehr im Wege. Ich bin ein Vamp!*

Wie ein singender Packesel kam ich in unsere Pension, klingelte einmal, zweimal. Ich schnupperte. Nein, das konnte nicht sein, war bestimmt eine Duft-Fata-Morgana. Trotzdem blieb ich dabei: Durch die Türritze roch es unverkennbar nach gefülltem Kraut.
In Ungarn gehört gefülltes Kraut zum unerläßlichen Menü zu Weihnachten. Man ißt es nach der Großen Messe um Mitternacht. Und dazu wird Bier getrunken.
Mutter öffnete. Ich sah ihr ins Gesicht, und da wußte ich schon: Es stimmte! Es gab gefülltes Kraut, echt ungarische Nußstolle, echt ungarische Mohnstolle, selbstgebacken, versteht sich. Auf dem Tisch stand eine Vase mit Tannenzweigen, und daran waren Engelchen und Bimmelchen und Zuckerwerk.
Ich ließ meine Geschenke aufs Bett plumpsen und fiel ihr um den Hals. »Mama, Mama!«
Nun, sie hatte keine kleine Bank beraubt. An der Ecke war ein kleiner Laden, der Italienern gehörte, Fremde im Lande – wie wir. Dort gab es Zahnpasta und Kartoffeln, Nähgarn und Eimer, alles – wenn man Geld hatte. Als Mutter ihre sehr bescheidenen Einkäufe machen wollte, sagte der Inhaber plötzlich: »Suchen Sie sich doch alles aus, was Sie brauchen, Mrs. Rökk. Zahlen können Sie nach Weihnachten. Wir wissen, wie es ist, neu in einem fremden Land zu sein.«
Jedenfalls hatte Mama das zu verstehen gemeint, denn so recht klappte es ja nicht mit der Verständigung. Sie packte ein, zeigte hierhin und dorthin und verließ den Laden mit hüpfendem Herzen. Ein Weihnachtsbaum wäre natürlich noch fein gewesen . . . und während sie das noch dachte, hackte ein Herr vor seiner Tür von einem wahren Christbaummonstrum ein paar Zweige ab und ließ sie achtlos liegen.

Mama, fein im Pelz, paradierte betont unauffällig ein paarmal auf und ab und erwischte im richtigen Augenblick ihre Beute. Dann hub ein gewaltiges Backen und Kochen an – und tatsächlich, sie lief noch einmal zum Laden, um Engelchen und Bimmelchen und Zuckerzeug zu holen.

Nie wieder hat mich ein Weihnachtsessen so glücklich gemacht. Auch das prächtigste nicht. Zum erstenmal auch war ich richtig glücklich in Amerika. Mama und ich dachten an Papa und Edus und weinten ein bißchen in die Krautwickel, aber es waren keine bitteren Tränen. Erstes Weihnachten in New York: wunderbar und nahrhaft – und sehr ungarisch.

Ende Oktober waren wir von Le Havre abgedampft. Auf dem Schiff feierte die hoffnungsvolle Künstlerin ihren zwölften Geburtstag. Vater hatte die Ausreise nach Kanada beantragt. Edus sollte dann mit Oma Karoly und dem neuen Onkel Biszta nach Budapest zurückkehren und weiter zur Schule gehen. Immer war er ausgeschlossen von unseren Abenteuern, sollte immer nachgeholt werden, blieb immer durch irgendwelche Zwischenfälle auf ruhigem Kurs.

Heute lebt er in Kalocsa – ein richtiger Rökk. Eine Zeitlang machte er als Sportler von sich reden. Sogar in London und Wien kannte man seinen Namen: Er hatte hier Fußball gespielt. Er lebt beschaulich, hat eine brave Frau, Stiefkinder und Enkelkinder. Die gesamte Unruhe der väterlichen und der mütterlichen Erbmasse muß auf mich übergegangen sein.

Mein erster Eindruck angesichts der Skyline von New York: Amerika war gewaltig. Das gefiel mir, paßte gut zu meiner eigenen Stimmungslage, in der Überschwang seinen Ehrenplatz hatte.

Mama und ich waren in ein bescheidenes Hotelappartement gezogen. Die Proben begannen. Sie waren kolossal hart. Menschliche Rücksichten gab es hier nicht – viel später in Deutschland hat mich ein Direktor zu Tränen gerührt, als er mir empfahl, meinen blutig getanzten Füßen zuliebe einfach mal den Spitzentanz wegzulassen. Rücksichten solcher Art wären im amerikanischen Showgeschäft undenkbar gewesen. Vielleicht war die Perfektion die goldene Kehrseite dieser Medaille.

Gleich am zweiten Tag, noch vor den Proben, starteten Mama und ich allerdings schon zu einer kleinen Expedition, bei der sich die beiden Damen wie rechte Landeier aufführten.

Unser Hotel lag in der Nähe des Broadways, und nun mußte diese Prachtstraße natürlich besichtigt werden. In einem Riesenkino gab's einen Greta-Garbo-Film. Unser Liebling. Wir gingen rein. Das Programm lief nonstop, man blieb halt, bis man genug gesehen hatte. Irgendwann war das sogar bei uns der Fall. Wir erhoben uns also und suchten im Dunkeln den Ausgang. Die Platzanweiserin verstand uns offenbar überhaupt nicht, denn sie führte uns wieder zu einem freien Platz. Meine schwachen Englischkenntnisse waren wie abgeschnitten. Und während die Garbo oben auf der Leinwand schmerzlich und edel litt, fahndeten wir in sanfter Verzweiflung nach dem Ausgang – bis ich das Wörtchen »Exit« las.

Sofort zog ich Mama in diese Richtung, öffnete die erstaunlich schwere Eisentür. Dumpf fiel sie hinter uns ins Schloß. Wir standen draußen – hoch oben auf der Plattform einer Feuertreppe.

Mama sah mich prüfend an. »*Ich* gehe da nicht runter«, erklärte sie im Rhythmus einer Fliegenklatsche.

»Ich auch nicht«, sagte ich. Aber die Tür war nun ein-

mal ins Schloß gefallen und ließ sich auch nicht wieder öffnen. Wir bummerten und riefen, aber die Garbo siegte fürs erste. Niemand hörte uns.
Ich weiß nicht mehr, ob ich anfing zu lachen oder ob es Mama war. Jedenfalls kreischten wir schließlich vor Lachen – eine Spur hysterisch, gewiß, aber doch wohl einigermaßen tapfer – oder nicht?
Irgendwann öffnete uns ein Mann. Er reagierte wie Buster Keaton, nämlich gar nicht. Ohne Umstände geleitete er uns zum richtigen Ausgang, als ob er alle Tage ungarische Landeier von der Feuertreppe sammeln müsse. Schließlich: kann man's wissen?
Draußen atmeten wir tief durch – wenn auch nicht lange, denn als Mama sagte: »Ich glaube, wir sollten zurück in unser Hotel gehen«, blieb uns fast die Luft weg.
»Weißt du noch, wo es liegt?« fragte Mama.
Ich schüttelte den Kopf.
»Weißt du noch, wie es heißt?« fragte ich.
Mama schüttelte den Kopf.
Um es kurz zu machen: Wir liefen lange. Sehr lange. Eine Straße sieht in so einem Falle wie die andere aus. Irgendwann jedoch entdeckten wir Vertrautes. Das Hotel. Ich trug eine große Blase am Fuß davon und die Lehre, daß man sich *immer* sein Hotel merken muß. Die Blase verging schnell. Bei mir heilt alles prima. Aber die Lehre hab' ich behalten.
In gewisser Weise bin ich immer unselbständig geblieben. Wenn man sich so stark auf seine berufliche Leistung konzentriert, klammert man aus Selbstschutz unbewußt alle diese Belastungen praktischer, organisatorischer Art aus.
Papa, Jacoby, mein Mann Fred, sie breiteten mir alle die Hände unter die Füße. Ich bin dankbar dafür.

Unsere Speisekarte in den ersten Amerikatagen war sehr eintönig. Irgendwie hatten wir herausgebracht, daß Eggs Eier hieß, so aßen wir täglich Ham and Eggs, wir gackerten schon förmlich. Aber nicht vor Freude.
»Mama«, sagte ich streng, »heute wird was anderes gegessen. Wir nehmen was Teures, das wird dann schon was sein.«
Argwöhnisch beobachtet von meiner lieben Mutter, tippte ich also im Lokal auf ein Gericht der Speisekarte. Der Kellner sagte etwas, aber was? Ich nickte nachdrücklich und zeigte noch einmal. Der Kellner zuckte die Schultern und schlurfte ab.
Wir warteten sehr lange. Liebliche Visionen von echt ungarischem Gulasch zogen durch meinen Kopf. Hatten sie uns etwa vergessen?
Aber keineswegs. Sie mußten im Gegenteil stramm für uns gearbeitet haben, denn nun öffnete sich die Tür, und von einem Nachwuchskellner assistiert, zog unser Ober ein, eine Riesenplatte balancierend. Und auf der Platte ruhte, Zitrone im Maul, Petersilie in den Ohren, ein komplettes Spanferkel. Mahlzeit!
Daß wir solchen Hunger hatten, entschuldigt vielleicht das gänzlich undamenhafte Ergebnis: Wir fraßen mit Begeisterung, und viel blieb nicht übrig.
Immerhin aßen wir schließlich aber mit Messer und Gabel, unter Beobachtung aller feinen Tischmanieren. Deshalb fanden wir das Grinsen des blonden Hünen am Nebentisch total unangebracht und frech.
»Schau, wie der blöde Kerl grinst«, bemerkte ich auf ungarisch zu Mama.
»Die ganze Zeit glotzt der schon«, gab sie zurück.
Als wir richtig satt waren, erhob sich der Kerl. Er trat an unseren Tisch und fragte: »Darf ich mich bitte zu Ihnen setzen?« – auf ungarisch! Peinlich war das. Aber

es war auch herrlich, einen Landsmann getroffen zu haben. Mama murmelte: »Der Himmel hat Sie uns geschickt.« Was blieb ihm da anderes übrig, als sich als unser Schutzengel zu bewähren?

Kurz: Charly wurde unser alles. Ein lieber Kerl. Manager für Artisten war er. Er gab uns viele gute Tips für unseren Start in New York. Wir waren nun nicht mehr ratlos. Und er atmete bei uns als Gegengabe Heimatluft in Form verführerischer Küchendünste, wenn Mama ihn zu Kalbspörkölt oder Lecsó, zu Paprikahühnchen oder Palatschinken einlud. Er war unser Freund und wurde später auch Papas Freund.

Essen wurde übrigens allmählich bei mir zu einer wahren Leidenschaft. Ich futterte rund um die Uhr. Morgens begann ich mit Fruchtsaft, Cornflakes mit Sahne und Zucker, schob zwei Spiegeleier mit Schinken nach und rundete das kleine Mahl mit zwei Butterbrötchen und einigen Tassen Milch ab. Ich liebte Bananensplit und Hot dogs und wurde allmählich prall und mollig trotz der Trainingsstrapazen. Die Hungerkur im »Weißen Hirsch« lag noch in weiter Ferne. In diesem Sanatorium mit dem urgemütlichen Namen büßte ich vor meinem ersten Ufa-Film für alle Bananensplits und Kalbspörkölts, die ich mir je hatte schmecken lassen.

Wir aßen gut, aber sonst mußten wir noch sehr sparen. Mama machte aus ihrem alten Kalabreser ein modisches Hutmodell, indem sie die Krempe abschnitt. Sie kaufte sagenhaft billige Schuhe, von denen beim ersten Regenguß die schwarze Farbe in Strömen lief – der Schuhmacher hatte Ladenhüter in einem abenteuerlichen Entenschnabelgelb einfach mit Wichse eingefärbt.

Nach einem Jahr Broadway – wir fühlten uns jetzt absolut weltläufig – ging unsere gesamte Revue auf Tournee. Philadelphia, Washington, Chicago und Detroit standen auf dem Programm. Mama und ich kamen auch gut auf der ersten Station an. Unser Schrankkoffer leider nicht. Er wurde nie wieder gesehen. Mama tänzelte lange in ihrem Pelzmantel umher, weil sie nichts Zeigenswertes darunter hatte. Es wurde warm und wärmer. Die Girls waren beunruhigt. »Was fehlt deiner Mutter, daß sie immer einen Mantel trägt?« fragten sie. Ich sagte einfach: »Malaria – schwerer Anfall.«

Nun, meine Gage wurde von wöchentlich 60 auf 100 Dollar erhöht. Wir puppten uns neu ein. Die »Malaria« war plötzlich behoben.

In Chicago wurden eine Kollegin und ich abends von zwei Gangstern angefallen und erst im letzten Moment befreit – meine erste Ohnmacht war fällig.

In Detroit schlossen wir Papa in die Arme, der ein Visum für Ontario bekommen hatte und von dort besuchsweise in die USA reisen durfte.

Als Mama und ich schließlich an den Broadway zurückkehrten, traf uns die Nachricht wie ein Schlag: Mrs. Hoffmann löste ihre Truppe auf. Die hoffnungsvolle junge Künstlerin war arbeitslos, eine in dem Heer der arbeitslosen Tänzer und Artisten.

Verzagten wir? Aber gar nicht! Ich wurde gleich auf der berühmtesten New Yorker Tanzschule angemeldet: bei Nat Wayburn. Das war Hohe Schule, Grundlage und Garantie für Spitzenklasse. Na, bitte schön!

# »Jetzt werde ich's mal zeigen!«

## *In Nat Wayburns Knochenmühle – Vaudeville-Show, Revue-Tournee, »Keith Palace« und endlich Spitze in Europa*

Nat Wayburns Schule – das war Knochenmühle, Talentmühle. Sechs Etagen. Wer sich vom Keller bis zum Boden durchgeackert hatte, war rundum fit, konnte alles, auch Fechten, Trapezarbeit und Musical mitsamt Gesang. Der alte Nat, der sich seinen Namen als Regisseur und Choreograph bei Ziegfeld gemacht hatte, inspizierte seine Starfabrik mit der Miene eines Majors beim großen Appell.

Daß alles klappte, daß hier nur erste Begabungen üben und zahlen durften, war selbstverständlich. Der alte Nat, immer noch spannkräftig und federnd, *mümmelte* selten und fast mißmutig einen Kommentar hervor.

Zu mir sagte er: »Du bist der geborene Star. Du kannst viel und weißt es zu verkaufen.« Fürs erste allerdings verkaufte ich leider gar nichts. Mrs. Hoffmann wollte mich zum knackigen Kern einer neuen Truppe machen und zahlte deshalb liebenswürdigerweise Diäten, von denen wir das Schulgeld und auch noch einen Privatunterricht für alle Schulfächer bestritten.

Während nun Mister Wayburns Argusauge auf mir ruhte, übte ich mit Feuereifer, mit der versammelten Kraft, die mich immer vorwärtsgebracht und nie wirk-

lich verlassen hat. Ging in meinem Leben einmal etwas total schief, fing ich unter dem Motto »Jetzt werde ich's mal zeigen« gleich an einem anderen Zipfel an. Mrs. Hoffmanns neue Pläne ließen sich nicht verwirklichen. Aber Nat Wayburn persönlich half mir aus der finanziellen Patsche: Zusammen mit zwei Kolleginnen und zwei Kollegen durfte ich eine Vaudeville-Show bestreiten. Wir gingen flugs wieder auf Tournee, traten als Showattraktion in den riesigen Kinopalästen auf. Wir gaben uns voll aus. Wir lieferten nur Erstklassiges. Nat Wayburn hatte schon mit Bedacht gewählt. Erstklassig waren viele. Was man brauchte, war das gewisse Etwas und die Bereitschaft zum äußersten Einsatz aller Kräfte – das anstrengende, angeborene Schrittchen, das auf die Startreppe führt.
Ich war hübsch geworden. Showagenten meldeten sich. Nightclubs in New Yorks boten dem blutjungen Supergirl verlockende Gagen. Aber Mama reagierte wie bei den Batisthosen: unbeugsam. Sie dachte gar nicht daran, ihre Tochter im Nachtklub herumhüpfen zu lassen. Eine Tochter aus gutem Hause! Eine Unschuld aus ungarischen Landen! Mama wurde ausgesprochen kriegerisch, wenn Agenten sich mit derlei »unzüchtigen« Angeboten nahten. Dem armen Harry Bastry hätte sie in seinem Büro um ein Haar ihre Lacktasche auf den Kopf gehauen.
Ich rettete die Situation, indem ich süß lächelte und erklärte, Mama meinte, mit vierzehn sei ich noch etwas zu jung für einen Nightclub.
Bei »Lion und Lion« sagten wir ja.
»Twenty Miles Out« hieß die Revue, mit der wir wieder auf Tournee zogen. Die Revue spielte auf einem Luxusdampfer. Große Freude: Auch Papa kam wieder an Bord. Er hatte nun ein ordentliches Einreisevisum,

bekam bald Arbeit, machte unseren Kahn flott. Wir nahmen eine geräumige Wohnung und lebten das Wohlleben, das uns so gut zu Gesicht stand – endlich wieder!
Höhepunkt meiner Amerikazeit war mein Engagement im »Keith-Palace«. An der Fassade prangte in Leuchtbuchstaben das herrliche Sätzchen »Marika Rökk – the Queen of Pirouettes«. Hier im »Keith-Palace« wurden Karrieren bekräftigt, aber auch zertrampelt. Wer hier gefiel, konnte sich's später aussuchen. Wer hier durchrasselte, brauchte bei den führenden Häusern nicht mehr anzuklopfen.
Nun, Angst vor schwacher Leistung war gewiß nicht meine Schwäche. Und die Angebote kamen. Triumph, Triumph.
Ich managte mich selbst. Erstens hatte Papa keine Zeit. Zweitens genoß ich es geradezu, clever zu sein und den ausgekochten Agenten mit Kindergesichtchen und grünblauen Babyblicken die große Ausgekochte vorzuspielen. Und ich spielte die Rolle perfekt, unerschrockene Komödiantin, Kobold im Ohr. Stellte verwegene Bedingungen, warf lässig notierte Telefonnummer auf den Tisch – »Rufen Sie mich an, wenn Sie sich's überlegt haben.«
Als der Anruf von Mister Ziegfelds Sekretärin kam, war alle Forschheit wie weggeblasen. Ziegfeld – das war einfach Girls-Legende. Ziegfeld-Show, Ziegfeld-Star – das waren Zauberworte für jeden Showmenschen.
Ich durfte vortanzen. Ein Pianist spielte etwas, und ich mußte dazu improvisieren. Es war also kein übler Kolleginnenscherz gewesen, wie ich erst geglaubt hatte. Nein, Mister Ziegfelds Augen ruhten auf mir, wahrhaftig. Und er lächelte, wahrhaftig!

Trotzdem wurde nichts aus dem Engagement, denn meine Aufenthaltsgenehmigung war schon zweimal verlängert worden – gegen das Gesetz, und selbst unseren vereinten Vorstellungen gelang es nicht, die Vereinigten Staaten zu einem Einsehen zu bewegen. Sechs Wochen lang hätten wir verschwinden müssen, dann hätte es erneut eine Verlängerung gegeben. Nach 5 Jahren war man Bürger. Zu umständlich für uns und für die heimwehkranke Mama.
Na und? Machte ich eben etwas anderes. Ich ging nach Hamburg.
Ich schleppte eine beachtliche Garderobe mit, hatte eigene Bühnenkostüme und sogar einen tollen Pelzmantel. Mamas Augen leuchteten. Sie war Europäerin vom Scheitel bis zur Sohle. Es war rührend, zu sehen, wie sie sich um Gelassenheit bemühte. Europa, das hieß doch beinahe schon: Ungarn, Edus.
Nun war ich also doch im Nachtklub gelandet. Natürlich in einem hochfeinen. »Trocadero.« Große Welt, Nobelpublikum in Frack und Abendrobe – und »Marika Rökk – die Sensation aus Amerika«. 250 Mark pro Abend verdiente ich, das war viel im Winter 1929/30.
Mein Hamburger Debut wurde sehr beachtet. Gleich danach stellte ich mich noch im Hamburger Ufa-Palast auf die Zehenspitzen, und hier traf ich auch diesen mitleidigen Direktor, der mir empfahl, die blutigen Füße zu schonen. Er hieß Schmidt – ein sehr besonderer Schmidt, finde ich.
Bruder Edus kam aus Budapest angereist. Wir waren wieder komplett.
Der Berliner Wintergarten engagierte mich. Berlin, meine Schicksalsstadt, gleich vertraut, eigenartig anheimelnd wirkend auf das fahrende Kind, Berlin mit

seinen flinken Leuten und dem lebhaften Lebensklima.
Joe Pasternak, damals Filmproduzent, arrogant und hochnäsig, empfing mich zum Vorsprechen, nachdem ich, trotz Anmeldung, lange antichambriert hatte. Er bot mir die Chargenrolle einer Zofe in seinem nächsten Film an. Ich hatte umsonst gewartet. Mit solchen Kleinigkeiten brauchte ich mich nicht mehr abzugeben. Nun, wir beide, Pasternak und ich, haben es auch ohne einander sehr gut geschafft.
Die Show wurde ein rauschender Erfolg. Oh, diese Shows damals in den großen Palästen, Flimmerwelt mit Spitzenleistungen, Atmosphäre des Leichten, des Alltagsfernen, ein bißchen Glück und Spaß für eine Eintrittskarte. Riesige Treppen, geschaffen für die Paraden ausgesuchter Mädchenbeine, erstklassige Kapellen, Solisten nur vom Allerbesten.
Nach dem »Wintergarten«-Gastspiel nahm mich sofort die »Scala« – eine Geste der Konkurrenz, die für mich sehr schmeichelhaft war.
Dann meldete sich Monte Carlo. Ich war toll vor Aufregung. Mama überholte in Nachtarbeit noch einmal meine Galakostüme. Die Pailletten neigten dazu, sich selbständig zu machen, wie sie es auch gern beim teuersten Luxusmodell tun.
Mama hatte von dem Gefummel mit dem Glitzerzeug eine Bindehautentzündung, die sie gelassen lächelnd hinnahm – Künstlermutter. Papa und ich brausten per Bahn los. Leider war's der falsche Zug. Als wir abends endlich dennoch im Casino von Monte Carlo eintrafen, fragte der völlig entnervte Direktor, indem er mir gleichgültig in die Augen schaute: »Und wo ist Mademoiselle Rökk?« Das war doch wohl der Gipfel! Schön, ich sah aus, wie wenn ich lange in einer Kammer ge-

lebt hätte. Die Bahnfahrt, die Aufregungen mit dem Umsteigen hatten mich ganz schön hergenommen. Wir hatten auch, um der Wahrheit die Ehre zu geben, natürlich eins von meinen stark geschönten Starfotos hingeschickt. Der Direktor erwartete offenbar einen prächtigen Schwan und erblaßte, als er erfuhr, daß dieses wacklige Entlein im Faltenrock die »Klasse-Rökk« sein sollte.

Er musterte mich voller Abscheu. Klar, ich war blaß und müde, eine total zerknitterte Sexgöttin. »Gehen Sie lieber ins Hotel zum Schlafen«, murmelte er, »und kommen Sie morgen um 10 Uhr zur Probe.« Sein Gesicht zeigte keinen Hoffnungsschimmer. »Ich stelle das Programm für heute abend um«, nuschelte er noch, aber er betonte das »heute abend« so, als sei's verdammt für alle Ewigkeit.

Wir wankten tatsächlich ins Hotel.

Am anderen Tag zur Probe erschien ich ungeniert als Klein-Marika, markierte unverschämt, während Papa die einzelnen Nummern mit dem Orchesterleiter durchsprach, grinste zu ihm hinüber und betonte, das mache ich immer so. Man sah förmlich, daß dem armen Mann auch nachträglich Zweifel an der grundsätzlichen Güte des »Wintergarten« und der »Scala« kamen. Berlin war eben nicht Monte Carlo mit seinem Sahnepublikum, das immer ganz oben schwamm. Wer hatte ihm bloß dieses trübe Geschöpf, diese wandelnde Blamage, empfohlen?

»Papa, der hat aber die Hosen voll!« sagte ich triumphierend. Abends verschwand ich in der Garderobe. Meine erste Nummer wurde im Tutu getanzt, zierliches Wippröckchen, Straßkrönchen, raffiniertes Make-up, amerikanische Schule. Ich gab mir Mühe, wie eine echte Märchenprinzessin auszusehen.

Als ich dann aus der Garderobe trat, lungerte mein Direktor doch tatsächlich davor herum wie ein fanatischer Autogrammjäger. Als er mich sah, wurde aus dem Knaben, der auszog, das Fürchten zu lernen, gleich ein richtiger Prinz. Hoffnung verklärte seine Züge. »Très jolie«, murmelte er.
Als ich nach dem Auftritt wieder vor ihm stand, hatte ich einen Fan gewonnen. Mein Gastspiel wurde von zwei Monaten auf die ganze Saison verlängert, zwei Monate Monte Carlo, zwei Monate Cannes. Ich sah, womit sich die mondänen schönen reichen Leute unterhalten. Mich konnte es nicht besonders reizen. Mein Spaß war es, mit meinem jungen, netten Vater durch die Straßen zu schlendern. »Komm, mach mal meinen Freund«, flüsterte ich. Wir hakten uns ein. Die jungen Schnösel, die mich umschwärmten, sagten mir nichts. So ein Mann wie Papa, das machte etwas ganz anderes her.
Meine Karriere war nun flott ins Rollen gekommen. Wir »buchten« gleich ein Engagement für London ans Luxus-Hotel »Savoy«. Mama und Edus kamen nach. Papa beschloß, mich regelrecht zu managen. Ich war süße Sechzehn, hübsch, erfolgreich und immer noch steigerungsfähig. Niemand wußte das besser als ich – und meine Eltern.
Ich bekam meine ersten Abendkleider und meine ersten Verehrer. Der netteste, zäheste, sicher auch liebste hieß Dudley World. Leider hatte er Heuschnupfen, das beeinträchtigte meine ohnehin nicht gerade überwältigende Begeisterung für ihn beträchtlich.
Da man aber mit sechzehn Verehrer braucht, flirtete ich mit ihm – eine böse Eva. Ich tanzte im »Ciro«, im »Kit Cat«, im »Colosseum« – Dudley immer hinter mir her. Er war so sanft und still und britisch. Meine

Eltern liebten ihn sehr. Er war Ingenieur, also etwas »Reelles«, so recht nach Mamas Sinn. Sie lud ihn oft zum Essen ein, wenn sie selber kochte.
Und Dudley nieste dankbar, schenkte mir Blumen und Bonbonnieren und blieb auf meiner Spur. Wie undankbar ist doch ein sehr junges Mädchen.

# Liebling von Budapest

*Erste Verehrer, die Claqueure von Paris und Lehrzeit für Pointen – Die »kleine Rökk« als »Katz im Sack«*

Nach einem kleinen Zwischenspiel in Juan-les-Pins, das auf London und auf Dudley folgte, holte mich der bekannte Showproduzent Tom Arnolds wieder zurück an die Themse. Im Victoria Palace hatte die Hauptdarstellerin seiner großen Show nicht richtig eingeschlagen, und da ihr vorläufiger Sechswochenvertrag ablief, wollte Arnold sie ersetzen. Das Showgeschäft ist erbarmungslos. Aber das ist wohl jeder Berufskampf.

Arnolds fragte. Papa und ich sagten ja. Ich lernte die Rolle in zwei Tagen. Das erstemal hatte ich auch zu singen – zum Glück war ich ja in Nat Wayburns Obhut gewesen.

»Sitting in the sun and wearing a smile« hieß mein Auftrittslied. Ich brüllte aus voller Kehle. Das Orchester wollte sich doch wohl mit mir anlegen, so laut klang es in meinen Ohren. ›Sitting in the sun ...‹, brüllte ich. Ich war ein Sonnenkind und hatte Grund zum Lächeln. Der Text lag mir.

»Na, wie war's?« fragte ich Papa nachher.

»Du hast nicht gesungen, du hast wunderbar gebrüllt!« erklärte er. Er war immer so aufrichtig.

Nun, ich sang mich ein, und ich meisterte auch den

Tanzpart auf der riesigen Treppe. Treppen entzückten mich von jeher, auf ihnen konnte ich mein Können so richtig entfalten. Shows, in denen keine Treppe vorkam, stimmten mich gleich argwöhnisch: Da stimmte doch etwas nicht?!

Diese Treppe war riesig – und mein Erfolg schließlich auch. Die Presse kam und lobte sehr. Außerdem kam Tommy O'Brien. Er war hübsch, gewinnend und sehr reich. Sein Vater war ein bekannter Bankier. Tommy schien in erster Linie Erbe zu sein. Arbeiten tat er jedenfalls nie.

Er schickte mir Orchideen vom Kostbarsten, ich fühlte mich als Femme fatale, die morgens schon zum Frühstück ein mittleres Brillantenkollier unter der Serviette findet.

Tommy durfte auch mit mir ausgehen. Welche Eltern können schon so geballtem Angebot von Charme und Reichtum widerstehen? Überdies befleißigte sich Tommy allerfeinster Umgangsformen. Er war so britisch, daß er in jeden Fremdenführer gepaßt hätte.

Er führte mich ins »Ciro«, wo ich vorher aufgetreten war. Unsere Tischrunde war erlesen, und in meinem türkisfarbenen Abendkleid war ich bestimmt auch privat eine Show.

Mein Nachbar zur Rechten war übrigens der Georg, der fünf Jahre später als Georg VI. den Thron bestieg, Elisabeths Papa. Daß er einmal König sein würde, stand allerdings noch in den Sternen, denn noch war sein älterer Bruder Edward Anwärter, und Wally Simpson war wohl noch gar nicht aufgetaucht.

Georg, fein und zurückhaltend und sehr sanft, tanzte mit mir. Ich paßte sorgfältig auf, daß ich nicht plötzlich mit ihm tanzte, die Führung an mich riß. Ich bin von der Bühne her so sehr daran gewöhnt, den

Schritt anzugeben, daß private Tanzpartner mit mir nichts zu lachen haben. Am besten, sie halten stur ihren Kurs.

Nun, Tommy konnte gut tanzen, aber es hatte wenig Zweck, daß er mich verführerisch an sich drückte. Ich ließ mich auch nicht von ihm küssen. Er bettelte: »Kiss me, Marika!« Ich fragte: »Why?« Dabei dachte ich überhaupt nicht über meine Haltung nach. So war's eben – basta.

Heute vermute ich, daß Tommy, der verwöhnte Junge, gerade von meiner kindlichen Art entzückt war. Ich war als Nachtklubattraktion und Pensionatsmädchen gleichermaßen glaubhaft, sicher etwas Besonderes.

Tommy machte mir auf dem feinen Wege über meinen Vater sogar einen Heiratsantrag. Ich lehnte ohne Bedenken ab. Ich wollte tanzen, ein Star sein. Die Mrs. O'Brien stand nicht in meinem Lebensplan. Tom schickte mir Orchideen zum Abschied.

Wir unternahmen eine Tournee durch Schottland – und auch der arme Dudley reiste herbei. Er ließ den Pollenstaub des Hochlands in seine empfindliche Nase, um mir nahe zu sein. Ich aber winkte ungerührt ab, wurde nun ganz deutlich: »Dudley«, sagte ich, »*nie* werde ich dich lieben!«

Wenn Papa ihn hätte heiraten können, ich glaube, er hätte es getan. So gerührt war er von der ausdauernden Verehrung.

Nach Schottland war Paris Station. Vor der Premiere im »Empire« trat ein würdiger Herr an meinen Vater heran und sagte: »Wenn Sie für Ihre Tochter einen rauschenden Beifall wollen, dann engagieren Sie uns.«

Der Herr war der Chef der Claqueure – eine etwas fragwürdige, aber hier damals durchaus gebräuchliche

Einrichtung –, heute kann ein Schauspieler, soviel ich weiß, höchstens mit dem geballten Jubel seiner engsten Freunde und Verwandten im Parkett rechnen, damals »hielt man sich seine Leute«. Sie fielen bei jeder heiteren Pointe fast vor Lachen vom Parkettsessel, spendeten bei halbwegs hübschen Szenen Zwischenapplaus und donnerten zum Schluß wie der Niagarafall, kurz: Sie fetteten die Stimmung im Saal an.
Papa sagte: Nein. Typisch Kis-Papa. Er wollte immer den ehrlichen Erfolg, die untadelige Leistung. Immer kritisierte er mich streng. Kein Schnitzerchen entging seinen Argusaugen. Jedes winzige Formtief erkannte er, und er sagte mir seine Meinung deutlich.
Er war ein gesundes Gegengewicht zu all den Schmeichlern und Bewunderern, die mir von Kind an das Leben angenehm machten. Er war davon überzeugt, daß echte Leistung honoriert werden würde, ja, daß sie auch das Glück herbeizwänge.
Der Erfolg gab ihm recht. Als ich die Clique der Claqueure als geschlossenen Block bei der Premiere im Parkett entdeckte – vielleicht hatte jemand anders sie engagiert –, wurde mir recht flau im Magen, und ich fürchtete schon, ich würde mit Puddingbeinen auftreten müssen. Aber wie immer reagierte ich schließlich wie ein Rennpferd, das auf die Bahn kommt: Ich vergaß alles andere und tanzte.
Plötzlich donnerten die Claqueure los. Nein, es ist kein Märchen! Die Claqueure, völlig unbezahlt, von Kis-Papa vor den Kopf gestoßen, donnerten Applaus. Ich war selig.
In der Pause kam der Chef zu meinem Vater und sagte: »Wenn Sie uns bezahlt hätten, würde ich Ihnen jetzt das Geld zurückgeben. Wir sind hingerissen von der Leistung Ihrer Tochter.«

Nun, das war sicher sehr pathetisch gesagt und das mit dem Geld ja auch nicht nachzuprüfen, aber ein Triumph war es dennoch. Papa erwiderte nur schlicht: »Ja, meine Tochter ist *sehr* gut. Ich danke Ihnen. Darf ich jetzt eine Runde ausgeben?« So großzügig er war, Lob für seine Tochter bezahlte er nicht. Es war selbstverständlich.

Dann fuhren wir auf Urlaub nach Budapest. Auf Urlaub! Nach Budapest! Doppelte Wonne für ein Mädchen, das in all den Jahren fern der Heimat geackert hatte.

Als Elfjährige war ich gegangen. Als Achtzehnjährige kehrte ich zurück. Ich sprach mit amerikanischem Akzent, das fiel auf. Daß ich inzwischen internationale Erfolge gehabt hatte, wußten die wenigsten. Ich war Klein-Marika, gehätschelt im Schoß der Familie. Feste wurden für uns ausgerichtet. Weihnachten 1931 feierten wir im Schoße der großen Familie. Ich war das Nesthäkchen, das behütete junge Mädchen – ich, die »Sensation aus Amerika«, die Ernährerin, die gefeierte Miß Rökk.

Ich entspannte mich herrlich. Ach, war das schön – die erste Zeit. Natürlich wurde es bald langweilig. Die Bühnenluft fehlte, die Aufregung, die Bestätigung der Leistung durch ein erfreutes Publikum.

»Papa, mach doch noch einmal so einen Tanzabend für mich wie damals«, schlug ich vor. Er stimmte sofort zu.

Beide schmeckten wir schon förmlich das Vergnügen vor, das uns die Überraschung vieler ahnungsloser Bekannter machen würde.

Die wirkliche Wirkung allerdings konnten wir auch nicht abschätzen. Die Angebote prasselten nur so auf mich herab. Hatte ich zuerst noch geplant, zurück zu

Arnolds nach London zu gehen, so dachte ich nun nicht im Traum mehr daran.
Das »Ungarische Theater« bot mir die Hauptrolle im musikalischen Lustspiel »Der Kuß-Professor« an. Ich sagte zu. Es war ein frecher, harter Übergang, denn hier mußte ich vor allem Theater spielen, und das hatte ich ja noch nie gemacht. Ich war Tänzerin, und die Clique am Theater ließ es mich zuerst fühlen, daß sie mich als Außenseiterin betrachtete. Einige nahmen mich überhaupt nicht zur Kenntnis – eine neue Erfahrung für mich, die mich aber eher anspornte als entmutigte. Andere halfen mir nett.
Die Aufführung wurde kein Erfolg. Ich persönlich durfte jedoch zufrieden sein. Meine Kritiken waren erfreulich. »Ein neuer Stern scheint aufzugehen«, schrieb die Presse. »Neben vielen Fehlern hat sie eine enorme Ausstrahlung.«
Sie schrieben auch: »Noch überwiegt das tänzerische Können«, und »Sie spricht mit englischen Akzent.« Das mir! Ich konnte meine Muttersprache nicht mehr einwandfrei. Sofort nahm ich Sprachunterricht.
Die Aufführung lief nicht lange. Wir zogen durch die Provinz. Alle vier Wochen wurde das Stück gewechselt, oft auch der Regisseur. Diese Lehrzeit hat mir unendlich gutgetan. Ich bekam Routine. Und ich entwickelte eine sehr ausgeprägte Begabung: die des Pointierens. Ich dachte: Aha, gestern hat bei diesem Satz niemand gelacht. Warum nicht? Und ich probierte ihn auf andere Art aus – *bis* gelacht wurde.
Dieses Feingefühl zu pointieren ist ein Naturinstinkt. Man kann es nicht lernen, aber man kann es doch erproben und entwickeln. Das eben tat ich. Kollegen bestätigten mir die Gabe immer wieder, und auch mein Mann Freddy sagte am Anfang unserer Liebe: »Ich

habe selten einen Menschen gesehen, der Pointen so servieren kann.«

Wohlgemerkt, ich will mich damit nicht etwa brüsten. Ich bin dankbar dafür. Ich habe mir mein tänzerisches Können schließlich hart erarbeitet, wenn auch dazu natürlich als Grundlage immense Begabung gehört. Aber hier ist mir nun einmal etwas glatt in den Schoß gefallen. Ich könnte mir manchmal sogar vorstellen, drastisch komische Rollen zu spielen.

Ich hatte kolossale Fortschritte gemacht, als mich das Telegramm vom Direktor des Großen Operettenhauses in Budapest erreichte. Es lautete schlicht: »Wollen Sie die Rolle von Hanna Honthy übernehmen?«

Hanna Honthy war Budapests begehrteste Primadonna. Nanu? Wieso bot man mir ihre Rolle an? Die Sache war zumindest heikel. Mit den Terminen meines Engagements ließ es sich vereinbaren, so fuhren wir hin.

Nun, Hanna Honthy lag diese Rolle überhaupt nicht, und das Stück lief nicht gut. So sollte dieser Part eben umbesetzt werden, und das, obwohl Hanna »feste Füße« im Haus hatte, das heißt, sie war mit dem Direktor verlobt.

Hanna war eine hinreißende »Lustige Witwe«, schauspielerisch beweglich, mit großer Stimme, aber sie war nicht das kleine blutjunge Mädchen »Cilleke«, die »Dritte von rechts«, von deren außerordentlichem Tanztalent im Stück ständig gesprochen wurde.

Sie war keine Tänzerin und konnte somit Cillekes Begabung auch nicht demonstrieren. Aber ich konnte das.

Als ich mit Mama und Papa in der Loge saß und das Stück anschaute, wußte ich gleich: So mußt du es bringen! Ich baute schon aus, bevor wir unterschrieben

hatten: »Papa, da kommt eine Tanzeinlage hin – und da!«
In einer Szene fuhr Cilleke mit der Troika vor und sang. Gleich wußte ich, wie *ich* es machen würde: Hermelinmantel, Kleidchen drunter. Das »Katinka«-Lied möglichst ordentlich zusammenbringen. Dann Mantel runter und runter von der Troika. Refrain ganz laut, und ich tanze Russisch – meine Spezialität, nicht die weibliche, niedliche Version, sondern die kraftvolle Art der Männer. Ich hatte eine ungeheure Kraft und Energie, war weniger lyrisch. Das Russische lag mir enorm. Erst später, bei der Ufa, wurde ich weicher gezüchtet.
Das Angebot war schmeichelhaft. Ich empfand mich keine Sekunde lang als Lückenbüßer – aber gar nicht.
Wir unterschrieben. Drei Tage hatte ich Zeit, die Rolle zu studieren und für mich passend umzubauen. Ich schlief kaum. Ich lernte. Am nächsten Tag tat ich mich schon mit dem Regisseur und dem Kapellmeister zusammen. Mein musikalischer Vater beriet mich.
»Ich möchte, daß dieser große Marsch, bei dem ich als Offizier verkleidet bin, gleich darauf in einen Csárdás übergeht. Ich werde dazu tanzen«, erklärte ich.
Der Kapellmeister lächelte mitleidig. Aber er sagte gutmütig zu, alles nach Wunsch zu machen. Die Probe begann. Die großen Stars ließen sich gar nicht blicken. Erstens war es unter ihrer Würde, mit einer Anfängerin zu proben, zweitens waren sie Hanna natürlich zugetan. Sie schnitten mich nach Kräften. Nur mein junger Partner erschien, konnte sich solche Launen wohl noch nicht leisten, gehörte ja auch selber noch nicht zu den Arrivierten.
Der Regisseur markierte alle Rollen, und da ich die

Aufführung ja gesehen hatte und sehr schnell kapierte, ging es auch ohne den Segen der Stars.
Später, als ich große Erfolge hatte und Budapest schon Kopf stand meinetwegen, habe ich einigen durch die Blume zu verstehen gegeben, daß ich mir ihr Verhalten sehr wohl gemerkt hätte. Das war schön, denn sie strengten sich nun doppelt an, nett zu mir zu sein.
Allgemein wurde jedenfalls getuschelt: »Es kann ja nur ein Reinfall werden!«
Was aber will Gott? Ich hatte frische Kräfte und ausgeruhten Geist. Der Gesang wurde gekürzt, der Bonvivant übernahm im Duett den schwierigen Teil. Die Koloraturen waren gestrichen worden, die Tänze neu hinzugeschrieben. Das Haus war ein Viertel voll.
Als nach der Troika-Nummer die russische Dekoration entfernt wurde, stürmte das Publikum klatschend und trampelnd und »da capo« rufend vor zur Rampe. Die Dekoration wurde schleunigst wieder aufgebaut. Mein Herz hüpfte. Ich wiederholte den Tanz.
Am nächsten Tag war das Haus halb voll. Die Presse erschien freiwillig, ließ Loblieder über mich los. Ich war sehr glücklich. Ja, man konnte staunen. Von da an hieß es: Ausverkauft!
Hanna Honthy hat sich das Stück aus einer Loge angesehen. Hinten hat sie gesessen. Man munkelte von einem Weinkrampf. Fest steht, daß sie sinngemäß gesagt hat, sie erkenne, daß sie das Rollenfach jetzt wechseln müsse, und das tat sie auch rigoros. Schon mit ihrer nächsten Rolle, »Maja«, hatte sie einen Sensationserfolg.
Leider für mich hatte sie jedoch ihre Verbindungen so geschickt spielen lassen, daß mein »Alter Orpheus« trotz des Riesenerfolges vorzeitig abgesetzt wurde.
Sie hatte sich menschlich verraten gefühlt. Jedenfalls

hat sie noch viele große Erfolge eingeheimst, Stalinpreis und Wohlstand. Und Erfolge hatte *ich* nun auch am laufenden Band.

Es ist wahr, daß ich meine ersten Glanzrollen immer dadurch bekam, daß ich für Theatergrößen einsprang. Die nächste Größe hieß Fejes Terry, sie war eine sehr beliebte Schauspielerin, und das Stück hieß »Die Katz im Sack«.

Die Proben liefen schon, die Besetzung war natürlich komplett. Das »Pesti-Szinház« war ein Pechtheaterchen, ein glatter Unglücksfall, ein Boulevardtheater mit einer Serie von Reinfällen. Jeder Schauspieler sah es als karrieregefährdendes Risiko an, hier auf die Bretter zu steigen.

Jetzt hatte ein neuer Mann mutig die Zügel der Boulevardbühne gleich hinter der Oper übernommen: Direktor Brody.

Er hatte einen aberwitzigen Einfall: Er kaufte »Die Katz im Sack«. So hieß ein Stück von Michael Eisenmann und Lászlo Szilágyi, auf dem die beiden, Komponist und Autor, schon lange saßen. Es war einfach zu ungewöhnlich, zu modern, zu wenig im Stil der traditionellen Operette. Die Singnummern ergaben sich organisch aus der Handlung, die Tanznummern ebenso.

Es handelte von einem richtig doofen Landei, das sich – aus Liebe, versteht sich – zu einem flotten Weekendbaby mausert und ihren Sportlehrer schließlich als liebende Voll-Eva herumkriegt. Es kamen Szenen im Skidreß darin vor und überhaupt viel »Sportgeist«.

Schauspielerisch war die weibliche Hauptrolle natürlich ein Leckerbissen, deshalb hatten sie auch die Terry bekommen trotz des ärmlichen »Geruchs«, in dem das Theaterchen stand.

In »Kora Terry« hatte ich 1940 eine herrliche Doppelrolle, vor allem aber
ieder effektvolle Tanzszenen.

–22 Inzwischen hat-
ich die erste Garde
r Film- und Bühnen-
hauspieler zu Part-
rn: In »Es war eine
uschende Ballnacht«,
39, Hans Stüwe (lin-
Seite oben), in »Kora
rry«, 1940, Will
adflieg (linke Seite
ten), in dem ersten
utschen Farbfilm
rauen sind doch bes-
re Diplomaten«, 1941,
illy Fritsch (oben)
d in »Tanz mit dem
iser«, 1941, Wolf Al-
ch-Retty (rechts).

23 Die Außenaufnahmen zu »Hab' mich lieb«, 1942, entstanden zum Teil Schnee und Eis auf der Zugspitze. Wohler fühlte ich mich bei mein Tanzszenen im Atelier.

Der Sportlehrer mitsamt dem Chor stimmte schließlich laut Handlung das Liedchen an:
»Ein bißchen Rouge, ein bißchen Haut, ein bißchen durchsichtiges Blüschen – das ist mein kleines Weekendbaby!«
Nun, Brody gefiel's. Der Verleger hatte gestöhnt: »Gott, in diesem Laden fällt doch alles durch. Aber man *muß* es ja mal rausbringen.«
Die Proben also liefen. Da erklärte die Terry, sie müsse ganz plötzlich ins Krankenhaus. Daß sie kurz darauf in einem anerkannten und erfolgreichen Lustspieltheater auftrat, war natürlich reiner Zufall. Die vakante Rolle wurde nun mir angeboten – »Da ist doch diese kleine Rökk«.
Als letzte Hoffnung wurde Rökk-Marika eingeladen. Autor, Komponist und Direktor waren versammelt. Der Autor, Szilágyi, las ein Stückchen vor. Papa – er war natürlich dabei – und ich horchten auf. Leichte Gesangsnummern waren drin, genau recht für mich.
»Wir werden es heute noch lesen«, erklärte Papa. Ich selber war schon fest entschlossen, es zu machen. Es war zwar immer eine undankbare Aufgabe, einem Star auf dem Fuß zu folgen, aber schließlich hatte ich schon einmal damit Erfolg gehabt.
Zu Hause schmökerten wir gleich los. Ich rief: »Papa, das ist mir wie auf den Leib geschrieben, das gibt's doch gar nicht!« Nun, für prominente Schauspieler werden schon eigens Rollen geschrieben, die ihre Vorzüge und ihre Spezialitäten herausstellen, und später bei der Ufa war das auch bei mir der Fall. Szilágyi jedoch hatte mich gewiß nicht vor seinem inneren Auge herumhopsen sehn.
Egal, ich ließ Papa wissen: »Von dieser Aufführung wird ganz Budapest sprechen.«

Es wurde ein Sensationserfolg – 300mal en suite, der Rekord überhaupt in Budapest. Immer war ausverkauft. Das Theaterchen stieß sich gesund.
Beim 100. Jubiläum wurde beschlossen, sofort das Haus zu renovieren, die Bühne zu vergrößern, neue Kulissen zu erstellen, statt der billigen Fummel, die wir bekommen hatten, für eine tolle Garderobe zu sorgen, durch den richtigen wohlhabenden Chic zu zeigen, daß die Zeiten des »Pechtheaters« zu Ende waren.
An diesem Jubiläumstag kam ich abends in meine Kellergarderobe. Meine Laune war strahlend bis überschwenglich. Da sah ich vor meiner Tür ein Riesenfoto der Terry, bekränzt mit Blumen.
Ich erschrak furchtbar. War ich einer Illusion erlegen? Hatten meine Kollegen die ganze Zeit über der Terry nachgetrauert? Unter dem Bild stand, von allen Kollegen und von Brody unterschrieben: »Liebe Terry, wir danken dir für die Absage!«
Ich lachte und weinte. Als Reaktion darauf, daß sie den Laden schließlich im Stich gelassen hatte, war das eigentlich auch durchaus nobel. Und für mich war es ein zauberhaftes Kompliment.
Ich wurde der Liebling von Budapest. Überall in den Schaufenstern waren meine Fotos. Ich schrieb Autogramme. Meine Schlager wurden gespielt, sobald ich ein Lokal betrat.
Es war ein süßes Lustspiel, und auch mein junger Ruhm war süß. Diesmal wurde ich eindeutig als Schauspielerin gefeiert, und ich wollte ja immer möglichst vielseitig sein. Tanz war bei dieser »Katz im Sack« sekundär. Ich hatte eine kleine Partie im Skidreß und eine Beguine mit dem älteren Komiker.
So im Licht der Öffentlichkeit zu stehen war sehr auf-

regend. Später gewöhnt man sich daran, wenn man sich auch noch immer sehr darüber freut. Ich vergesse nie, wie zu meinen Ufa-Zeiten eine ellenlange Schlange in Berlin vor einem Kino wartete, auf Hokkern, mit Thermosflaschen und Verpflegung dabei. Was wollten sie alle? Einen Marika-Rökk-Film sehen. Ich war sehr, sehr beeindruckt.

Nun, ich gab also stolz Interviews und verfolgte die Klatschnotizen über mich in den Zeitungen. Leider war dieser Spaß nur anfangs ungetrübt, denn bald gab ich gerade für die Klatschspalten besonders reichlich Futter her. Ich hatte mich in Szilágyi verliebt. Ich werde noch davon erzählen.

Die nächste Rolle, das wird niemanden wundern, war eigentlich auch bereits einer anderen Schauspielerin zugedacht gewesen – Franziska Gaal, selber eine recht »Wilde Blume«, ein herrlich begabtes Enfant terrible. Der geplagte Direktor, der ihren Launen gegensteuern mußte, hieß Elemer Wertheimer.

Man erzählte, Franziska Gaal habe ein Abendkleid in letzter Minute vor der Vorstellung bekommen. Es habe hinten und vorn nicht gepaßt. Franziska soll es nun gewissenhaft zerstückelt, in einen Karton gepackt und dem armen Wertheimer nach oben in sein Zimmer geschickt haben. Selbstverständlich konnte sie nach diesen Aufregungen auch im zweiten Akt nicht mehr auftreten.

Nun, sie bekam für ein Jahr Spielverbot. *Ich* wurde die »Wilde Blume« im Ungarischen Theater. »Wenn wir die Rökk haben, holen wir Eisenmann für die Musik«, wurde beschlossen. Aus dem Theaterstückchen wurde ein musikalisches Lustspiel gemacht. Ein Tango schlug so sehr ein, daß er bis heute ein Standardschlager in Ungarn geblieben ist. Wir tanzten ihn in Abend-

kleidung. Mein Partner war früher Bonvivant gewesen und konnte singen.
Nach 100 Vorstellungen übersiedelten wir mit der kompletten Aufführung in ein größeres Haus. Wieder wurde alles neu gemacht: die Kleider, die Dekorationen, pompöser Erfolgsrahmen.
250 Vorstellungen gaben wir. Ich hatte das Glück gepachtet – beruflich. Privat ging es nicht so erfreulich zu.

# Lászlo – erste Liebe

## *Romanze, Trennung und sein früher Tod*

Ganz Budapest sprach davon: Marika Rökk liebt Lászlo Szilágyi! Man verfolgte jeden unserer Schritte, jede Begegnung mit Aufmerksamkeit. Reporter setzten ihren Ehrgeiz darein, unsere Rendezvous aufzuspüren und bekanntzugeben.
Lászlo war fünfunddreißig, ich war achtzehn. Er war klug und romantisch – eine ideale Mischung für ein unerfahrenes junges Mädchen mit einem heißen schwärmerischen Herzen.
Diese erste Liebe hatte jedoch einen schmerzlichen Beigeschmack: Meine Eltern waren strikt dagegen, und es gab den ersten Mißklang zwischen uns. Es war nicht der Altersunterschied, der sie so bedenklich stimmte, sondern ihre Überzeugung, daß er schwer krank sei. Was mir so sehr an ihm gefiel, die strahlenden feucht glänzenden Augen, waren Anzeichen seiner Krankheit, einer Knochentuberkulose.
Er wollte nichts davon wissen. Er besorgte sich Atteste, versicherte immer wieder, er sei völlig gesund. Das Ganze hatte etwas schrecklich Beklemmendes, und keiner wollte ihm die rauhe Wahrheit sagen.
Er hatte eine feste Freundin, als wir uns ineinander verliebten. Sie war schon acht Jahre bei ihm, hatte sich

seinetwegen scheiden lassen und war älter als er. Ich erfuhr wohl von ihrer Existenz, doch mit dem Egoismus der Jugend und der totalen Unfähigkeit, die Wirkungen großer Gefühle abschätzen zu können, machte ich mir keine Gedanken darüber.
Er gestand ihr unsere Liebe, und sie zog sich ohne Vorwurf zurück. Niemals hätte ich das fertiggebracht in meinem Leben. Ich war immer eine Kämpferin. Allein das Gefühl, um etwas kämpfen zu müssen, machte es mir doppelt verlockend. Der Zustand des Erringens gefiel mir immer besser als der Zustand des Besitzens.
Ich kämpfte also mit meinen Eltern – um die Erlaubnis zur Hochzeit. Ein junges Mädchen heute wird es vielleicht schwer begreifen, aber unsere Liebe blieb platonisch. Bis auf einige leidenschaftliche Küsse im Taxi – die wir später in der Zeitung beschrieben fanden, und kleinen Zärtlichkeiten im Café gab es keine Intimitäten.
Zweimal startete ich mit dem Taxi zu seiner Wohnung. Jedesmal verließ mich in letzter Minute der Mut. Ich kehrte wieder um. Der Begriff »Hingabe«, damals sehr gebräuchlich, stempelte ein Mädchen ja auch automatisch zum Opferlamm. Und wer will schon in irgendeiner Form ein Schaf sein?
Eines Tages saßen meine Eltern und ich wieder verbittert beisammen am Familientisch. Da sagte Vater: »Wir haben es uns überlegt. Heirate. Aber dann schnell mit Sondererlaubnis in drei Tagen. Wenn du dich kaputtmachen willst – wir wollen dir nicht mehr dabei im Wege stehen!«
Ich wartete auf das aufsteigende Jubelgefühl. Na, Servus! Gar nichts kam. Ich hatte gekämpft und gewonnen. Wo blieb meine himmelstürmende Liebe zu

Lászlo? Ich war leer, sonst gar nichts. Ich konnte ihn haben. Ich wollte ihn nicht mehr. Am anderen Tag auf der Fischerbastei sagte ich es ihm: »Meine Liebe reicht nicht aus für eine Heirat.«
Er wurde kreideweiß, so wie die Steinbank, auf der wir saßen. Was konnte er machen? Nix konnte er machen. Aber er schwieg sehr lange, versuchte mich auch nicht zu überreden. Er kämpfte nicht. Ich hatte das Gefühl, daß er einsah: Es war besser so. Wir hatten uns wohl beide etwas vorgemacht, uns in etwas hineingesteigert, was dem Alltag gar nicht standhalten konnte.
Eine bittere Stunde lang blieben wir. Ich war wie ausgelöscht, ohne Schmerz.
Er starb vier Jahre später, hatte Gehör und Sprache verloren. Seine Freundin Manzi, die ihn wirklich geliebt hatte, war bei ihm. Er hatte noch mit einem neuen Stück großen Erfolg gehabt, aber damals saß er schon im Rollstuhl.
Meine Eltern riefen mich in Berlin an und teilten mir seinen Tod mit. Bei der Beerdigung trat Manzi zu ihnen heran und sagte: »Ist's nicht besser so, daß ich ihm jetzt nachtrauere?« Er hatte sie nach dem Bruch mit mir geheiratet.
Wenn ich zurückdenke, so überwiegt in meiner Erinnerung trotz allem der Duft dieser Romanze, die Aufregung der Heimlichkeiten, der Überschwang, die ständigen »Friseurbesuche«, die ich meinen Eltern vorzumachen versuchte, um Lászlo zu treffen, das Zittern bei der kleinsten Berührung.
Erste Liebe, was ist das schon? Meist nichts Konkretes, eine Schwärmerei, ein Firlefanz – ein Erlebnis, das ganz unwiederholbar ist. Lászlo . . .

# »Ich will nicht zum Film, was soll ich da?«

## *Zwischenspiel mit »Stern der Manege« und wie ich für die Ufa entdeckt wurde*

Es gibt sehr viele Leute, die mich für die Ufa entdeckt haben wollen, deshalb erzähle ich hier die richtige Geschichte.

Lászlo Bus-Fekete hatte ein Sommerstück geschrieben. Es spielte im Zirkusmilieu. Alle Darsteller mußten auch akrobatische Einlagen beisteuern. Die Aufgabe reizte manchen prominenten Künstler, und die Besetzung stand bald – bis auf die Titelfigur, den »Stern der Manege«. Diese Figur hatte der Autor mit seiner überschäumenden Phantasie geradezu übermäßig bedacht.

Sie sollte turnen und tanzen, reiten und singen und natürlich auch noch eine Rolle schauspielerisch ausfüllen können. Ich hatte in Budapest zwei beachtliche Lustspielerfolge gehabt, und ein Ausspruch meines ungeheuer stolzen Vaters kursierte: »Meine Tochter kann alles.«

Tatsächlich haben mir dieses Vertrauen und dieser absolute Glaube an meine Fähigkeiten immer viel geholfen, ja, ich machte vieles, um meinem Vater seinen Glauben an mich zu bestätigen. Mütterchen war mein liebes Mütterchen, aber mein Vater war lange Richtschnur und Auslöser meiner Aktivität. Freud würde sich die Hände reiben. Ich hätt's ihm gegönnt. Ich brauche Menschen. Ich kann auch nicht allein sein. Oft bete ich: »Lieber Gott, laß mich nicht eines Tages allein sein!«

Ich weiß natürlich, daß ein Mensch vieles kann, doch bin ich tatsächlich nicht sicher, ob ich so einsam auskommen könnte. Georg Jacoby hat mich sozusagen von meinem Vater übernommen, eine Vaterfigur, wenn man so will, denn er war ja auch bedeutend älter.

Und wenn mein jetziger Mann, Fred Raul, für ein paar Tage verreisen muß, würde ich mich am liebsten ins Bett legen als Dornröschen auf Zeit – bis mein gereifter Prinz wiederkommt.

Nun, Vaters Sternchen wurde der »Stern der Manege«. Ich ritt mit und ohne Sattel, kletterte an einem Zwölf-Meter-Seil hoch und führte oben unter der Kuppel akrobatische Kunststücke vor – ohne Netz, versteht sich, mit kann ja jeder.

Der große Zirkus lag auf einem Rummelplatz, und wenn mich die fahrenden Leute beim Training beobachteten, sagten sie: »Unsere Kinder fangen ganz klein mit den Übungen an. Die muß doch früher heimlich geübt haben.«

Bei der Premiere mußte ich mich sehr anstrengen, mein Publikum zu überstrahlen als »Stern«, so funkelte es von Juwelen, und die Nerze ergaben einen ganzen Tierpark, einen traurigen und exklusiven. Der Erfolg war beispiellos, und ich wurde später in die Wiener Inszenierung im Zirkus Renz übernommen. Hans Thimig war der Clown, Werner Fuetterer mein Partner, Trude Hesterberg meine Mutter, und der wundervolle Fritz Imhoff spielte mit. Hubert Marischka war mein Vater.

Eines Tages stieg Ufa-Regisseur Gustav Ucicky aus klassischen Höhen in unseren Zirkus herab. Er bereitete gerade »Das Mädchen Johanna« mit Angela Salloker in der Titelrolle vor. Er fuhr nach Berlin zurück und sagte: »Meine Herren, auf schnellstem Wege nach Wien! Da tobt eine kleine Ungarin umher, die kann was und, das werden Sie nicht glauben, sie ist schön – und *jung!*«
Sie kamen, sahen, ich siegte – ohne gerannt zu sein.
Dieser Abend! In einer Loge saß Ufa-Direktor Hugo Corell, in einer anderen hatten sich Amerikaner von »Variety« eingenistet. Sie wollten die Show in New York aufziehen und mich mitnehmen. Sie boten die damalige Sensationsgage von 1000 Dollar pro Abend und zwei Jahre Garantie auf den Vertrag. Corell bot mir den Begriff »Ufa« – ein Weltbegriff. Ich war Feuer und Flamme für Amerika. Na, Servus. Mein Vater unterschrieb bei der Ufa, und das schon am nächsten Tage.
Wie gesagt, ich liebte ihn sehr, doch diesmal war ich sauer. »Vater«, quäkte ich, »ich will nicht zum Film. Was soll ich da?«
Mein kluger Vater aber sagte: »Schau, Marika, du willst doch weltberühmt werden. Wenn du gern die Dritte von rechts sein willst, dann sag es jetzt, dann werde ich meine Mühe nicht auf dich verschwenden. Du bist doch kein Zirkusmädchen. Dies kann doch nur ein Zwischenspiel sein. Und wenn du dich auf den Bühnen zum Weltstar hochstrampeln willst, mußt du in jeder Großstadt rackern, Gott behüte. Bei der Ufa aber kannst du's mit zwei Filmen schaffen.«
Ich nickte trübsinnig. In der Tat war meine Gesundheit bereits überfordert. Ich war einundzwanzig, und ich fühlte mich matt. Meine Drüsen waren übermäßig

geschwollen. Meine Stimmung tendierte zum Weinerlichen.
Vater sagte: »Schau, dein goldener, angeborener Humor, dein Talent, du, meine geliebte Tochter, vielleicht abgestempelt als Varieténummer – und unglücklich gewiß. Nein, so viel Geld können sie mir gar nicht bieten, daß ich mir mein Kind kaputtmachen lasse.«
Und der Arzt unterstützte ihn. »Sie geben immer das Letzte«, erklärte er, »wenn Sie nicht bald etwas kleinere Sprünge machen, werden Sie bald überhaupt keine mehr machen!« Hatte der eine Ahnung! ...

# Film ab!

*»Leichte Kavallerie« mit Sprachschwierigkeiten, meine unvergeßlichen Schlager und »Gasparone« im Stepschritt*

»Stern der Manege« war also mein Sprungbrett zur Ufa. Vorher mußte ich allerdings noch ein Gastspiel in Budapest bei Elemer Wertheimer wahrnehmen. Das war mir keineswegs zuwider, denn Wertheimer, der soignierte Fünfziger, gefiel mir nicht schlecht, und ich flirtete mit ihm. Er war zwar verheiratet, aber welchen Mann hindert das schon daran, kräftig zurückzuflirten? Die Avancen eines sehr jungen Mädchens sind ja zumindest schmeichelhaft. Leider bekam mein Papa schnell Wind von dieser angenehmen Auflockerung der Arbeitsatmosphäre. Er fegte wie eine kalte Bö dazwischen.

»Wenn meine Tochter das Theater betritt, dann seien Sie bitte abwesend«, verlangte er – und Wertheimer richtete sich tatsächlich danach, in seinem eigenen Theater. Ganz Budapest schmunzelte. Denn natürlich hatte sich die kleine Geschichte mal wieder herumgesprochen.

Viel später, nach dem Kriege, hat Elemer Wertheimer mir aus Amerika einen entzückenden Brief geschrieben. Er hatte Fotos von mir gesehen und fand galant, ich sei um keinen Tag älter geworden. Allerdings ist vielleicht an diesem phantasievollen Kompliment in-

sofern ein wahres Fünkchen, als die Mode damals eine Frau grundsätzlich viel älter erscheinen ließ, als es unsere sportlich ausgerichtete Kleidung heute tut.
Dann tat ich den großen, einschneidenden, ach so schweren Schritt zum Film. Auf dem Vorstellungsempfang für die Presse im Berliner KddK, dem amtlichen Künstlerklub, streckte ich allen Journalisten das Händchen zum Kusse hin, bis Emmy Harald es mir energisch herunterriß und irgend etwas zischte, was nur heißen konnte, wir seien nicht in Ungarn, verdammt noch mal.
Die Journalisten, die zu meinem Erstaunen dabei ein Gesicht gemacht hatten, als ob ihnen überraschend ein Brummer vor die Nase geraten wäre, schrieben trotzdem sehr freundlich über mich. Mit meinen vielen »Bittäärrrschön« wirkte ich wohl sehr exotisch.
Mit der Sprache haperte es ja schrecklich. Und da ich diesen ganzen »Filmausflug« leider nicht sehr ernst nahm, haperte es auch mit dem Lerneifer.
Bei »Leichte Kavallerie«, den wir heimlich »Schwere Kavallerie« nannten, stotterte ich an meinen Sätzchen herum, daß es einen hätte erbarmen können. Aber weit gefehlt: Das gesamte Drehteam lachte sich schier kaputt, sobald ich nur den Mund aufmachte. Nur Regisseur Hochbaum konnte gar nicht darüber lachen. Er sollte schließlich irgendwann einen richtigen Film abliefern.
»Leichte Kavallerie« spielte im Zirkusmilieu. Davon hatte ich seit »Stern der Manege« eine Ahnung. Fritz Kampers spielte mit. Jeder Dialog, zu dem wir anhuben, ging leider in die Binsen, denn ich hatte zwar mühsam meinen Text gelernt, aber den des Partners auch noch zu büffeln, das hätte mich entschieden überfordert.

Hochbaum hatte die Idee. Er stellte sich neben die Kamera und winkte vor jedem Einsatz, den ich zu bewältigen hatte, mit einem Taschentuch. Dann legte ich los wie ein Papagei. Wunderbar.
Nachmittags kam leider ein erkälteter Journalist ins Atelier. Er stellte sich neben die Kamera, nieste diskret ins Taschentuch, und schon plapperte ich los, mitten in Kampers' Satz hinein.
Hochbaum war einem Nervenzusammenbruch nahe. Wieder eine Szene verpatzt. Filmmeter ruiniert, teure Zeit vertan.
Ich sagte fassungslos, ganz gekränkte Unschuld: »Bittärrschön, habe gesähen weißer Taschentuch!« Das Drehteam kreischte vor Lachen. Nur Hochbaum nicht.
Der Ärmste. Er hatte es nicht leicht mit mir. Ich wirkte auf der Leinwand auch unangemessen pummlig, obwohl ich eigentlich eine knackige, durchtrainierte Mädchenfigur hatte. Aber was in natura erlaubt ist, geziemt einem angehenden Filmstar noch lange nicht. Filmstars haben dünn zu sein, die Kamera trägt ohnehin noch auf. Filmstars haben vorn nix und hinten nix, dann ist's richtig. Basta.
Alle eigenen heroischen Abmagerungsversuche, die immer in einer Freßorgie aus Mamas Fleischtöpfen endeten, halfen nichts. Schließlich ließ Jacoby, der mich keinesfalls als kleine ungarische Wurst buchen wollte, mich ins Dresdener Sanatorium »Weißer Hirsch« verfrachten. Vom »Weißen Hirsch« ging die Sage, daß hier sogar Elefanten im Bedarfsfalle zu zarten Gazellen getrimmt würden.
Einen Triumph hatte ich sofort: Ich war die Dünnste, beneidet und bestaunt von den dicken Patienten, denen vielleicht so was wie ich als Schlußergebnis vor-

schwebte. Ich selber staunte übrigens mit ihnen. Diese ganze Kur behagte mir gar nicht.
Es gab scheußliche Sachen zu essen, mager und flau, man wurde gewalkt und begossen, bewegt und ins Schwitzbad gesetzt, bis man sich vorkam wie ein ausgewrungener Wischlappen.
Natürlich machte ich Fluchtversuche. Irgendwo auf der Welt gab's doch knusprige Sachen für glückliche Menschen. Immer jedoch erwischte mich Emmy Harald.
Die wußten schon, warum sie mir einen Aufpasser mitgegeben hatten. Zwölf Pfund nahm ich ab.
Keine Kunst, jetzt einen Knaben zu spielen. Ich habe ja schon erzählt, wie dieser Kurerfolg durch schlechtes Wetter wieder zunichte gemacht wurde.
Nun, Jacoby gefiel ich trotzdem. Er war mäßig in allem, ohne sauertöpfisch zu sein, aß gern, aber nicht viel, trank gern, aber zurückhaltend. Hitze und Kälte ertrug er gleichmütig, sehr selbstbeherrscht, immer vorbildlich für sein Team.
Er stammte aus einer sehr guten Familie im Raum Mainz, Wiesbaden. Sein Vater, Wilhelm Jacoby, war Schriftsteller, ein origineller Mann, sehr schön, mit weißem Spitzbart. Er war beliebt. 20 Jahre lang war er Präsident beim Mainzer Karneval. Wenn er arbeitete und seine Frau Elisabeth huschte herein, um ihm Kaffee zu bringen, pflegte er zu sagen: »Rede, mein Kind, rede – und wenn es der größte Blödsinn ist. Vielleicht kommt etwas Gescheites heraus.«
Sohn Georg war gern elegant. Er wollte Schauspieler werden, ein nicht gerade einträglicher Entschluß – am Anfang, weshalb sein Vater auch »Willkommen, ›teurer‹ Sohn« zu sagen pflegte.
Georgs erstes Engagement war am Stadttheater Bre-

men. Er hatte sich chic herausgeputzt, lang und dünn und dandyhaft.
Der Direktor, der den Vater kannte, murmelte entsetzt: »Ja sagen Sie mal, Sie sind ja ganz aus der Art geschlagen!«
Georg, tapfer: »Herr Direktor, es kommt doch nicht aufs Äußere, sondern aufs Talent an.«
»Na«, sagte der illusionslos, »meine Mädchen hier haben einen anderen Typ gern.«
Damit hatte Georg die dauerhafte Grundlage zu einem Minderwertigkeitskomplex weg. Anstatt seine stark erotische Ausstrahlung zu kultivieren, wie er es später tat, versuchte er sich als kraftstrotzender Beau – aber woher nehmen?
Ausgerechnet der »Herzog von Reichstadt« war seine erste Rolle. Ein Kollege beruhigte ihn: »Ich bin groß drin in Schminken und Toupets. Deine Partnerin wird hingerissen sein.«
Nun hat er rumgetan und rumgemacht am armen Georg. Nase und Stirn mit Plastik verändert, blonde Perücke, ein Trikot mit Wattons, um Muskelberge vorzutäuschen.
Der Inspizient rief: »Ihr Auftritt, Herr Jacoby!«
Der blonde Herzog wallte aus der Garderobe.
»Sind Sie's, Jacoby?« rief der Regisseur entsetzt. »Oh, nein! Sie sehen ja aus wie ein ausgestopfter Papagei!«
Wut packte den Hüter des Musentempels. Er haute prüfend auf die Plastiknase – weg war sie. Er riß an der Perücke, und sie rutschte in eine kesse Seitenlage.
Trotzdem war der Auftritt nicht mehr aufzuhalten. Georg deckte sein Gesicht mit dem großen Cape ab, das er trug, und spielte so seine Rolle, immer diskret halb abgewendet, Cape vor dem entstellten Gesicht.
Die Zeitungen schrieben:

»Der Herzog war angeblich ein Georg Jacoby. Gesehen hat man ihn nicht.«
Trotzdem blieb er von jetzt ab bei seinem verhüllten Gebaren. Viele haben es gewiß als einen etwas exaltierten Regieeinfall angesehen.
Schließlich aber schlug auch seine Stunde: Er bekam eine Rolle, in der er nicht schön sein mußte. Der *elegante* Jacoby kam an. Mädchen, Einladungen. Verehrerpost. Die schönen Bonvivants schielten neidisch. Ein hübsches, reiches Mädchen in Hamburg verliebte sich in ihn. Er durfte sie zu Hause besuchen. Ihr Vater erklärte bei Tisch: »In Bremen hab ich mal vor kurzem einen Schauspieler gesehen, hieß auch Jacoby. Ein Antitalent, sage ich ihnen. Hoffentlich kein Verwandter?«
Es dauerte lange, bis Georg sich wirklich so akzeptierte, wie er war. Als ich ihn kennenlernte, hatte er natürlich längst seinen Stil, seine Linie gefunden. Er war wer. Ich konnte mich anlehnen. Denn wenn ich auch im Beruf ein Ausbund an Kraft bin, so brauche ich doch einen Menschen, dem ich ganz vertrauen kann.
Wie wir uns ergänzten! Ich war der rhythmische Motor, er der musikalische Teil. Ganz allmählich bauten wir dieses Gebiet Revuefilm auf, das es bis dahin in Deutschland ja nicht gegeben hatte. Wir hatten erstklassige Autoren, die richtige, gute Stories lieferten. Oft kamen sie gar nicht vom Gebiet der leichten Muse, aber sie konnten eben etwas.
Deshalb kam diese Art Film auch bei allen Generationen gut an. Wir entwickelten uns künstlerisch, wurden immer spezialisierter, entschlossener, raffinierter. Bei der Ufa stellte sich schließlich jeder Star auf eine bestimmte Art von Filmen ein, das ist auch dem Image zuträglich.

Wir schmolzen zusammen zu einem festen Team für »Jacoby-Filme«. Max Pfeiffer war der Produktionsleiter, Sabine Ress betreute die Choreographie. Erich Kettelhut – hieß er Erich? Wir sagten immer nur Kettelhut – war der Architekt, und Kameramann wurde Konstantin Irmen-Tschet, ein fabelhaft aussehender Mann, später mit Brigitte Horney verheiratet. Wir nannten ihn Kostja, und wir mochten ihn sehr.
Bei Außenaufnahmen war er allerdings höchst unzuverlässig, wenn irgendwo auch nur ein Bächlein in der Nähe war. Er angelte!
Die kleinste Wolke am blauen Firmament nahm er zum Anlaß, sein Angelzeug zu packen und bachwärts zu entfleuchen.
Einwände Jacobys in der Art: »Kostja, die Sonne kommt bestimmt gleich wieder« wischte er mit einem lässigen »Bis dahin habe ich schon zwei gefangen« aus der Welt. Er aß seine Fische übrigens tatsächlich selber, ließ sie sich braten oder kochen und verspeiste sie mit einer richtig glücklichen Do-it-yourself-Miene.
Im Atelier leistete Kostja Großes. Er buddelte sich förmlich ein, um den Blickwinkel auf meine Beine noch günstiger, noch verlängernder hinzubekommen.
Er überlegte ständig. »Dieser Schnitt, wenn du durch die Luft fliegst, sieht von hier am besten aus, das andere machen wir von oben, den Sprung nachher nehmen wir von vorn.«
Wir probierten aus, daß bei Massentanzszenen der Fußboden kein unruhiges Muster haben darf, weil das nachher einen bunten Salat ergibt, besonders beim Schuß von oben.
Franz Grothe und Peter Kreuder wurden unsere »Leibkomponisten«. Welch herrliche Schlager haben Gro-

the mit Texter Dehmel und Kreuder mit Texter Beckmann für unsere Filme geschrieben! Das Ganze ging so: Zuerst wurde die Handlung entworfen, dann ausgefeilt. Wenn die angenommen war, fiel das Buch in die Hände von Sabine Ress zur tänzerischen Aufbereitung. Sabine und ich heckten gemeinsam die Tanznummern aus – wir verstanden ja am meisten davon.
Ein Exposé von Sabine Ress ging an den Regisseur Jacoby. Der las es und bewies gleich seine Klasse, indem er Anregungen, zündende Ideen und fotografische Gags beisteuerte. Wenn wir drei – Sabine, Jacoby und ich – alles besprochen hatten, trat der Komponist in Aktion. Zusammen mit dem Textdichter las er das Drehbuch, und nun hatte er es durchzukomponieren. Es genügte ja keineswegs, ein paar flotte Schlager hineinzuarbeiten, die Handlung mußte vielmehr folgerichtig aufbereitet werden, die Grundideen wurden musikalisch variiert: mal Walzer, mal Tango, mal Paso doble.
Unsere Intentionen für die Tanznummern mußten im einzelnen berücksichtigt werden. Beide, Grothe und Kreuder, wurden natürlich immer feinfühliger für unsere Wünsche und immer routinierter in der Ausführung.
Nun, es kam auch etwas dabei heraus. Grothe schrieb für »Frauen sind doch bessere Diplomaten« etwa »Einen Walzer für dich und für mich«, »Ach, ich liebe alle Männer« und »Wenn ein junger Mann kommt, der weiß, worauf's ankommt«. Für »Frau meiner Träume« komponierte er »Schau nicht hin, schau nicht her ...«, »Ich warte auf dich« und »In der Nacht ist der Mensch nicht gern alleine«. Und »So schön wie heut, so müßt' es bleiben« für »Tanz mit dem Kaiser«.
Kreuder ließ sich natürlich auch nicht lumpen. Von

ihm stammen zum Beispiel aus »Hallo Janine« die Renner »Auf dem Dach der Welt«, »Eins, zwei, drei, vier, fünf, sechs, sieben, wo ist meine Frau geblieben?« und »Ich brauche keine Millionen, mir fehlt kein Pfennig zum Glück«, aus »Kora Terry«, »Für eine Nacht voller Seligkeit« und »Wenn es Frühling wird«.
Für »Eine Nacht im Mai« hatte er den Titelschlager entworfen, den eine Sängerin im Film so quasi nebenbei kreierte. Aber: der schlug ein. Der Film, kein großer Erfolg zum Anfang, wurde von der Ufa durch eine Verbeugungstournee angehoben. Wir mußten nach dem Film auf die Bühne und Männchen machen. Da trat ich dann im silbernen Frack auf und trällerte »In einer Nacht im Mai« – gerade mit diesem Lied hatte ich einen tollen Erfolg. Es wurden Unmengen von Schallplatten davon verkauft.
Auch beim musikalischen Teil waren im Entstehungsstadium noch Einwände möglich: Zu schwer, zu leicht ... Manchmal war sogar eine Auswahl zwischen mehreren Vorschlägen zu treffen.
Wenn das akzeptiert war, gab es ein großes »Familienmeeting«. *Alle* kamen. Das Buch wurde vorgelesen, es durfte gemeckert werden. Der Architekt bekam seinen visionären Blick, denn nun schlug seine große Stunde: der Entwurf der Szenerie.
Er dachte sich die herrlichsten, verrücktesten Sachen aus, schulte sich unermüdlich an den vorbildlichen amerikanischen Revuefilmen, die man anfangs noch sehen konnte.
In »Frau meiner Träume« sinnierte er so: »Da kommt ein riesiger Ballon, der platzt, ein kleines, chinesisches Taschentuch flattert heraus. Kamera dicht heran, chinesische Landschaft – wird unmerklich zur Kulisse – Marika tritt auf.«

So wurde es auch gemacht. Wir erfanden, stritten und redeten uns die Köpfe heiß. Wir hatten unendlich viel Zeit. Frau Grabowsky kochte Kaffee.

Ja, die Vorbereitungen allein dauerten sehr lange. Heute würde man in der Zeit vielleicht zehn Filme drehen. Das Geheimnis: Es durfte teuer werden. Die Ufa konnte es sich leisten, sehr hoch zu investieren. Meistens zahlte es sich aus. Unsere international geprägten Revuefilme, ohne jede politische Tendenz, wurden auch nach Portugal, Kanada und Südamerika verkauft. »Kora Terry« hatte zwar die damals horrende Summe von 2½ Millionen gekostet, aber er spielte schließlich um 24 Millionen ein. Kein schlechtes Geschäft.

Wenn alles, aber auch wirklich alles ausgefeilt war, gingen wir ins Atelier. Wir waren hundert Prozent drehbereit. Kettelhut hatte seine Löcher gegraben, in denen er hockte, um meine Beine noch ein Stück länger erscheinen zu lassen. Die Kräne für die Kameras waren anfangs noch nicht elektrisch zu bewegen, das mußte trotzdem auf die Sekunde klappen: Dsching, Kran rauf, dsching, Kran runter.

Die Jupiterlampen waren richtig ausgerichtet. Es gab kein Tohuwabohu. Im Team wurde kaum ein Wort gesprochen. Wir wußten, was wir zu tun und zu lassen hatten.

Die Tänze hatte ich bereits vorher geübt. Und wenn die Praxis schwierig war, wurden vorher eigens Trainingskulissen aufgebaut. So begann ich in »Hallo Janine« meinen Steptanz ganz oben und trippelte und sprang langsam hinunter von einer Muschel zur anderen. Die Muscheln waren an einer Treppe montiert, aber sie blieb im Dunkeln – auch für mich –, damit die Illusion des Schwebenden vollkommen wäre. Nun, man kann einen Tanz zu ebener Erde probieren, aber hierfür brauchte ich eben schon beim Training die Kulisse.

Was taten wir also? Ein Atelier wurde freigemacht und mit dem Gerüst, mit Platten in den genauen Maßen ausgestattet. Natürlich fehlten noch Schokolade und Zuckerguß, aber ich konnte »maßstabgerecht« üben. Bei der Aufnahme später gab es keine Schwierigkeiten.

Die armen Teenager heute. Ich möchte gar keiner sein. Alles ist erschwert durch die Knappheit von Geld und Gut. Physisch war es sehr anstrengend, gewiß. Pardon gab es nicht. Aber es machte Spaß. Wir hatten Feuer – *und* Mittel.

Wie recht hatte Grethe Weiser, als sie einmal bei einer gemeinsamen Tournee im Zug zu mir sagte: »Du weißt gar nicht, wie gut du es hast mit Jacoby, einem Regisseur, der alles für dich regelt und richtig macht. Ich muß immer die Regisseure wechseln, mich umstellen, habe keinen Mann vom Fach zur Seite.«

Damals lächelte ich nur sorglos. Heute weiß ich, wieviel es ausgemacht hat. Ich Glückspilz: Auch heute habe ich in Fred Raul einen Mann vom Fach, einen Bühnenhasen, zur Seite, der mich beraten und stützen und korrigieren kann.

In »Gasparone« steppte ich zum erstenmal. Ich hatte Eleanor Powell im Film »Broadway Melodie« gesehen, der damals – man denke! – noch im Marmorhaus laufen durfte. Von ihren berühmten Stepserien war ich fasziniert. Das machst du auch, dachte ich – ein für mich bekanntlich sehr typischer Gedankengang.

Ein junger Amerikaner, Winkler hieß er, wurde als mein Lehrer engagiert. Ich lernte schnell. Tagsüber trainierte ich, nachts hüpfte ich im Traum ebenfalls klappernd einher. In zwei Wochen war ich fit. Es klappte. Einer der strengen Berliner Kritiker schrieb nach der Aufführung: »Was brauchen wir die Powell? Wir haben die Rökk.«

Manchmal hatte ich vier Stunden ohne Unterbrechung geübt. Es hatte sich also gelohnt. Winkler aber mußte Deutschland verlassen. Seine Aufenthaltsgenehmigung lief ab, und sein Typ paßte den Nazis wohl nicht in ihre politische Landschaft. Wir alle versuchten, etwas zu ändern, aber es half nichts. Der Engländer Leslie sprang als Steplehrer ein. Er hatte den Fred-Astaire-Stil, die weiche, lässige Art. Er verlobte sich später mit der Schwester von Sybille Schmitz, und sie gingen nach England.

»Gasparone« war der letzte Schritt zum großen Erfolg. Für mich folgten meine schönsten und bekanntesten Filme.

# »Elsa, mein Kind, komm, küß mich!«

*Meine köstlichen Kollegen: Grethe Weiser nannte mich »La Wunder«, und Hans Moser war ein Spargenie*

In »Gasparone« spielte der herrliche Leo Slezak den Polizeipräfekten. Ich sehe ihn noch vor mir – er war höchst einprägsam. Alles an ihm war groß: die Stimme, das Lachen, der Bauch. Nur seine Füße waren klein, deshalb schwankte er nach kurzem Stehen, das sich im Atelier ja nicht leicht vermeiden läßt, stets bedenklich mit seinem gewaltigen Körper über den winzigen Füßen.

Nie war er richtig ausgewuchtet.

Aber Hilfe war nahe: Slezak reiste, drehte, wohnte nämlich stets mit seiner Frau Elsa und einem piekfeinen Kammerdiener, die ihn beide umschwirrten und umsorgten.

Sobald er also gefährlich zu schwanken begann, eilte der Kammerdiener herbei und schob ihm ein immer bereitgehaltenes Klappstühlchen unter, auf das er sich kühn plumpsen ließ.

Auch dieser Anblick – zierliches Stühlchen, wogende Fülle – war beunruhigend, aber offenbar war die Traglast genau austariert worden. Jedenfalls habe ich nie gesehen, daß etwas passiert wäre. Von dieser sicheren Warte aus pflegte der heitere Barockengel dann mit seiner tragenden Stimme zu rufen: »Elsa, mein Kind,

komm, küß mich – damit die Welt sieht, wie glücklich wir sind!«
Tatsächlich hatte er auch Talent zum kleinen und zum großen Glück. Mehrmals geschah dies: Sein Diener flüsterte dem Herrn Kammersänger etwas ins Ohr. Slezak machte eine pompöse Wendung zu Jacoby und rief in schönem Tremolo:
»Entschuldigen Sie bitte, ich höre gerade, daß ich am Telefon verlangt werde!«
Eines Tages, ich hatte gerade Pause, schlenderte ich nach so einem angekündigten Telefonat ein bißchen an die Luft. Plötzlich drangen gar köstliche Düfte in meine Nase, kein Rosenhauch – i wo! Es roch reell nach Saftfleisch.
Ich ging der Nase nach. Was sah ich? Durch Kulissen meisterhaft gedeckt, saß da der Herr Slezak auf seinem Klappstühlchen. Der Diener servierte auf einem kleinen Tisch. Es gab Bier und Gulasch. Als zweites Frühstück.
»Schmeckt's?« rief ich fröhlich.
Um ein Haar hätte er sich mit der Gabel verletzt, so heftig zuckte er zusammen.
»Meine Elsa darf es nicht wissen, daß ich zweimal frühstücke. Sie erlaubt es nicht, weil ich etwas zuckerkrank bin. Aber ich *kann* nicht so lange fasten!« jammerte er. »Bitte, verraten Sie mich nicht!«
Ich tat es nicht. Wer konnte ihm widerstehen?
Für besondere Szenen wurden damals vom Kempinski Originalleckereien bestellt, damit alles wirklich echt aussah. Attrappen waren verpönt. Bei solchen Szenen schummelte sich Leo Slezak gern in die vorderste Reihe. Man mußte höllisch aufpassen, sonst wurde das kalte Buffet vorzeitig gelichtet.

Auch Oskar Sima spielte in »Gasparone« mit. Ich hatte ihn sehr gern, er war lustig, gesellig, gemütlich und völlig erhaben darüber, daß er allgemein als Geizkragen galt. Deshalb konnte er im Brustton der Überzeugung sagen: »Meine Frau ist ein lieber Kerl. Wenn ich ihr bloß den Geiz abgewöhnen könnte!«
Kaffeezeit. Wir saßen nebeneinander. Kellner aus der Kantine boten wie üblich Kaffee und Kuchen zum Kauf an.
Sima bestellte: »Einmal Kaffee und Kuchen, bitte.«
Lange Pause. Der Kellner betrachtete ihn fragend. Er zu mir, leise: »Willst du auch eine Tasse Kaffee?«
Ich hatte wirklich Durst. »Ja«, sagte ich.
Lange Pause. Der Kellner stand abwartend da.
Sima: »Also zwei Kaffee, ein Kuchen.« Lange Pause. »Oder möchtest du *auch* Kuchen??!«
Ich schüttelte wohlerzogen den Kopf, mußte ja an meine Linie denken.
Dann kam das Bestellte. Sima beugte sich zu mir. Er sprach immer ganz langsam, träge, aber suggestiv. Er dämpfte seine Stimme und bat: »Sag aber bitte den Kollegen nicht, daß ich dich *eingeladen* habe – sonst wiederholt sich das.«

Hans Moser, der Einmalige, hatte dasselbe Leiden. Jeder wußte es und lächelte darüber. Eine Marotte halt. Wir drehten zusammen »Die Fledermaus« – Moser als Frosch, der Gefängniswärter. In der Pause saßen wir im Atelier. Am selben Tisch.
Moser winkte dem Kellner. Rückte zweimal mit dem Kopf und nuschelte: »Haben Sssie heißen Kaffee oder Tee?«
»Natürlich, Herr Moser.«
»Wie teuer?«

»6 Schilling!«
»Ooojeee. Coca-Cola?«
»3 Schilling.«
»Hmmmm, hmmmm. Was noch? Sprudel mit Geschmack?«
»2 Schilling.«
»Und – und – und Sssodawasser *ohne* Geschmack?«
»1 Schilling, Herr Moser.«
Er sinnierte ein Weilchen. Sein Gesicht wurde immer grantiger. »Ist nicht gut für den Magen, gar nicht gut. Bringen Sie mir ein Glas frisches Wasser!«
Hans Moser – er war nicht nur ein großer Komiker, sondern ein wirklich exzellenter Menschendarsteller, der einzige, der mich in heiteren Rollen zum Weinen gebracht hat. In seinen komischsten Szenen kam mir ein Kloß in den Hals. Dieser Vollblutkomödiant lernte seinen Text nur bis zu einer gewissen Grenze. Inhalt und Logik blieben erhalten, aber er improvisierte doch flott drauf los, brachte so seine inspirierte persönliche Note hinein, machte Schlenker und Schnörkel und irritierte seine Gegenspieler.
Man mußte sich erst daran gewöhnen, denn natürlich kam auf diese Weise kein Stichwort richtig, er nuschelte und nuschelte, und wenn er plötzlich innehielt, hieß das noch lange nicht, daß er nicht sofort wieder weiternuscheln wollte. Vielleicht legte er nur einen kleinen mimischen Alleingang ein. Vielleicht allerdings auch nicht.
Dieses geliebte Moser-Nuscheln, mal länger, mal kürzer, verwirrte mich also ziemlich, und ich redete ihm ein paarmal in die Parade.
Moser regte sich sehr auf, sprang wie Rumpelstilzchen umher und rief anklagend: »Warum machst du das, mein Kind?«

Ich stotterte: »Ich weiß nicht, Hans. Ich krieg's nicht hin.«
»Also sei kein Tschapperl. Ich rede meine Sätze richtig. Kannst du doch auch deine Sätze richtig reden!«
Er begann. Ich setzte wieder zu früh ein.
»Entschuldigen Sie«, piepste ich. »Sie bringen nicht das Stichwort«, setzte ich mit einem Blick auf sein Gewittergesicht hinzu.
Das nächstemal setzte ich zu spät ein.
Da entspannten sich seine Züge. Er trat an mich heran und raunte: »Sag mal – hast du deinen Text vergessen? Ist doch menschlich. Hast ihn vergessen, ja? Sag es ruhig.«
Ich senkte den Blick und sagte: »Ja, ich hab ihn vergessen.«

Eine hübsche Geschichte über Marlene Dietrich stammt von Jacoby. Marlene war noch nicht entdeckt, da kam eines Tages in Berlin ein Herr zu Jacoby und sagte: »Ich habe eine Nichte, die kommt aus der Schweiz. Können Sie die vielleicht in einem Ihrer Filme unterbringen?«
Jacoby drehte damals den Stummfilm »Napoleon und seine Brüder«. Er sah sich den empfohlenen Nachwuchs an. Das Ideal im Kino war gerade Lya de Putti: Wuschelkopf, Puppenkopf, Puppenaugen. Da kam dieses etwas schläfrige Wesen, ausgeprägte Züge, Schlafzimmerblick. Jacoby dachte: Na, Servus! Aber er nahm sie als Hofdame, und siehe, sie gewann. Wenn man sie länger betrachtete, wurde sie schön und interessant. Ihre Haut war makellos. Und sie langweilte nicht. Auch ihren Regisseur nicht. Ganz und gar nicht!
Jacoby placierte seine ausgefallene Hofdame also im-

mer recht günstig zur Kamera, in der ersten Reihe. Trotzdem hatte sie wenig Chancen, groß ins Bild zu kommen, denn der Kameramann, ein Amerikaner, sorgte dafür, daß nur ihr Hinterkopf abgelichtet wurde. Stets drehte er sie weg.
Jacoby fragte: »Warum tun Sie das?«
Sagte der Kameramann: »Ich will Ihnen etwas sagen, Herr Jacoby – solange die Deutschen Frauen wie diese Dietrich beschäftigen in ihren Filmen, kann der deutsche Film in Amerika nichts werden.«
Ein schwacher Prophet.

Georg Alexander, der mich vor dem »Sadisten Jacoby« gewarnt hatte, konnte immerhin auch einiges berichten.
Sie drehten »Mann ohne Namen« mit Harry Liedtke – hoch in den Bergen, reich an Abenteuern. Jacoby strahlte: »Kinder, ich habe ein herrliches Motiv!«
Sofort breitete sich Argwohn aus auf den Gesichtern. Jacobys herrliche Motive hatten meist mit äußerster Unbequemlichkeit zu tun. So zuckte Georg Alexander auch schon zusammen, als sein Regisseur nur in seine Richtung blickte.
Das »Motiv« sah so aus: Zwei steile Berggipfel waren – über schwindelndem Abgrund – durch eine Art handgestrickten Sessellift verbunden. In den Loren wurde Baumaterial transportiert.
Jacoby sagte forsch: »Georg, du wirst mit dieser Lore hoch über die Berge schweben und deine Verfolger auf diese geniale Art abschütteln. Ich mache das ganze in Halbtotale. Es wird herrlich.«
Alexander schüttelte fünf Minuten lang den Kopf. Schauspieler sind keine Helden. Dann nahm er einige Beruhigungspillen und stieg ein. Natürlich blieb das

Ding unterwegs stecken. So schwebte er mit klappernden Zähnen über dem Nichts.
»Wie fühlt man sich da?« fragte ich teilnahmsvoll.
»Ich habe gebetet und Jacoby verflucht – immer abwechselnd«, sagte er.

Mit Grethe Weiser spielte ich in »Frau meiner Träume« zusammen. Es fing gar nicht gut an. Immer galt ich als Kollegenfresser, ging mir der Ruf voraus, von anderen nichts übrig zu lassen. Natürlich legte die Ufa Wert darauf, daß ich herausgestellt wurde. Ich war ihr hochbezahlter Star. Die Rollen, die Gags, die Szenen waren auf mich zugeschnitten, das Drehbuch wurde auf mich geschrieben.
Ich hatte es also gar nicht nötig, jemanden beiseite zu drücken. Außerdem bin ich nicht so dumm, zu glauben, irgend jemand könnte einen Film alleine tragen. Das Team ist immer entscheidend. Es trägt den Star so gut, wie der Star andererseits das Team trägt.
Aber ich bin sehr aktiv, intensiv und überhaupt nicht sanft, wenn ich arbeite. Ich brause leicht auf und vertrete meine Meinung eigensinnig.
Nie hat sich ein Partner während der Arbeit in mich verliebt. Wer mich da erlebte, konnte keine feminine Anschmiegsamkeit bei mir entdecken. Und natürlich habe ich, Künstlerkind von Anfang an, gelernt, mir nicht die Wurst vom Brot nehmen zu lassen.
Grethe Weiser also kam mit den üblichen Vorbehalten ins Atelier: Na, die wird Hackfleisch aus dir machen. Ich ahnte nichts davon. Die Weiser war entzückend in ihrer Rolle. Mein Mann führte sie sehr sorgfältig. Ich sah gern zu, wenn sie spielte.
Ich war in der Mittagspause fertig. Sie kam nach der Pause. Ich blieb mit einem Ruck stehen. Dachte:

Mensch, hat die eine Frisur. Ihr Pony ringelte sich aus lauter kleinen Sechsen. Na, dachte ich, das wird bestimmt noch umgekämmt.
Ich ging. Sie hatte eine echte Weiser-Szene – nur sie und das Telefon, quasselt und quasselt, so richtig Quasselstrippe.
Am nächsten Tag sahen wir uns die Muster an. Soweit das überhaupt möglich war, sah ihre Frisur noch scheußlicher aus als in natura. Nun durfte ich mich beileibe nicht einmischen in die Bemerkungen der »leitenden Herren«. Ich war nur eben geduldet und hatte mucksmäuschenstill zu sein.
Aber hinterher fragte ich: »Georgy, kannst du das nicht noch einmal drehen?«
Er sagte: »Ich werd's versuchen.«
Ich vergaß es.
Premiere. Auffahrt, Scheinwerfer, Autogrammjäger, der ganze herrliche Zirkus. Der Film lief. Wo war die Weiser-Szene mit dem Telefon? Georg erklärte: »Ich hab sie lieber rausgelassen. Die Weiser hatte ja auch trotzdem eine große Rolle. Und sie sah schlimm aus. Ich wollte nachdrehen, bin aber nicht mehr dazu gekommen. Nicht weiter schlimm.«
Dachte *er*! Aber von da an ging Grethe Weiser mir aus dem Weg, rief »Tach, Tach« und wetzte davon.
Viel später trafen Jacoby und ich sie zufällig in einer Bar in Wien. Wir setzten uns zu ihr, aber sie tat recht unfreundlich. Mein Fraueninstinkt sagte mir: Das kann nur wegen der Telefonszene sein. Ich fragte: »Sag mal, warum hast du mich nicht mehr gern?«
»Na schön«, sagte sie. Man hatte ihr eingeredet, ich hätte den Rausschmiß veranlaßt aus Neid auf ihre gelungene Komik. Nun, es war ein Glück, daß mein Mann dabei war. Er log nie. Er sagte: »Deine Frisur war

schrecklich ungünstig in dieser Szene. Und warnen konnte dich damals wohl keiner, denn du fandest dich einfach köstlich.«

Mir selber ist das manchmal auch passiert. Was im Spiegel hübsch aussehen mag, entlarvt sich im Film als Selbsttäuschung. Ich habe dann versucht, es von Einstellung zu Einstellung »hinzumogeln«, fast unauffällig hier ein Löckchen zu zupfen, da einen Zentimeter zu verschieben.

Nun, Ende gut, alles gut. Eine Szene weniger, eine Versöhnung mehr. Wir umarmten uns und tranken Sekt. Jacoby betonte noch einmal, es sei effektiv zu ihren Gunsten gewesen, diese Szene nicht zu zeigen.

Von da an waren wir immer sehr nett zueinander, ja, fast befreundet. Es klingt komisch, aber sie bewunderte mich. Ich sie übrigens auch. Wenn wir uns trafen, umarmten wir uns herzlich.

Ein paar Monate vor ihrem Tode trafen wir uns noch einmal bei den Aufnahmen für eine Fernsehsendung. Es wurde ein Franz-Grothe-Porträt gemacht. Grethe saß schon da, als ich hereinkam.

Ich war schön braungebrannt und gut frisiert, trug ein duftiges Sommerkleid und fühlte mich prima. Da streckte Grethe die Arme aus und rief: »La Wunder! La Wunder!« Genau so. Ich eilte zu ihr. Sie sagte: »Komm, dreh dich um. Ja, du siehst wunderbar aus. Sag mal, Marika, wie dankst du das dem alten Herrn da oben eigentlich? Findest du da auch die richtigen Worte?«

Recht hatte Grethe wieder einmal. Ich kann dem Herrgott dankbar sein.

Ein ähnlicher Argwohn wie der von Grethe Weiser bestimmte anfangs auch mein Verhältnis zu Mady Rahl.

24–26 Mein letzter Uf
Film war 1944 »Fra
meiner Träume«. I
großen Revueszene
(vorhergehende Seit
konnte ich alle Regist
ziehen.
Während mein Tan
partner Valentin Fr
man um seinen Fra
zitterte, beanstande
Joseph Goebbels me
spanisches Kostüm a
zu freizügig (link
Bild).
Franz Grothe schri
mir für diesen Film d
Lieder »Schau nic
hin, schau nicht her
»Ich warte auf Dic
und »In der Nacht i
der Mensch nicht ge
alleine«. Unten: Sze
mit Walter Müller.

’ »Frauen sind doch bessere Diplomaten«, 1941: Auf dieses Foto schrieb
h mein Autogramm besonders gern.

28 Auch Papa Georg Jacoby konnte Baby Gabi kein Lächeln fürs Familien-foto entlocken.

29/30 Do it yourself: In Mayrhofen entwickelte ich 1945 notgedrungen seh häusliche Züge.

In »Hallo Janine« war sie meine weibliche Gegenspielerin. Später gestand sie mir, sie habe furchtbare Angst vor mir gehabt. Man habe sie nachdrücklich vor meinem Egoismus gewarnt.
Natürlich fürchtet ein Schauspieler immer, man könne ihm seine Rolle vermasseln. Es wurde damals zwar sehr sorgfältig und ausgewogen gedreht, doch fallen beim Feinschnitt leicht Kleinigkeiten der Schere zum Opfer. Auch von meinen Szenen wurde manchmal etwas gekappt, und ich tobte und heulte – völlig vergeblich. Aber meine Rolle blieb trotzdem eine Superrolle.
Anders war's bei kleineren Parts. Da kämpft man zu Recht um jeden Filmmeter. Einige Partner litten sehr, wenn etwas geschnitten wurde. Gewiß jedoch war das nicht meine Schuld. Vielleicht machte es den Eindruck, weil ich viele Wünsche hatte und sie eigensinnig vertrat. Ich hatte eben gelernt, daß man sehr breite Ellenbogen braucht, wenn man die Zügel halten will. Niemals aber wandte ich sie zuungunsten der Kollegen an.
Was hilft's? Mady Rahl kam, argwöhnisch und äußerst reserviert. Wir hatten am Anfang eine gemeinsame Szene. Am anderen Tag sahen Jacoby und ich die Muster an. Mady trug eine sehr große Hut-Mütze auf einem Ohr. Ihr Kopf sah ganz verschandelt aus.
Bestimmt war es keine Schikane vom Kameramann gewesen, aber das kleine, zarte Persönchen ersoff geradezu in dem Trumm von Hut.
In Wirklichkeit hatte es recht hübsch ausgesehen.
Mein Gott, ihre erste große Szene – es tat mir irgendwie leid. »Ein bissel danebengerutscht«, konstatierte Jacoby gleichmütig. Männer! Ich bat sehr, die Szene noch einmal zu drehen.

Erstaunlich: Er tat es. Das Monstrum wurde verkleinert und hingebogen, und ohne Kommentar wurde die Szene wiederholt.
Mady hatte doch erfahren, weshalb wir das machten. Sie wurde nett, zutraulich, immer netter, als sie merkte, daß ich ihr nicht reinredete. Wir wurden richtige Freunde. Ihre nettesten Filme drehte sie an meiner Seite – auch in »Hab' mich lieb« hatte sie eine wonnige Rolle. Wir harmonierten, und ich darf es sagen: Bis heute ist Mady Rahl meine Verehrerin.
In »Hallo Janine« spielte auch Rudi Godden neben Johannes Heesters mit. Godden kam vom Theater. In kürzester Zeit wurde er zum Liebling des Publikums, zu Recht. Er war hochbegabt, hilfsbereit, so sauber im Wesen. Ein fabelhafter Junge. Ich kann nicht ohne Traurigkeit an ihn denken. Kurze Zeit später starb er. Wir waren erschüttert. Sein Leben war nicht für eine lange Zeit bestimmt – ein wunderbarer Kollege, ein talentierter Künstler.

In »Hab' mich lieb« waren neben Viktor Staal auch Hans Brausewetter, Aribert Wäscher – und Ursula Herking. Ursula Herking. Sie war viel in meinen Filmen, denn auf sie konnte man ganz sicher setzen. Die Rollen wurden speziell für sie geschrieben. Sie war einzigartig in ihrem Wesen und ihrer Ausstrahlung. Man mußte sie einmal gesehen haben, dann war man inspiriert. Die Autoren konnten ihr »von ferne« ihre Gags auf den Leib schreiben. Sie war in der winzigsten Rolle ungeheuer stark.
Sie sagte in einer Szene als doofe Sekretärin nur immer: »Wie Sie wünschen, Herr Direktor, wie Sie wünschen, Herr Direktor!«
Als sie das drittemal durch die Tür kam, lachte bereits

das ganze Haus. Sie konnte solche Sachen aus dem Nichts bringen.

Zum Schluß dieser kleinen Kollegenchronik noch ein Anekdötchen, das mir Zarah Leander selber erzählt hat:
Nach dem Kriege gastierte sie in Hamburg und machte eines Nachts einen Reeperbahnbummel. Sie saß friedlich in einem Lokal. Kam da so ein angeschickertes Stück Seemann und lallte: »Na, Oma, gehst du auch noch auf'n Strich?«
»Den Strich«, tönte Zarah mit ihrem tragenden Baß, »hätte ich ihm ja noch verziehen. Aber die Oma? Nie!«

# »So tanzt eine deutsche Frau nicht!«

## *Empfang beim »Führer«, das frivole Kleid und Großer Bahnhof in Brüssel für »Kora Terry«*

Ich habe meine Karriere in Deutschland zur Zeit des Nationalsozialismus gemacht. Das ist mir nach dem Krieg bitter angekreidet worden. Drei Jahre meiner vitalsten Zeit wurden mit Berufsverbot belegt, und man durfte mich »Spionin« schimpfen, bespucken, mir die Tür weisen lassen. Wofür habe ich gebüßt?

Ich kam als sehr junges Mädchen in ein Deutschland, das mein Vater bewunderte, das mir die Mittel für einen unerhörten beruflichen Aufschwung bot, ein begeistertes Publikum stellte, dessen Menschen der Ungarin wohlhabend und glücklich erschienen.

Ich mochte, liebte, bewunderte Deutschland, und ich konnte das Regime nicht beurteilen, denn ich war total unpolitisch, bin es heute noch. Ich habe mich immer auf meinen Beruf konzentriert. Natürlich stand ich in Nazideutschland auch stets auf der Sonnenseite des Lebens als Ufa-Star, während Jacoby mit etlichen Schwierigkeiten zu kämpfen hatte.

Trotzdem finde ich es ungerecht, daß meiner Tochter von Klatschmäulern nach dem Krieg von Goebbels bis zu Weißnichtwem alle möglichen Väter angedichtet wurden, nur von Jacoby sprachen sie nicht. Grotesk – wie die Tatsache, daß man mir heute in meiner Hei-

mat, meinem geliebten Ungarn, noch nicht verziehen hat. Ich kann wohl hinreisen, aber auftreten zum Beispiel könnte ich nicht. Das schmerzt sehr.
Offenbar stellte sich der kleine Moritz die Sache so vor, daß Ufa-Stars bei den Nazimachthabern zwanglos ein und aus gingen, bessere Animierdamen für die hohen Herren. Weit gefehlt. Es gab durchaus so etwas wie eine Etikette dort.
Daß ich nicht Parteimitglied wurde, verdanke ich Jacoby, ihm allein. Ich wäre glatt reingeschlittert. Vor allem gefiel mir die kleine Anstecknadel so gut, die sie alle trugen. Jacoby sagte: »Bist du verrückt?« Er selber hatte eine sehr hohe PG-Nummer. Er trat erst ein, als es sich gar nicht mehr vermeiden ließ, das kann jeder bezeugen.
Jedenfalls sage ich hier ehrlich: Ich bin unpolitisch. Durch und durch. Ich wähle nie, war nie bei einer Partei, ich bin froh, wenn man mich in Ruhe läßt – alles andere ist mir schnuppe-Wurscht. Und ich kann nicht aus meiner Haut heraus. In meiner Mädchenzeit wurde man auch nicht für solche Interessen erzogen.
Als ich deshalb meine erste Einladung zu einem Empfang beim »Führer« erhielt, überlegte ich vor allem: Was ziehst du an? Ich war 26 Jahre alt. »Hallo Janine« war gerade abgedreht. Ich hatte mich in den Jahren sehr rausgemacht. Ich hatte mein begeistertes Publikum. Ich gestikulierte nicht mehr so wild wie früher. Meine Bewegungen waren weicher geworden, die Kamera hatte mich akklimatisiert.
*Alle* Prominenz rauschte an – auch die der »Wien-Film«, die es nachher nicht gewesen sein wollte. Man stand in einer langen Schlange, als ob es etwas umsonst gäbe. Hitler und Goebbels ließen das Künstlervolk defilieren und reichten allen leutselig die

Hand. Ich war allein. Jacoby war nicht geladen. Wir waren ja auch nicht verheiratet.
Es war so viel künstlerische Prominenz zu sehen, wie ich sie noch nie auf einem Haufen erblickt hatte – das berauschte mich förmlich.
In welch erlesener Schlange wartete Kis-Marika! Ich wußte gar nicht, wohin ich zuerst blicken sollte.
Alle Herren grüßten Hitler durch Handheben, bevor sie zum Handschlag zugelassen wurden. Alle Damen winkelten das Ärmchen vorher an. Ich trug ein Abendkleidchen wie aus der Zuckerdose, und ich dachte: Nein, das machst du nicht, Marika, das machst du nicht. Ich habe nie mit Handheben gegrüßt. Ich fand es so unkleidsam.
Ich war nun ganz gewiß die Jüngste in der Reihe. Dazu kam, daß ich unwahrscheinlich jung aussah. Als ich Hitler gegenüberstand, siegte das Showkind in mir: Ich machte ein Knickschen.
Er sagte: »Ah, die kleine Ungarin.« Dann nahm er meine Hand und küßte sie. Ich war platt. Habt ihr das alle gesehen? dachte ich. Gerade hatte ich mich daran gewöhnt, auf alle Handküsse zu verzichten und immer zackig Shakehands zu machen – und nun dies.
Mein Kleid wurde mir eng um die Brust. Wie ein Pfau schritt ich weiter – zum kalten Buffet. Essen muß der Mensch.
Ich steuerte einen Tisch an, den zwei Herren und eine Dame bereits besetzt hatten. Meinen Teller hatte ich schön vollgeladen. Ich klotzte mich ran.
Es gab Sekt. Die Kellner trugen Livree. Alles piekfein. Die Herrschaften an meinem Tisch nahmen überhaupt keine Notiz von mir. Ich hätte ein Abendwölkchen sein können oder ein Geist. Sie sahen mich nicht. Sie sahen nur ihn. Ein Glück, daß ich mich mit Essen be-

schäftigen konnte – hatte ja genug auf meinem Teller.

Nun machte Hitler einen Rundgang. Er schlenderte mal zu diesem Tisch, mal zu jenem, und überall verklärten sich die Gesichter, blieben zurück wie Sonnenblumen. Zur ewigen Erinnerung an diesen Tag. Ich dachte: Hoffentlich kommt er nicht hierher! Denn mein Deutsch war immer noch nicht besonders gut, nachher fragte er was, und ich verstand es nicht ... Da war er schon.

Er sagte zu mir: »Ja, ich habe Sie gleich erkannt. Sie sind die kleine Ungarin. Ich habe mir Ihre Filme angeschaut. Bezaubernd ...«, und er redete so weiter – mit *mir*, nur mit mir.

Ich dachte: Ein Glück, den kannst du verstehen. Er fragte: »Sie können so viel – Reiten, Tanzen, Akrobatik. Haben Sie ein Double?«

Ich druckste: »Nein, kein Double!«

Jetzt wandte er sich an meine stummen Drei und fragte sie: »Nicht wahr, diese kleine Ungarin kann wirklich fast alles?« Sie nickten eifrig. Zu mir sagte er: »Was, kleine Frau, können Sie eigentlich nicht?«

Ich platzte heraus: »Deutsch, *Herr* Hitler!« Alle lachten. Er am lautesten. »Was glauben Sie, wieviel Deutsche kein richtiges Deutsch können?« fragte er. Dann ging er.

*Nun* kommt das, weshalb ich die Sache so ausführlich erzählt habe: Plötzlich sprangen die drei Herrschaften förmlich um mich herum, belobhudelten mich, schmierten sich regelrecht an.

Mir war damals noch nicht bewußt, was das bedeutete, was die sichtbare Gnadensonne Hitlers fürs Ansehen bei anderen bedeutete. Ich sah es anders: Ich hatte eine gute kleine Show abgezogen – das war's.

Mit Goebbels gab es Schwierigkeiten. Ihm behagte die ganze Richtung unserer Filme nicht. Schön, sie brachten die begehrten Devisen, sie erreichten das Publikum, und sie kamen – als deutsche Filme – sogar in den »besetzten Gebieten« an. Doch hatten sie natürlich keinerlei Propagandawert, und darauf hatte der Herr Propagandaminister schließlich Wert zu legen.

Jacoby war ihm ohnehin suspekt. Er war überwiegend mit Juden befreundet, zum Beispiel sehr eng mit Lubitsch, und er war – zehn Jahre vor der Hitler-Zeit – von einer Jüdin geschieden worden. Edith Möller hatte erst nach 33, bei der Erstellung des vorgeschriebenen Ahnenpasses, erfahren, daß sie Jüdin war. Jacoby hatte sie in der Gedächtniskirche kennengelernt, wo eine Messe für einen verstorbenen Produzenten stattfand.

Jacoby stand mit ihr auf freundschaftlichem Fuße und unterstützte sie auch finanziell. Ich kannte sie, besuchte sie auch in ihrer netten Wohnung. Das wurde beobachtet. Alles wurde beobachtet. Wir nahmen es hin wie das Wetter – sonderbar.

1938 wurde erklärt, Jacoby dürfe »Hallo Janine« nicht drehen. Carl Boese wurde mit der Inszenierung beauftragt.

Ich wetzte empört zu Goebbels, und ich wurde vorgelassen.

Aber meine Vorstellungen waren fruchtlos. So sehr schlimm war es nicht: Boese war mit Jacoby befreundet, und abends hockten wir zusammen und besprachen die Szenen des nächsten Tages. Boese war schließlich kein »Revue-Mann«, und Jacoby und ich waren gerade als Team sehr schöpferisch. Der Erfolg unserer »Dreierkonferenzen« lag jedenfalls auf der

Hand. Mit »Hallo Janine« konnte der Staat später Staat machen.
Goebbels war unberechenbar und kleinkariert. In unserer »Nacht im Mai« wurde beanstandet, daß ein Schupo nicht mit zackigem »Heil Hitler!« auftrat. Jacoby ließ die Szene dann einfach da beginnen, wo der Schupo schon eingetreten war.
Später, in »Frau meiner Träume«, nahm er Anstoß an einem spanischen Tanz. Ich trug ein schwarzes, enges Kleid, tief bis zum Nabel dekolletiert, wobei ein schwarzes Netz allerdings schon wieder ein bißchen von der Sicht nahm.
Von unten her war es auch geschlitzt, und man sah die Beine. Heute würde so ein Kostüm allenfalls als »Oma-Look« durchgehen, aber damals wurde es als »zu erotisch« gerügt. Was dem ganzen jedoch die Krone aufsetzte, waren meine »schmiegsamen, sinnlichen Bewegungen«. Goebbels ließ mich wissen: »Das ist frivol – so tanzt eine deutsche Frau nicht!«
Da hatten wir den Salat. Entweder die Szene rausschmeißen – oder nachdrehen. Kettelhut sagte: »Alles gut und schön, aber die Farbwerte werden nicht mehr übereinstimmen. Ich kriege die Kulisse nicht mehr genauso hin.« Natürlich schaffte er's doch. Die Schritte wurden nun Goebbels' moralischen Erfordernissen angepaßt. Das Kostüm blieb so. Die Nummer wurde nachher trotzdem einer der Höhepunkte der Revue. Immer hatte ich ein sauberes Gretchen gespielt – und nun das.
Viel später, 1950, gab es eine Art Parallele: Familienminister Würmeling nahm Anstoß an Kostüm und Tanz in »Sensation in San Remo«. Ich habe nicht gerade zugebundene lange Hosen getragen, doch hatte ich offenbar etwas, das keusche Gemüter alarmierte.

Von Sex sprach man nicht so oft wie jetzt, aber es wird ihn trotzdem gegeben haben.
Eine Hamburger Zeitung druckte Herrn Würmelings Einwände: »Solange natürlich solche Frauen existieren wie die Rökk, die unsere Schüler von der Arbeit ablenken . . .«, auch seinen Sohn, wie man erfuhr. »Muß das sein?« fragte er.
Ach, wie harmlos war ich ausgezogen im Vergleich zu den heutigen Filmnackedeis. Einen Trost habe ich: Herrn Würmelings Sohn wird ja inzwischen erwachsen sein und keinen Schaden mehr nehmen.
Jacoby stand weiter in der Strafecke. »Es war eine rauschende Ballnacht« machte Carl Froelich. Ich wetzte wieder zu Goebbels, wurde wieder angehört. »Warum haben Sie meinen Mann nicht gern? Man spürt es«, fragte ich.
Er möchte die Zusammenarbeit Rökk-Jacoby grundsätzlich nicht, verriet er. Ich schmollte, versuchte ihm zu erklären, daß wir uns dieses Fach zusammen erarbeitet hatten, daß wir ohnehin jegliche offizielle Anerkennung vermißten – bei den enormen Auslandserfolgen.
»Ihr Mann hat eine Vergangenheit«, sagte er.
»Mein Mann ist ein guter Deutscher«, sagte ich.
»Mag sein«, gab er zu. »Aber es wäre mir lieber, wenn er ein besserer Nazi wäre.«
Dabei hatte Jacoby sich nie gegen das Regime geäußert. Wer muckte damals schon auf?
Zu offiziellen Empfängen wurde ich auch nach unserer Heirat allein gebeten. Wir schluckten es. Wir warteten auf besseres Wetter.
Als Danielle Darrieux zu Besuch nach Berlin kam – ich bewunderte sie sehr, seit ich ihren Film »Das erste Rendezvous« gesehen hatte –, wurde ich wieder ein-

geladen. Goebbels bat mich, ein Lied vorzutragen. Ich stotterte herum. Das paßte mir nun gar nicht. Aber was half's? Noten für »Wenn ein junger Mann kommt« wurden angebracht, und der Minister persönlich erbot sich, mich zu begleiten.

»Ich bin zu aufgeregt«, behauptete ich.

»Wir werden es vorher üben«, erwiderte er.

Als ich mit ihm mutterseelenallein in einem anderen Raum stand, war ich nun aber wirklich sehr nervös. Gleich wird er dir an die Bluse gehen, dachte ich. Seine Abenteuer waren ja berühmt. Aber ich kann nicht sein Typ gewesen sein: Er spielte wirklich Klavier. Ich krächzte scheußlich dazu. Er schien überrascht zu sein, was alles so Karriere machte – mit dieser Stimme!

Einmal trafen Jacoby und ich zufällig im Münchner »Regina«-Hotel mit ihm zusammen. Wir speisten hier, er speiste da.

Dann ließ er mich durch eine Ordonnanz an seinen Tisch bitten, stürzte sich sogar bei einer Blumenfrau mit einem Strauß roter Rosen für mich in Unkosten, die mir der Bote zusammen mit seinem Sprüchlein überbrachte.

»Du mußt gehen, mein Schatz«, erklärte Jacoby milde.

»Ist mir schnuppe-Wurscht, ich geh nicht allein«, trotzte ich. Natürlich saß ich einige Zeit später doch an des hohen Herrn Tisch, sogar neben ihm.

Goebbels spielte mit einer Münze. Als sie schließlich unter den Tisch fiel, bückten sich alle Herren beflissen danach. Ich als Dame blieb natürlich vornehm sitzen. Nachher sah ich den Herren am Tisch prüfend in die Gesichter: *Einer* hatte mein Bein gestreichelt.

Goebbels spielte weiter, und beim nächsten Groschenfall winkte er seinen Hilfsgeistern ab, tauchte al-

lein, und siehe da, die hohe Ministerhand legte sich eindeutig fest um meine Fesseln.
Ich kramte drei Groschenstücke hervor und schnurrte: »Damit Sie sich nicht jedesmal bücken müssen.«
Er lächelte, wahrhaftig. Meine Beine mögen ihm gefallen haben, aber sonst war ich bestimmt nicht sein Typ.
Ärger gab es mit »Kora Terry«: Goebbels mochte keine Doppelrollen, hatte sich gerade über die von Willi Forst in »Ich bin Sebastian Ott« geärgert. »Doppelrollen sind Quatsch«, entschied er. Wir sollten ein Double nehmen. Gerade das aber wollten wir nicht.
Wir hatten den Stoff als Illustriertenroman gefunden und waren gleich Feuer und Flamme gewesen. Einmal sollte ich die sanfte Mara und einmal die laszive Kora sein.
Direktor Corell von der Ufa zögerte: »Aber Herr Jacoby, das *ist* sie nicht, diese Kora.«
Jacoby sagte: »Ich kenne meine Frau. Sie ist ein naives Kind und eine toll erotische Frau, sie hat diese konträren Züge.«
Sie stimmten zu. Ich war mit dieser schauspielerischen Aufgabe sehr glücklich – und ich nahm sie sehr ernst. Die Kora-Szenen wurden nur am Vormittag, die der Mara stets nachmittags gedreht, damit ich mich jeweils auf den Charakter einstellen konnte.
Als mein Partner wurde Will Quadflieg vom Schiller-Theater verpflichtet. Die Rolle eines Geigenvirtuosen, der vom gefeierten Wunderkind zum Varieté-Kapellmeister absinkt, lockte ihn. Wir wußten, daß für diesen Part keiner der Liebhaber in Frage kam. Auf unserer Suche sahen wir Quadflieg als Don Carlos.
»Schöne Rolle«, sagte er. Wir machten Probeaufnahmen. Er agierte anfangs viel zu hochdramatisch, aber

er begriff die Erfordernisse des Films sehr schnell. Er fand seine Linie, und es war eine schöne Zusammenarbeit und ein blendender Erfolg. Ich liebte diesen Film ganz besonders.
Goebbels erging es leider keineswegs so. Er vermißte tobend das verlangte »Double«. Er rächte sich auf seine allmächtige Art: Er legte den Film auf Eis.
Sechs Monate lag er da, dann gab es im Kino »Capitol« einen Reinfall mit einer Propagandaschnulze, und die Ufa konnte ihm »Kora Terry« doch noch einreden. Der Erfolg war enorm.
Eines Tages kam der Befehl: Ich sollte mich in Brüssel bei »Kora Terry« verbeugen. Ich hatte Angst. Vorher war ein sehr prominentes deutsches Paar in gleicher Mission ausgepfiffen worden. Die Deutschen waren äußerst verhaßt. Ich hatte Angst.
Jacoby beruhigte mich: »Schau, mein Kind, deine Filme waren alle international, nichts Tendenziöses darin – ich bin glücklich, daß auch ich durch dich zu dieser Art Filme gekommen bin.«
Sehr ängstlich, sehr skeptisch fuhr ich also ins besetzte Brüssel. Wir kamen mit dem Schlafwagen an. Ich guckte raus, ohne Make-up und in schlechtester Laune.
»Georgy, schau diese Menschen. Es muß ein dicker Bonze im Zug sein«, staunte ich. Plötzlich schreit einer: »Da ist sie!« Georgy sagte: »Fasse dich, der Bonze bist *du*!«, und tatsächlich: Himmel und Menschen, alles für mich. Der Kinodirektor schob mich in die Bahnhofshalle. Ich war überrascht wie nie in meinem Leben. Beim Presseteewurde es diffizil. Man fing mit dem Politischen an. Ich wurde mehr nach Klatsch aus Hitler-Deutschland ausgefragt.
Der kluge Jacoby saß neben mir. Er bat: »Meine Frau

ist als Künstlerin hierhergekommen, nicht als Gesandte. Bitte, fragen Sie nach diesen Sachen, davon versteht sie etwas, von Politik dagegen gar nichts.« So hatte ich Glück. Ich schadete mir nicht. Georgy half mir. Es wurde ein Riesenerfolg. Zum erstenmal sah ich selber, mit eigenen Augen, daß unsere Filme international waren.

# Mai kühl und naß

## *Gefährliches Bad bei Dreharbeiten mit Viktor Staal*

Viktor Staal und ich waren das Liebespaar im bestimmt kältesten Mai des Jahrhunderts: In und um ein Landhaus in Brandenburg waren die Außenaufnahmen zu »Eine Nacht im Mai« verlegt worden. Unser »Mai« fand im April statt – in einem typischen, mit Sonne und Regen und Kälte. Wir hatten Mäntel und Handschuhe an, aber was half's? Eine romantische Maiennacht mußte her.

Kettelhut und seine Helfer banden Blätter und Kirschblüten an die kahlen Bäume, beinahe wie zu Weihnachten. Auch ich schmückte eifrig mit. Das Publikum spürt ja nachher die Kälte nicht, dachten wir. Bibbernd betrachteten wir unser Werk: Es sah richtig lauschig aus.

Leider mußte ich nun ins Wasser. Laut Rolle hatte ich genüßlich im See zu schwimmen, der plötzlich durch einen aufkommenden Sturm aufgewühlt wurde. Ich sollte heftig und sichtbar mit den Wellen kämpfen und das Ufer mit knapper Not erreichen.

Nun kann man zum Herrgott ja nicht sagen: bitte, ein Gewitter. Wolken zogen sich zwar malerisch zusammen, jedoch von Sturm war kein Lüftchen unterwegs. Filmleute wissen sich in solchen Situationen immer

zu helfen. Hatten wir die Maienblüte geschafft, konnten wir auch selber Wind machen. Feuerwehr rückte mit einem Riesenpropeller an, der wurde in Baderichtung installiert. Jacoby und der Kameramann mit Personal bezogen Posten auf einem Floß im See.
Ich kann schwimmen, aber nicht besonders gut. Ich planschte also scheinbar vergnügt im tiefen Wasser. Dann wurde die Windmaschine angeworfen. Sie machte viel Lärm und noch mehr Wind. *Zuviel* Wind. Mein Atem blieb weg. Meine Arme hatten in den Wellen keine Kraft mehr. Ich wollte drunter weg tauchen, war aber völlig machtlos und bereits entkräftet.
»Hilfe«, schrie ich, »Hiiiiilfe! Hiiiiiilfe!«
Auf dem Floß, wie man mir später berichtete, sagten sie: »Das macht sie aber wirklich großartig. Richtig lebensecht.«
Sie standen ja außerhalb des künstlichen Sturms. Wieder einmal dachte ich: So muß dein Leben also enden. Wie schade.
Dem jungen Regieassistenten auf dem Floß, Cherie Kohler, dämmerte es plötzlich. »Die markiert gar nicht«, sagte er angesichts meiner merklich schwächer werdenden »schauspielerischen Leistung«.
Er sprang ins Wasser und schwamm in meine Richtung. Er war jung und sehr kräftig. Als er aber die Sturmzone erreichte, brüllte er: »Aufhören, aufhören!« Nun, Männer können eben lauter brüllen. Jetzt wurde das Ungetüm abgestellt. Wie eine kaputte Gummipuppe wurde ich an Land gebracht. Ich hatte einen Schock.
Man schleppte mich ins Haus, wickelte mich ein und pumpte mich voll Grog. Bis oben. Falls Sie je einmal in Seenot geraten sollten: Das hilft.
Am nächsten Abend gingen die Wasserspiele weiter.

Nach 1945 trat ich
or amerikanischen Sol-
aten in Österreich auf.

Theo Nordhaus »be-
eitete« mich viele
hre. ▷

Bei der Uraufführ-
ng des Operetten-
ns »Maske in Blau«,
52, den mein Mann
org Jacoby inszeniert
tte, war auch unsere
chter Gabriele dabei.

–44 Fotos aus zwei Jahrzehnten

nke Seite v. l. o. n. r. u.: »Heißes ut«, 1936; »Hallo Janine«, 1939; die ıte und die Böse in »Kora Terry«, 40; »Tanz mit dem Kaiser«, 1941; rau meiner Träume«, 1944.

chte Seite v. l. o. n. r. u.: »Kind r Donau«, 1950; »Kora Terry«, 40; in einer Fernsehshow der fünf- ger Jahre; »Nachts im Grünen Ka- du«, 1957; »Die Nacht vor der Pre- ere«, 1959.

45 Mit Rudolf Prack in meinem ersten Nachkriegsfilm »Fregola«, 1948.

46 Eine drei Meter lange Python war 1949 meine Partnerin in der Wiener Operette »Ah, Ninette«.

Nun mußte Viktor Staal stundenlang im kalten Wasser stehen. Ich schäkerte vom Ufer aus mit ihm. Laut Rolle hatte er mir zuzurufen: »Da lachen ja die Hühner!«, aber der Arme klapperte so furchtbar mit den Zähnen, daß es immer klang wie »Da kacken ja die Hühner«. Nun, das wurde später nachsynchronisiert.
Kein Tag verging »In einer Nacht im Mai«, an dem wir nicht gefroren hätten. Viktor Staal und ich hatten einen munteren Dialog zu führen, während wir auf einem Wassertretboot fuhren. Meine Garderobiere sah es mit Entsetzen. »Frau Rökk«, warnte sie in jeder Drehpause liebenswürdig, »hier holen Sie sich todsicher den Tod!« Und sie reichte mir ein weiteres Glas Grog. Das Befinden wurde dadurch zwar entschieden verbessert, doch die klare Aussprache leider gar nicht. Ich verhaspelte mich dauernd im Text.
Jacoby schimpfte: »Was redest du denn da?«
»Ganz schlechter Mai«, lallte ich, »ich hol mir noch den Tod!«
Jacoby blieb ungerührt: »Was redest du denn da?«
So sehr wie damals haben wir Atelieraufnahmen noch nie begrüßt.

# Spuren im Schnee

## *»Hab' mich lieb« und Sekt auf der Zugspitze*

»Hab' mich lieb« drehten wir zum Teil in 3000 Meter Höhe auf der Zugspitze. Wer soll da zärtliche Gefühle entwickeln, in der dünnen, kalten Luft?

Aber Schnee und Ski mußten sein. Fast alle hatten die Gletscherkrankheit. Ihre Gesichter waren aufgeschwollen, sehr deformiert. Die Garderobiere, die Techniker und Regisseur Harald Braun sahen alle aus wie Frankenstein.

Ich blieb wie durch ein Wunder verschont. Vielleicht schützte mich das dicke Make-up, das ich für die Kamera trug.

Ich bin eigentlich kein Bergmensch. Ich bin ein Pußtakind. Wenn ich im Film Abgründe sehe, wird mir schon mulmig. Wärme, Blumen, Ebene – das ist es, was ich mag.

Jeden Abend hatte ich Brechreiz und Schüttelfrost, aber der Höhenrausch verging bei einem Fläschchen Piccolo.

So ein Schlückchen Sekt bringt auch heute noch in den Pausen mein inneres Gleichgewicht in Ordnung.

Viktor Staal, ein echter Gebirgler, war geradezu widerlich gut beisammen. Er blühte förmlich auf wie ein Edelweiß. Das Wasser im Mai war ihm weniger bekommen. Wir hatten eine süße Liebesszene zu spielen, ich mit zersplittertem Ski.

Auch Fred, mein Mann, ist ein Typ, der sich in den Bergen herrlich wohlfühlt. Ich werde nervös, leide an Schlaflosigkeit und träume von Gegenden, in denen man den Horizont sehen kann.

Wenn ich bei »Hab' mich lieb« allerdings den Gletscherkranken in die zugeschwollenen Augen sah, war ich gleich relativ zufrieden.

# Mit Herz und Schmerz

## *Von den Dreharbeiten direkt ins Krankenhaus*

Bei den Dreharbeiten zu »Es war eine rauschende Ballnacht« hatte ich meinen Blinddarm noch. Aber er muckerte. Er machte mir das Leben sehr unangenehm. Für die lange Autofahrt von Babelsberg nach Tempelhof hatte man mir im Wagen ein Bettchen aufgebaut, darin lag ich wie in einem Krankentransport.

Zarah Leander, schon auf der Höhe ihrer Beliebtheit, war die Aristokratin Katharina, ich die Tänzerin Nastasja. Hans Stüwe verkörperte Tschaikowsky. Meine Rolle war interessant, wenn auch Zarah Leander den dominierenden Part hatte.

Mir ging's schlecht. Ich hatte Fieber, und wenn ich saß, wurde mir elend. Mit Ach und Krach schaffte ich den letzten Drehtag.

Da hatte ich auf einem Tisch zu tanzen und zu tanzen, Männer standen herum und klatschten, ich drehte bis zur völligen Erschöpfung, weil doch der Stüwe die Zarah liebte und nicht mich – laut Drehbuch.

Drehbuchgerecht sackte ich zusammen. Ich blieb gleich so. Sie brachten mich ins Krankenhaus, und dann ging's ruck-zuck. Der Regisseur des Filmes, Professor Froelich, schrieb mir »Ich wußte Bescheid. Danke, daß Sie durchgehalten haben!«

Nur die engsten Mitarbeiter hatten von meinen Schmerzen erfahren. Wozu auch? Es hätte ja doch nichts genützt.

Nach der Premiere trafen Zarah und ich im Künstlerklub zusammen. Wir kannten uns kaum. Unsere Rollen waren ja ganz getrennt voneinander, so hatte ich sie nur manchmal im Atelier sitzen sehen, eine schwere, ernste Frau, sehr majestätisch. Sie hatte eine äußerst stolze Haltung, und auch ihr Rollenfach war dramatisch.

Die Überraschung war vollkommen: Zarah hatte einen goldenen Humor. Ich entdeckte eine gescheite Frau, die es nicht nötig hatte, sich extra interessant zu machen.

Sie konnte herzlich lachen, und nicht nur über anderer Leute Sachen. Sie selber hatte Humor und war echt komisch.

Sie schien sehr ehrlich zu sein. Ich glaube, daß die Leander sagt, was sie denkt.

Ich fragte: »Bist du mit deinem Erfolg zufrieden?«

»Ja, das bin ich«, sagte sie, »aber mit dir spiele ich nicht wieder.«

Ich war entsetzt. »Was hab ich dir getan?«

»Du warst einfach zu gut«, röhrte sie. Wir lachten herzlich, Pat und Patachon, hell und dunkel.

Wir haben wirklich nie wieder zusammen gespielt.

# »Madame, Mann finito!«

## *Pech am laufenden Band bei der »Csárdásfürstin« – Alle Frauen lieben den Heesters*

Johannes Heesters und ich waren in schönen Filmen Partner. Wir ergänzten uns herrlich, und unser Publikum sah uns gern zusammen. Mit seinem brillanten Aussehen, seinem Charme und diesem gewissen Timbre in der Stimme nahm er alle für sich ein – besonders die Frauen. Er hatte etwas Strahlendes, doch war er in künstlerischer Hinsicht keineswegs ein Bruder Leichtfuß. Er war ehrgeizig, arbeitsam, zäh und gewissenhaft.

Wir standen auf geschwisterlich gutem Fuß miteinander – zwei Lausbuben, immer zu Albernheiten aufgelegt, mit unverwüstlichem Schwung begabt.

Nie habe ich erlebt, daß ein Mann ähnlich von Frauen vergöttert, ja verfolgt worden wäre. Mädchen schlichen sich heimlich in seine Garderobe. Als er in Unterhosen stand, purzelte einmal eins aus dem Schrank. Sie lauerten ihm auf, setzten sich in Szene und machten ihm Anträge. Nun, er konnte oft nicht nein sagen. Viele seiner Abenteuer wurden bekannt. Die von ihm Beglückten sorgten manchmal selber für die Verbreitung dieser triumphalen Siegesmeldung.

Aber er liebte seine Frau und seine Kinder über alles. So war »Jopie«. »Ich würde meine Frau niemals verlassen«, erklärte er nachdrücklich. Seine Frau war Soubrette gewesen. Sie verstand etwas vom Fach, und sie half ihrem Mann, diesem erlesenen Exemplar, bei seiner Karriere. Sie war seine Inspiration. Jopie Heesters, der Götterliebling auf den ersten Blick, neigte zu Niedergeschlagenheit. Er war empfindsam und sehr sentimental.

»Wenn mich solche Stimmungen packten«, sagte er zu mir, »hatte ich immer meine Frau zur Seite.«

Mein »Bruder Jopie« und ich hatten ein Problem miteinander: Ich war Tänzerin, er war Sänger. Beide waren wir Asse in unserem Fach.

Im »Bettelstudent« dominierte er. Ich hatte sogar nur die dritte Rolle. In »Gasparone« waren bereits meine Tanzszenen erheblich aufgestockt. Allmählich bekamen unsere gemeinsamen Filme immer mehr Revuecharakter, und in einer Revue hat nun einmal der tänzerische Part den längeren Atem.

Mit der Schlußsequenz riß ich immer das Publikum an mich, denn ich wirbelte über die Leinwand, während meinem Partner nur die »Zuguck-Rolle« vorbehalten blieb, vielleicht noch ein Schlußkuß in der Garderobe. Das Publikum verließ mit diesem Eindruck das Kino.

So merkte ich bei aller geschwisterlichen Verbundenheit schließlich gewisse Vorbehalte bei Jopie. Und Jacoby und ich verstanden es, als er uns eines Tages rigoros erklärte, er wolle nicht länger »Rökk-Filme«, sondern fortan lieber »Heesters-Filme« machen. Recht hatte er. Hatte er das nötig, die zweite Stimme zu übernehmen? Er ging zur »Tobis«, und der Erfolg gab ihm recht. Gleich sein erster Film war ein Hit.

Ich war traurig, daß er ging. Wir hatten viel Spaß miteinander gehabt. Und bei Außenaufnahmen brauchten wir nun keine Späher mehr auszuschicken, die in den

Kirchen der Umgebung nach ihm fahnden mußten. Denn Jopie war sehr gläubig und liebte Kirchen. Kaum kamen wir irgendwo an, ging er schon wie ein Jagdhund auf Kirchensuche.

Nach dem Krieg machten wir noch zwei Filme miteinander. Ich hatte mich aufrichtig gefreut, mit ihm zu spielen.

Wir hatten ein Schloß oben auf den Klippen für die Außenaufnahmen gemietet, und da muß wohl ein böser Geist residiert haben, der Filmleute speziell nicht riechen konnte, denn anders läßt sich die Kette von Kalamitäten, in die wir jetzt verwickelt wurden, einfach nicht erklären.

An den ersten Drehtagen hatte ich noch nichts zu tun. Ich langweilte mich erheblich und gab mein ganzes Diätengeld für reizende Pantöffelchen, schmucke Gürtel und andere Souvenirs aus. Schließlich ließ ich mich zum Schloß rauffahren. Und was sehe ich?

Georg Jacoby liegt im Park auf einer Marmorbank und führt so Regie. Er *liegt!*

»Georgy«, frage ich bange, »was ist denn los mit dir?« Es soll ja bei so enormer Hitze die schlimmsten Wirkungen aufs Gehirn geben.

»Frag mich nicht«, flüsterte er mit verhaltenem Atem, »wenn ich aufstehe, mach ich mir die Hose voll.« Er wollte nicht sagen, »ich scheiße mich voll«, weil er dazu zu vornehm war. Jedenfalls war Georgy, diese Wundernatur, mit einem üblen Brechdurchfall behaftet. Das war die erste Station.

Am nächsten Tag fielen gleich zwei Mädchen aus, die wichtige Rollen hatten. Diagnose: Fieber, Brechdurchfall.

Georg schleppte sich weiterhin schwach und bleich, nun selber einem Schloßgeist ähnlich, durch die

Prachtgemächer. Abends sagte Jopie Heesters zu mir: »Du, ich weiß eine Bucht, da können wir nackt baden.« Nun, ich war ja aufgeklärt, und Nacktbaden ist gesund. Wir zogen uns aus und gingen ins Wasser. Plötzlich schwabbelte irgend etwas um meinen Bauch herum. Waren es Algen? Oder Quallen? Ich schlug kräftig zu, genau auf einen kleinen Felsbrocken im Wasser, und Petri Heil, ich traf genau ein Seeigelchen, das darauf thronte. Gleich kehrte ich um. Gemeinsam zogen wir die Stacheln aus meiner Hand – keine sehr verführerische Situation, wie Sie sich denken können.

Ein Stachel blieb drin. Ich sagte später zu meiner Garderobiere: »Jettchen, hast du was zum Rauspulen?« Sie gab mir eine Sicherheitsnadel. Ich bin nicht ängstlich. Bei mir heilt alles wahnsinnig schnell. Manchmal, nach irgendwelchen Verletzungen, konnten die Ärzte die Fäden gar nicht so schnell ziehen, wie es heilte.

Wir gingen noch in ein kleines Lokal mit Lampions und Folklore, aber ich fühlte mich gar nicht gut. Nachts tat die Hand sehr weh.

Morgens schminkte mich mein Maskenbildner, und das war ein schlechtes Zeichen, denn sonst schminke ich mich allein. Im Bus, der uns zum Drehort bringen sollte, saß ich neben Walter Müller, und wenn uns auch der Bus schon ziemlich rüttelte, so war das gar nichts gegen den Schüttelfrost, den ich persönlich fabrizierte.

Sie wickelten mir das Tuch von der Hand, und da sahen wir die Bescherung: Ein roter Strich lief vom Finger bis über den Ellenbogen. Mir wurde schlecht. Der Produktionsleiter brüllte verwirrt: »Um Gottes willen, Frau Rökk hat Rotlauf!«

Alle Mann suchten nach einem Arzt. Wir entdeckten

eine Praxis im übernächsten Dorf – eine Tierarztpraxis, leider. Aber uns wurde beruhigend versichert, der Herr Doktor behandele auch Menschen, wenn nötig. Er war allerdings im Nachbardorf bei der Geburt eines Kalbes. Ein Gendarm mit Motorrad, echter Freund und Helfer, holte ihn, wir gingen in sein »Labor«, und er gab mir eine riesige Penicillin-Spritze – er hatte wohl nur welche für Pferde am Lager. Zwei Mann hielten mich fest. Bei Spritzen bin ich feige. Nun galt das Motto: »Sterben oder gesund werden.«
Wir fuhren zum Drehort – 600 Meter hoch, Blick auf den Ätna. Der Arzt wollte in drei Stunden nach mir sehen. Vorerst mußte er zum Kalb zurück.
Fast ohnmächtig, wurde ich die letzten Meter getragen. Jacoby war stinksauer. Die ganze köstliche Beleuchtung in der Morgenfrühe war schon im Eimer, und er hatte gewartet und gewartet. Jetzt erschrak er natürlich sehr. Es war wie bei diesen Liedern, in denen immer einer versichert, daß alles in Butter ist, und ständig passieren neue Katastrophen.
Walter Müller und ich hatten eine Szene auf Mauleseln. Ich konnte schwer greifen, das Tier war störrisch, und es war mörderisch heiß. Wie gnadenlos: Nur Kakteen und Schlangen. Ich war froh, als ich mich ein Weilchen unter den einzigen Sonnenschirm setzen konnte.
Walter Müller mußte noch ein Stückchen allein reiten, jedoch hatte sein Maultier offenbar die Schnauze voll vom Filmbetrieb. Es stoppte und stand, unwiderruflich, trotz aller Bemühungen. Nach einer halben Stunde legte Müller ergeben die Hände in den Schoß. Da machte das liebe Tier überraschend einen Satz, er fiel herunter, der Esel rächte sich bitter für sein Ungemach. Er schlug Walter in die empfindlichste Stelle.

Ein paar Sekunden lang fürchtete er für seine Männlichkeit. Dann fiel er in Ohnmacht.

Ich hatte den Vorfall gar nicht erfaßt. Ich sah mich um, da trugen drei Arbeiter den armen Müller davon: Einer zu Häupten, zwei zu Füßen. Sein Kopf baumelte, und sie riefen mir fröhlich zu:

»Madame, Mann finito, kaputto!«

Ich dachte: Jesses Maria, er ist gestorben. Jacoby: Schissadores. Zwei Mädchen: Fieber. Ich: Blutvergiftung. Müller: Tot.

Na, er kam wieder zu sich. Wir waren recht deprimiert. Nur Jopie Heesters ging's gut. Noch!

Jopie und ich mußten eine Liebesszene zu Pferde spielen – das Letzte, ehrlich! Man muß auf das Tier achten, daß es im richtigen Winkel zur Kamera geht, muß den Dialog passend einrichten und auch noch zärtlichen Schmelz in die Mienen legen. Vor dem Mittagessen glückte uns das nicht mehr.

Wir aßen immer Weißbrot und Schinken und tranken Rotwein dazu. So im Freien eingenommen, war dieses primitive Mahl sehr reizvoll.

Plötzlich sprang Jacoby auf, schrie und wimmerte mit offenem Munde, trippelte umher und warf die Arme gen Himmel. Wir dachten, er wolle etwas zur Verbesserung der Stimmung beisteuern und lachten pflichtschuldigst. Aber er trippelte und wimmerte weiter.

»Genug, Georg«, sagte ich beruhigend.

»Wesche, Wesche!« nuschelte er. Lieber Himmel. Eine Wespe hatte ihn in die Zunge gestochen. Wir holten den Tierarzt. Ich goß Georg inzwischen Rotwein in den Mund. Mit Alkohol habe ich immer gute Resultate erzielt. Der Arzt brachte einen Ziegelstein mit und zog Georgs Zunge weit heraus. Nie habe ich gewußt, daß eine Zunge so lang ist. Georg wollte offensichtlich protestieren, doch konnte er ja nicht. Der Arzt hatte, wie gesagt, seine Zunge in der Hand, rubbelte nun mit dem Stein darüber, bis Blut kam und schüttete etwas Flüssigkeit darüber. Ein altes Hausmittel, wie wir erfuhren.

Nun sollen ja auch Urwaldmenschen bereits Schädeloperationen ohne Narkose durchgeführt haben, aber zivilisierte Menschen sind eben total verweichlicht.

Trotzdem führte Georg weiter Regie – leidend und überwiegend still. Wenn er aber sprach, fanden wir das äußerst komisch. »Dämlische Geschellschaft«, schimpfte er. Wir lachten uns kaputt. Wie gemein.

Am letzten Drehtag hatten wir alle ehrlich die Nase voll. Wir mochten auch keinen Schinken mehr. Wir aßen Früchte und tranken Rotwein.

Jopie hatte noch eine Reitszene zu absolvieren. Da scheute sein Pferd. Er stürzte und zerschlug sein Schienbein an einer Steinmauer. Er zog den Stiefel gar nicht erst aus.

»Ist kaputt, das Bein«, knirschte er. »Ich krieg den Stiefel niemals wieder an.«

Er hielt bis zum Abend durch, blaß, mit rinnendem Schweiß, Gesicht wie eine Maske. Und nach den Dreharbeiten mußte er mit seinem kaputten Bein auch noch ein Bad nehmen. Er meinte, Salzwasser sei geradezu ein Wundermittel, was die heilende Wirkung anbelange. Hier irrte Jopie.

Der arme Mensch mußte in Hamburg drei Wochen lang fest liegen. Das Bein war vereitert, der Knochen angeschlagen. Verschärfend für seine Qualen wirkte die Tatsache, daß wir inzwischen im Bentesdorfer Atelier munter weiterdrehten.

»Macht mir meine Rolle nicht kaputt«, flehte er. Er war einem seelischen Zusammenbruch nahe.

Viel zu früh rappelte er sich hoch – es half nichts, die Dreharbeiten mußten abgeschlossen werden, in diesem Metier gibt es kein Mitleid. So thronte ich eines Drehtages auf dem Sofa. Wir starteten unser großes Liebesduett. Jopie stand hinter dem Möbel und beugte sich zärtlich über mich. Dabei sangen wir aus voller Kehle: »Weißt du es noch?«
Die Aufnahme war im Kasten. Ich erhob mich. Jopie jedoch blieb in seiner unnatürlichen Haltung stehen.
»Jopie, ist aus!« rief ich. »Kannst hochkommen!«
»Ich kann nicht«, quetschte er hervor. »Hab Hexenschuß, aua!«
Wir wuchteten ihn gerade. Bei der Wiederholung beugte er sich dann nur ganz vorsichtig herunter.
Danach nahmen wir den großen Walzer auf. Jopie und ich schwebten übers Parkett. Er war wie ein Sturmfalke mit seinem verletzten Bein und seinem Schuß von der Hexe – vielleicht war auch der rachsüchtige Schloßgeist mitgereist. Jopie tanzte und schmetterte die Melodie, er lächelte schmelzend und seine Augen strahlten. Er war so charmant und unwiderstehlich, wie ihn sich seine Verehrerinnen wünschten. Wenn das Publikum manchmal wüßte, was alles dahintersteckt ...
Unsere Laune bei diesen Innenaufnahmen war allgemein im Keller. Meine litt noch besonders unter der Tatsache, daß Jacoby eine hübsche, kleine Freundin in der Nähe einquartiert hatte. Ich hatte zwar kein Recht dazu, aber ich war mal wieder rasend eifersüchtig. Unter dem Motto »Schwierig sein!« trug ich nicht gerade zur Verbesserung des Klimas bei.
Doch, o Wunder, der Film wurde fertig. Jacoby hatte allerdings schon eine kräftige Aversion gegen ihn gefaßt. Er schwärmte herausfordernd von der »Csárdás-

fürstin«, die er früher mit Marta Eggerth, Hans Söhnker, Paul Kemp und Paul Hörbiger gemacht hatte. Ich hatte ausgerechnet diesen Film seinerzeit mit meinen Eltern in Wien gesehen, und es war das erstemal gewesen, daß ich auf einen Regisseursnamen achtete. Georg Jacoby.

Wie auch immer – unsere »Csárdásfürstin« spielte sehr viel Geld ein. Und eine charmante Aufwertung erfuhr die Titelrollendarstellerin, Rökk-Marika, erheblich später. Da hatte der Komponist, der es ja schließlich wissen mußte, den Film in Bad Ischl gesehen. Emmerich Kálmán telegrafierte mir:

»So habe ich mir meine Csárdásfürstin immer vorgestellt. Danke.«

Ich war irrsinnig stolz. Natürlich hatte bei mir die Betonung besonders auf »Csárdás« gelegen. Das einzige Mal in meinem Leben sang ich nicht ausschließlich selbst. Ich hatte für die schwierigsten Stellen dieser schwierigen Partie ein sehr geschicktes »Stimm-Double«, eine Sängerin, die meinen Akzent genau studiert hatte. Sie sprang und sang ein, wenn's brenzlich wurde.

Ansonsten ist nach diesen Dreharbeiten wohl unbedingt eine Binsenweisheit fällig: Ende gut, alles gut!

# Locken in Kanariengelb

## *Der erste Farbfilm: »Frauen sind doch bessere Diplomaten« – Willy Fritsch in Nöten*

Wir nannten ihn den »Film, der nie zu Ende geht«. Es sollte der erste deutsche Großfarbfilm werden: »Frauen sind doch bessere Diplomaten.« Jacoby inszenierte, Willy Fritsch war mein Partner. Die Techniker bastelten immer noch an der Verbesserung der Farbfilmmethode, während wir schon tapfer drehten.

Licht, Licht und nochmals Licht brauchte dieser Schöpfungsakt. Wir wurden ausgeleuchtet wie eine Burgruine zur touristischen Hochsaison.

Schön schauten wir aus. Fast sämtliche Darsteller hatten Bindehautentzündung, und ich plierte sinnlich wie eine Haremsdame.

Jacoby sagte: »Du, diese neue Tour mit den Boudoirblicken steht dir aber gar nicht. Wo hast du dir das bloß angewöhnt?«

Wir bekamen alle dunkle Sonnenbrillen, die trugen wir, verfremdete Biedermeierfiguren, bis die Klappe fiel. Dann steckten wir sie eilig in Dekolletés, Röcke oder Hosen. Eingeweihte konnten nachher den kleinen Brillenhückel entdecken.

Meine herrlich roten, angesteckten Stocklocken nahmen im Laufe der Woche den markanten Ton eines Kanarienvogels an, während meine echten Haare we-

niger unter dem Licht litten. So war jeden Sonnabend Stocklockenfärbetag.
Wenn wir dachten, wir hätten nun eine Szene glücklich im Kasten, kam bestimmt irgendein widerlich begabter Techniker auf eine Verbesserungsidee. Wir wiederholten.
Bei Babelsberg stand ein altes Schloß. Eine herrlich grüne Wiese lag davor. Wir waren hingerissen. Ich tanzte einen Spitzentanz auf dem Gras und holte mir bei den Pirouetten prompt blutige Füße.
Auf der Wiese drehten wir auch unseren großen Clou: »Einen Walzer für dich und für mich«. Im Freien, mal etwas anderes. Und diese Farben! Erwartungsvoll sahen wir uns die Kopie an. Die Wiese war gelb wie eine Butterblume.
Dann wurde umkopiert und umkopiert, bis schließlich ein schwächliches Grün herauskam. Dem Publikum hat der Walzer nachher trotzdem sehr gefallen, aber wir sahen allmählich rot.
Schminke wurde an mir ausprobiert. Mal trug ich den Teint mausgrau, mal mehr chinesenfarben, plötzlich wurde ich als Wasserleiche zurechtgemacht – es gehörte schon viel Selbstvertrauen dazu, flüchtige Blicke in den Spiegel zu überstehen.
Eine Wohltat war es dabei, Willy Fritsch als Partner zu haben. Er war lieb und gemütlich und überhaupt nicht neidisch auf meine Revuekünste. In den Pausen erzählte er von seiner Familie. Fuhr er doch einmal mit Michael – Sohn Thomas war noch nicht geboren – in der Straßenbahn. Das herzige Kind klappert mit einem Aschenbecherdeckel, beugt sich vor, schnuppert. Klappert.
Die Leute lächeln – wie Leute, die halt die Eltern kennen. Willy Fritsch kennt schließlich jeder.

»Laß das, Michael, sieh mal, die Leute gucken alle schon«, mahnte er.
Michael schnuppert noch einmal und trompetet dann: »Du, Papa, das riecht aber wie Scheiße!« An der nächsten Station stiegen Vater und Sohn um.
Komisch, die Fritsch-Geschichten sind alle nicht wohlriechend. Bei einer Party im Hause Fritsch wurde Michael den Gästen vorgestellt. Er verbeugte sich und machte dabei einen Pups. Seine Mutter, die elegante, zarte Dinah Grace, scherzte: »Hör mal, kleine Jungens, die pupsen, kommen aber nicht in den Himmel und werden gar kein Engelein.«
Michael überlegte. »Mutti, dann wirst du aber auch kein Engelein, so laut, wie du heut im Badezimmer gefurzt hast.«
Und um gleich beim Thema zu bleiben: Mit Adele Sandrock hatte Fritsch in dem Film »Amphitryon« gespielt. Die herrliche alte Dame war schon ziemlich betagt, und während Fritsch hinter ihr eine lange Treppe hinabschreiten mußte, entfuhren ihr mehrmals kleine Mißgeschicke. Fritsch spaßte: »Gnädige Frau, eine Dame bläst einem Gentleman aber nicht ihre Winde ins Gesicht.«
Da dröhnte die Sandrock:
»Junger Mann, ein *Gentleman* hätte das gar nicht bemerkt!«
Willy Fritsch liebte seine Frau sehr innig. Sie war eine Persönlichkeit. Bildschön, goldig, sehr empfindsam, ein Magnet für Männer.
Willy Fritsch hat einmal von ihr geschrieben: »Sie war mit niemandem zu vergleichen.« Das stimmt. Sie war einmalig.
»Wenn der Film vorbei ist, ist auch der Krieg vorüber«, hieß der zuversichtliche Ateliersloga n. Es sah aller-

dings so aus, als sollte dieser Film endlos gedreht werden.
Endlich hatten wir abgedreht, fuhren mit verschwollenen Augen und zitternden Nerven in Urlaub, verstreuten uns in alle Winde – da wurde das gesamte Team zurückgepfiffen.
Grund: Der Darsteller des Adjutanten von Willy Fritsch, Herr Stephanek, war nach London gegangen und hatte im Rundfunk gegen Hitler gesprochen. Da durfte er im deutschen Film nicht mehr Adjutant sein. Stephanek war immer still, immer deprimiert gewesen. Er sprach kaum mit uns, war sehr zurückhaltend. Vielleicht hatte seine Niedergeschlagenheit politische Gründe.
Seine Rolle war nicht eigentlich groß gewesen, aber als Adjutant klebte er doch ständig stumm am Fritsch. Also: Alles noch einmal drehen. Servus.
Erich Fiedler übernahm die Rolle. Er brachte sie sehr lustig und profiliert. Die Techniker hatten inzwischen nicht auf ihren gelben Lorbeeren geruht. Sie hatten das Verfahren tatsächlich inzwischen wesentlich verbessert. Als wir wiederum die letzte Szene drehten, gab es deshalb nur eine Meinung: Jetzt müßten wir eigentlich noch einmal von vorn anfangen.

# Kaiserwalzer

## *Majestät Axel von Ambesser, Fritz Muliar als Buffo*

Gern denke ich an Kaiser Axel I.: In »Tanz mit dem Kaiser« war Axel von Ambesser die Majestät. Wolf Albach-Retty war sein Adjutant. Mit Ambesser machte die Zusammenarbeit Vergnügen. Ihm selber merkte man den Spaß deutlich an, er hatte eine wohltuende Ausstrahlung, und ich freute mich auf die Szenen mit ihm.

Er gab mir schauspielerisch so viel, ich wurde besser, denn man wächst mit seinem Gegenspieler. Ist er schwach, fühlt man Unsicherheit. Allein kann man nicht Theater spielen.

Ambesser wirkte wie ein Kater in der Sonne, freundlich schnurrend, in sich selbst ruhend. Er hatte die sanfte Höflichkeit der Selbstbewußten.

Tanzen mochte er nicht. Wenn Majestät auch nur ein paarmal hatten rumwalzen müssen, sah man sie mit laut genüßlichem »Aaahh« die kaiserlichen, blanken Botten von den Füßen zerren. Ermattet legte er die Tanzbeine wider Willen auf einen zweiten Stuhl, atmete tief durch, als hätte er soeben das große Sportabzeichen im ersten Anlauf errungen, lüftete die Socken.

Kein kaiserlicher Anblick, aber sehr rührend. Ich

mochte ihn wirklich, brauchte mir auch gar nichts vorzuschummeln. Leichte Antipathien habe ich nämlich von jeher übersehen. Ich brauche Harmonie.
Bei Kußszenen hätte es schwierig werden können, aber zum Glück hatte ich nette Partner. Und für das, was damals Liebesszenen hieß, reichte die Sympathie allemal.
Beim Stichwort Sympathie möchte ich noch ausdrücklich Rudolf Platte und Rudolf Carl erwähnen. Wie oft waren wir indirekte Partner, wie wichtig waren sie für diese Filme. Ebenso wie Ursula Herking und Lucie Englisch waren sie in jeder Rolle groß da, Publikumslieblinge, Anheizer der Stimmung, in Nuancen treffsicher.
Nach dem Krieg spielte ich mit Wolf Albach-Retty das Originalstück unter dem Titel »Eine Nacht mit dem Kaiser« im Wiener Raimund-Theater bei Professor Rudolf Marik. Mit Wonne konnte ich registrieren, daß Albach-Retty auch ein sehr gewandter Bühnendarsteller war, das ist ja bei einem Filmschauspieler keineswegs immer der Fall.
Professor Friedrich Schreyvogel, der das Drehbuch für den Film geschrieben hatte, entwarf zusammen mit Jacoby unsere Bühnenfassung. Ursprünglich war der Titel »Die Nacht in Siebenbürgen«. In Berlin war es erfolgreich. Ida Wüst spielte die Kaiserin.
Wir hatten aus Film und Stück die wirksamsten Sachen genommen, auch Franz Grothes Schlager »So schön wie heut, so müßt es bleiben« und »Frühling in Wien«.
Wir machten keine typischen Revueszenen, sondern entwickelten die Tanznummern aus der Handlung, so tanzten die Edlen, die Magnaten, zur Eröffnung beim Kaisergeburtstag Palotás, eine ungarische Polonaise.
Elisabeth Markus saß als Kaiserin auf dem provisori-

schen Thron und strickte bei den Proben – eine sehr, sehr lange Stola. Guido Wieland war ihr Kaiser in Wien und führte feinsinnig Regie. Als Buffo tänzelte Fritz Muliar.
Ich sagte: »Wenn du tanzen könntest, wärst du unbezahlbar.« Das war ein Irrtum. Er war auch ohne Tanzbeine unbezahlbar.

# Fromans Frack

*»Frau meiner Träume« im Winter 43/44 – Meine schwierige Schwangerschaft*

Es waren miese Zeiten 1943/44. Immer hatten wir ein bißchen Hunger, Leckeres war selten. Wir drehten »Frau meiner Träume« – und natürlich mußte ich wieder ins Gebirge, wieder so hoch da droben. Wir drehten in den Obertauern.

Aber Trost war nahe – in Gestalt von Frau Jasny, unserer netten, fürsorglichen, lebhaften Wirtin, die das »Hotel zur Post« in Radstadt befehligte, in dem wir wohnten. Frau Dr. Jasny liebte Künstler und verwöhnte uns. Sie hamsterte und kochte und kümmerte sich, besorgte Weinchen und spendete Zuspruch.

»Wenn es bei Ihnen zu schlimm wird, kommen Sie zu uns. Hier bombardiert keiner«, bot sie mir an. Ich dankte ihr, und ich behielt es, obwohl ich dachte: *Nie* wirst du wieder hierherkommen.

Wolfgang Lukschy und Walter Müller waren meine Partner. Mit Lukschy spielte ich das erstemal. Er machte immer einen zufriedenen Eindruck, saß gern mit der Zeitung in der Ecke, gewiß kein Schwätzer, ruhig und gemessen ausdauernd beim Essen.

Als ich kürzlich in Berlin im Theater des Westens »Hallo, Dolly« spielte, war er wieder mein Partner. Und siehe: Er hatte sich eigentlich gar nicht verändert.

Nur mit einem überraschte er mich doch: Er sang aus voller Kehle, als ob sein Vater der berühmte Wandersmann gewesen wäre und er schon in der Wiege gesungen hätte. In »Frau meiner Träume« und in »Hallo, Dolly« hatte er einen Frauenmuffel zu spielen, aber man braucht nur in seine freundlichen blauen Augen zu gucken, dann weiß man es besser.

Irgendwann ging unsere Zeit unter Frau Jasnys Fittichen zu Ende. Wir rückten im Atelier an. Mir war schlecht. Ich hatte Magenschmerzen – wie ein starkes Hungergefühl, aber wenn ich aß, kam es retour. Frau Grabowsky kochte Pfefferminztee. Er und ein paar gute Worte hatten mich eigentlich immer wieder auf die Beine gebracht.

Diesmal nicht. Mir war auch schwindlig, und meine Stimmung raste wie ein wildgewordenes Barometer rauf und runter.

Plötzlich wußte ich, was mir fehlte. Äpfel!

»Frau Grabowsky, könnten Sie nicht vielleicht ein Stückchen Apfel auftreiben?« bat ich.

Sie sah mich fasziniert an: »Äpfel?! Aber Äpfel sind Ihnen doch nie bekommen?«

»Diesmal muß es Apfel sein«, jammerte ich, »ich fühl's.«

Frau Grabowsky betrachtete mich mit einem langen, forschenden Blick. Allmählich glomm ein Fünkchen darin auf. Sie sagte nichts. Sie besorgte Äpfel.

Ich stürzte mich darauf, mampfte, kaute, biß. Herrlich. Aber besser wurde mir nicht.

Jacoby sagte: »Wir bleiben am Wochenende mal zu Hause. Ich mache dir eine kleine Bowle.« Bowlen waren seine Spezialität. Ich mochte sie besonders gern. Als er jedoch mit dem Sekt kam, mußte ich mich prompt übergeben.

Ja, ich war schwanger. Täglich neun Monate lang übergab ich mich, fühlte ich mich zerschmettert. Keiner durfte mit Alkohol in meine Nähe kommen. Meine Augen bekamen rote Äderchen – eine kleine Katastrophe bei einem Farbfilm.
Ich war ahnungslos gewesen. Wer achtet schon auf seinen »Kalender«? Außerdem hatten wir uns all die Jahre ein Kindchen gewünscht, und ich hatte mich in der Budapester »Semmelweis-Klinik« untersuchen lassen. Die sagten: »Ja, bei Tänzerinnen ist es schwierig. Eine kleine Operation müßte gemacht werden.«
Ich dachte: Machst du »Frau meiner Träume« und läßt dich dann gleich operieren. Nun war's nicht mehr nötig.
Zuerst empfand ich Schreck bei der Nachricht, überlegte: In diesen Zeiten, immer im Bunker, leerer Kühlschrank – armes Kriegskind! Jacoby bekam große Augen. Er war hingerissen. Und ich dachte schließlich: Wenn's uns nicht erwischt, kommt das Kindchen schon durch. Sonst sind wir beide weg. Ich begann, mich zu freuen.
Geheiratet hatten wir inzwischen. Mitten in den Dreharbeiten zu »Kora Terry« hatte ich mein weißes Seidenkleid aus dem Salon Annemarie Heise angelegt, einen weißen Turban übergestülpt und war mit Georgy losgerast. Es war ein Sonnabend nachmittag, da hatten wir drehfrei. Georgy dachte praktisch.
Ein Standesamt in der Nähe der Babelsberger Studios erklärte sich ausnahmsweise zu Überstunden bereit. Produktionsleiter Max Pfeiffer und Georgs Rechtsanwalt, Herr Heffner, waren eingeweiht – als Trauzeugen. Sonst niemand. *Dachten* wir.
Draußen stand eine Menschenmenge. Regieassistent Jerry Kobler hatte eine Kamera aufgebaut. Irgend je-

mand mußte gequatscht haben, da gab's doch was zu sehen, und mit der typischen Neugierde des Berliners hatten sich sicher viele dazugesellt. Wo einer kiekt, muß es ja was zu kieken geben.
Aus war das Märchen von unserer Schiffsheirat bei »Und du, mein Schatz, fährst mit«, das wir immer schweigend gefördert hatten. Jerry Kobler lud später feixend zur Vorführung des »Hochzeitsstreifens« ein.

*Treppenstufen, Kamera auf Füßchen gerichtet, weiße Schuhchen, Tänzerinnenbeine, nehmen zwei Stufen auf einmal, drohen förmlich in Spagat zu fallen, sausen gen Trauungssaal, allein. Der Bräutigam wahrt Würde, schreitet für zwei, beide verschwinden nacheinander.*
*Schnitt – wie im Stummfilm: Braut trippelt aus der Tür, winkt hastig, schlenkert lila Orchideen vage in Richtung Zuschauer, springt leichtfüßig Stufen hinunter: Marke Treppenstar, total überarbeitet, supernervös, klimageschwächt – wieder allein.*
*Bräutigam nimmt Gratulationen entgegen, folgt gesetzt, während die Füße huschen. Kamera bleibt wartend auf gleicher Höhe stehen. Händchen in weißen Handschuhen klatscht roh den Orchideenstrauß gegen den Schenkel. Füßchen stampft heftig auf. Man hört's ja förmlich: »Georgy, bitte, komm endlich!«*

Was mögen die Zugucker und Verehrer von dieser Braut gedacht haben? Sicher fanden sie: Der *arme* Mann. Aber gerade daß er langsam gehen konnte, wenn ich rannte, war eine seiner Stärken. Wir kamen letztlich trotzdem immer gleichzeitig an.

Fest steht, daß ich bei »Frau meiner Träume« gar keine »Traumfrau« mehr war. Aber was half's: Ich spielte eine.

Der Schluß der großen Revueszene war ein Walzer. Bei Walzerklängen wurde immer besonders aufgedreht. Engelchen mit Goldhaaren strichen Harfen, Wolken wogten – zuerst natürlich immer im falschen Moment. Solche Szenen gingen nicht ohne etliche Proben und Wiederholungen.

Mir war schlecht – mal wieder. Mein Partner Valentin Froman, ein schöner Weißrusse, kam ins Atelier. Er war ein sehr guter, sehr ehrgeiziger Tänzer – später ging er nach Amerika. Für diese Galaszene hatte er sich extra in seinen eigenen Frack geworfen, weil die studioeigenen Fräcke eben doch nicht das Nonplusultra an Eleganz darstellten.

Ich steckte mit meinem kleinen Bäuchlein in einem weißen Tüllkleid. Wir waren ohne Frage ein attraktives Paar. Froman klopfte sich stolz auf die Hemdbrust: »Hab ich alles bereits bezahlt«, strahlte er, »ein schönes Stück Geld!«

»Hat sich aber gelohnt«, versicherte ich. Er legte noch ein paar Kilowatt zu. Wir probten. Ich wurde möglichst geschont. Bei der Generalprobe wurde es ernst. Zum Schluß hievte Froman mich auf die Schulter, die Wolken waberten und waberten, und wir beide drehten in den Himmel hinein – bis in den siebenten. Diesen Eindruck hatte ich jedenfalls. Mein Magen machte sich selbständig, hüpfte auf und nieder. Ich schnappte in die Dampfwolken wie ein Fisch in einen schönen Sommertag.

»Setz mich ab, ich muß brechen«, gurgelte ich.

Froman schrie: »Mein Frack!«, dachte ans bitter Ersparte, und nun alles perdu. Er geriet in Panik und raste los mit

mir. Die Wolken waren vorschriftsmäßig eingetroffen, nicht zu dick und nicht zu dünn, Froman durchschnitt sie wie ein Pfeil.
An Abspringen war gar nicht zu denken. Auch umklammerte er meine Schenkel eisern. »Halt's an!« blökte er, rannte mit mir durch ein Atelier, durch das nächste, direkt bis aufs Örtchen. Drei Herren drehten sich um. Sie hatten durchaus das Recht, hier zu sein, es war ein Herrenklo.
Mir war das schnuppe-Wurscht. Froman ließ mich elegant von den Schultern gleiten. Endlich. Die Herren, echte Gentlemen, rasten hinaus, wie sie waren. Gentlemen leiden schweigend. Auf jeden Fall waren sie viel erschrockener als ich, Ehrenwort.
Mir war die Wimperntusche zerlaufen, gekämmt mußte ich noch einmal werden, das Make-up mußte erneuert werden. Der Frack war gerettet.
Froman nahm mich erneut auf die Schultern. Mir war jetzt leichter. Die Wolken kamen richtig, nicht zu dick und nicht zu dünn, die Engelchen harften, was das Zeug hielt, und Froman tanzte in untadeliger Eleganz mit mir in den Himmel hinein ... Im Frack seiner Träume.

# Geliebte Gabika

## *Meine Tochter und ich – Eine Mutter macht immer Fehler*

Eines Nachts weckte mich Jacoby und sagte: »Du, ich habe einen Namen für das Kind. Eben ist er mir eingefallen.«
Ich dachte: Na, Servus! »Sag ihn mal«, verlangte ich. Argwöhnisch. Wenn Männer sich schon Namen ausdenken . . .
Er sagte: »Gabriele.«
Das war er, der Name. Ich wußte sofort: Sie würde Gabriele heißen. Ein Mädchen sollte es unbedingt werden. Mädchen, dachte ich, sind anhänglicher, ein Junge geht aus dem Haus und ist fort. Ein Mädchen hängt immer an der Mutter, berät sich mit ihr, ist anschmiegsamer.
Gabi war nicht so. Ich sehne mich nach Zärtlichkeit. Sie ist kühler, beherrschter, damenhaft. Ihre Aufrichtigkeit steht außer Zweifel. Auf ihre distanzierte Art ist sie sehr wohl in der Lage, Freunde zu gewinnen. Sie hat ihre Anlagen kultiviert.
Sie ist eine Ästhetin. Sauberkeit geht ihr über alles. Wenn ich früher anrief, hieß es meist: »Einen Moment, ich rufe sie.«
»Was macht sie denn gerade?«
»Sie wäscht.«

»Kind, du wäschst ja alles kaputt«, habe ich manchmal zu ihr gesagt. Sie ist Wahrheitsfanatikerin und Sauberkeitsspezialistin. Beide Anlagen waren natürlich beim Kind schon ausgeprägt.
Einmal gingen wir in Badgastein über einen Steg. Gabi war noch ein Zwerg. Vor uns ging eine Frau mit einem großen Loch im Strumpf und mit abgerissenem Rocksaum. Gabi kniff die Augen zusammen, nahm sozusagen Maß, und brüllte: »Die Tante hat ein Loch! Pfui, Tante! Pfui, Tante!«
Ich zischte: »Pschscht!«
»Na schau, der Strumpf, der Rock«, erklärte mir Gabi – diesmal zum Glück auf ungarisch, aber sie ließ gleich noch ein kräftiges deutsches »Pfui, Tante!« los.
Die durchlöcherte Dame drehte sich um und sagte: »Meinst du etwa mich?«
»Ja, Tante«, trompetete Gabi mit Bekennermut.
Die Lady wandte sich hoheitsvoll an mich: »Ich würde mein Kind besser erziehen!«
Schlimm für mich war Gabis Wahrheitsliebe. Wenn ich eingeladen bin, erzähle ich gern, und ich freue mich, wenn es meinen Zuhörern Spaß macht. Ich spitze also die Pointen ein bißchen zu, lasse unnötigen Ballast weg. Meine Leser wissen, was ich meine. Ich lüge nie – Papa hatte uns gelehrt: Lügen ist Verdorbenheit. Aber, sagen wir, ich färbe ein bißchen, und das ist eine Sache der Phantasie.
War ich nun zusammen mit meinem reizenden Töchterchen eingeladen und so richtig schön im Fluß der Rede, plärrte Gabika plötzlich dazwischen: »Nein, Mama, das war *nicht* so. Es hat auch *nicht* geregnet. Wir haben gar nicht gleich ein Auto genommen, wir sind erst die ganze Straße lang gegangen, *dann* hast du erst das Auto genommen.«

Das ging mir entsetzlich auf die Nerven. Eines Tages – Gabi war wohl fünf Jahre alt – waren wir wieder eingeladen. Ich flehte: »Schau, Gabi, wenn Mutti was erzählt, dann sag nicht immer: ›Das war nicht so.‹«
Nun, wir bekamen Kuchen, Gabi Schokolade. Sie sah süß aus, hatte ein schönes Kleidchen an, ein nettes Schleifchen im Haar. Die Gastgeberin sagte: »Na, mein Kind, gefällt's dir auch? Du sagst ja gar nichts. Ein hübsches Kleidchen hast du an. Ist es neu?«
Gabi schwieg eisern. Sie konnte exzellent trotzig schauen, mit niedergeschlagenen Augen, was die langen Wimpern gut zur Geltung brachte, und mit herabgezogenen Mundwinkeln.
»Spricht sie denn immer so wenig?« fragte mich die Dame.
Ich schüttelte ahnungslos den Kopf. »Nein, sonst spricht sie.«
Die Dame: »Warum schweigst du denn bei mir?«
Brummte Gabi: »Mutti sagt, ich soll nicht immer hineinreden, wenn sie lügt!«
Ja, meine Gabika . . .
Sie hatte geschickte Händchen, das genaue Gegenteil von mir. Ich bringe nichts zustande. »Mit meiner Hände Arbeit« hätte ich mein Brot gewiß nicht verdienen können.
Gabi stickte schon ihre eigenen Lätzchen, bevor sie zur Schule kam. Meine Mutter hatte es ihr gezeigt. Sie war im vierten Lebensjahr, als ich sie meinen Eltern übergab. Sie wuchs vornehmlich bei der Großmutter auf. Ich war die Tante und ein kleiner Weihnachtsmann. Aber ich mußte arbeiten, verdienen, weitermachen. Mein Beruf ist auch Besessenheit. Einmal war ich sechs Monate auf Tournee gewesen. Dann kam ich nach Hause. Ich klingelte.

Gabi war im Garten. Sie sah mich und erkannte mich nicht mehr. »Schau, Omama, eine Tante ist da!« rief sie ins Haus.
»Aber Pippikem«, rief ich mit Tränen in den Augen. Da kam sie auf ihren kleinen Füßchen angetrippelt. Sie war als Kind das Gegenteil von mir. Aber ich hatte auch Nestwärme gehabt, Eltern, die immer um mich herum waren, zu denen ich ins Bett kriechen konnte, die mich kitzelten, küßten.
Als ich schon sechzehn war, mußte Papa noch an meinem Bett sitzen und mir zum Einschlafen ein Märchen erzählen. Mit achtzehn saß ich noch gerne auf Mamas oder Papas Schoß. Selbst bei Omama oder sonstwo auf dem Lande war ich unglücklich ohne meine Eltern. Eine Trennung von beiden gleichzeitig machte mich trübsinnig. Immer mußten sie mich vorzeitig zurückholen. Und später . . .
Ich war ein Star, da fragte ich noch: »Soll ich das rote oder das gelbe Kleid kaufen, was ratet ihr mir?« Ich rief aus Berlin für viel Geld in Budapest an und fragte und fragte . . .
Meine Gabika . . .
Ich bin ihr zu leichtlebig, zu mitteilsam. Sie mag Abstand.
Meine Mutter hatte viel eigenen Ehrgeiz in sie hineinprojiziert. Immer sagte sie: »Gabi wird die Größte.« Als meine Mutti starb, war Gabi siebzehn. Im selben Jahr erklärte sie mir, sie wolle Schauspielerin werden.
Ich hörte es mit Bestürzung. An ein Studium hatte ich gedacht, an ein ausgewogenes, bürgerliches Leben.
Ich kenne meinen Beruf schließlich vom neunten Lebensjahr an. Ich habe soviel gesehen. Man muß dabei eiserne Nerven, eiserne Ellenbogen, eine eiserne Ge-

sundheit haben, immer kampfbereit sein, immer durchhalten, Rückschläge durchstehen.
Man muß das Äußerste geben. Ging etwas schief, war es für mich ein kurzer Schock. Dann rief ich: »Justament *jetzt* wird's gehen!«
Wie würde Gabi reagieren? Ich kannte sie nicht. Sie besprach ihre Gefühle nicht mit mir. Wie sollte sie auch? Ich kam, wenn ich kam, mit Theo Nordhaus, meinem Freund. Zu Jacoby hatte sie ein gutes Verhältnis, aber wenn sie zu ihm zum Kaffeetrinken ging, saß da die Freundin – etwa in ihrem Alter. Sie konnte sich nie vor der Schule zwischen uns kuscheln, als sie klein war. Und als junges Mädchen war sie schon von uns entfernt.
Sie wollte also Schauspielerin werden. Partout! Ich überlegte: Würde sie die Kraft haben? Mein Vater hat sich sicher einst dieselben Sorgen um mich gemacht. Aber, *er* stand mir zur Seite.
*Ich* steckte mitten im Erfolg, als Gabi siebzehn war. Sie stand da – ohne mich, ohne jeden. Ganz allein.
Ich dachte: Sie ist siebzehn – zwei bis drei Jahre sind nicht die Welt. Laß sie's versuchen. Ich hätte meine Tochter eigentlich besser kennen sollen. Für sie gab es kein Zurück.
Sie war eine beliebte Schülerin auf dem Reinhardt-Seminar, still, fleißig, damenhaft. Ich habe nur Gutes von ihr gehört.
Meine Gabika . . .
Einmal wollte ich sie aus dem Seminar abholen. Ich fuhr damals einen blauen Lincoln. Sie sagte: »Bitte, fahr nicht vor, die anderen müssen das nicht sehen.«
Sie hat sich ihren eigenen Kreis geschaffen. Stets achtete sie dabei auf Niveau. Ihre Karriere war ganz auf das Schauspielerische ausgerichtet, so konnte ich für

' In »Kind der Donau«, 1950, führte wieder mein Mann Georg Jacoby
·gie. Die Musik stammte von Nico Dostal.

»Die Csárdásfürstin« von Emmerich Kálmán wurde nach dem Krieg eine
:iner Lieblingsoperetten. Der Film entstand 1951.

49 Die Ballettszene »Man steigt nach« mit Helmut Ketels und Claus Cristofolini stammt aus dem Operettenfilm »Die geschiedene Frau«, 1953.

50 Als Juliska Varady in Fred Raymonds Revueoperette »Maske in Blau«, Deutsches Theater München, 1953. ▷

51 Rechte Seite: In dem Film »Die Csárdásfürstin«, 1951.

Übernächste Seite:

52 Mit Johannes Heesters in »Die geschiedene Frau«, 1953...

53 ...und mit den Bluebell-Girls in dem Film »Nachts im Grünen Kakadu«, 1957.

sie auch keine Konkurrenz sein, dachte sie. Dachte ich auch. Aber sie litt sehr unter Bemerkungen wie: »Wären Sie doch in die Fußtapfen Ihrer Mutter getreten!« oder: »Warum machen Sie nicht alles wie Ihre Mutter?«

Wenn sie klagte, sagte ich: »Gabika, arbeite an deinem Stil. Mit meinem Stil wärst du eine Kopie. Original bleibt Original.« Einmal schrieb sie »Du bist so stark da, ich gebe auf.« Töchter von prominenten Müttern haben immer diese Schwierigkeiten.

Gabi entdeckte ihre erste große Liebe, aber sie hatte im Beruf Honig geleckt. Ich kenne das. Das ist wie ein Magnet. Wie einen Alkoholiker zum Schnaps zieht es einen zur Bühne.

Gabi heiratete, aber das Schicksal wollte es doch anders: Nach einigen Jahren ging die Ehe auseinander. Gabi kehrte zur Bühne zurück. Ich konnte meine Besorgnisse endgültig beiseite legen. Sie war ein anderer Mensch – ein Menschlein wie ein Vulkan, mit einer neuen Kraft.

Ich dachte: Ja, du wirst deinen Weg machen. Sie hatte die Welt bis dahin sehr einseitig gesehen, der neue Schwung auf der Bühne und im Leben trug sie hoch. Sie hatte Erfolg in Wien bei Professor Rolf Kutschera. Die »Fair Lady« machte sie im Ottakring-Dialekt – eine schwierige Sache.

Dreimal ist sie für die »My Fair Lady«-Rolle heimlich zur Prüfung gewesen. Der Andrang war ungeheuer. Dann konnte sie sagen: »Setz dich hin, ich spiele die Eliza!«

Sie verkehrte in den miesesten Ottakring-Kreisen, um den Tonfall hinzukriegen. Ihr Ehrgeiz war unbegrenzt. Der Erfolg war enorm.

Inzwischen hat sie ihr Erfolgserlebnis gehabt. Sie ist

sehr gut drin. Vergleiche werden seltener gezogen. Sie hat ihre Welt – ich habe meine. Daß sie künstlerisch ganz anders ist als ich – Schauspielerin, stimmbegabt –, das ist in Ordnung.

Privat wünschte ich sie mir oft ein bißchen mir ähnlicher. Ich denke immer an sie. Sie ist mein alles. Ich gebe nie auf, wenn jemand mich nicht liebt. Ich dränge mich in sein Leben, ich versuche, mich günstig zu verkaufen – bis er mich frißt mit Haut und Haaren. Gabi tut das nicht. Sie zieht sich sofort zurück.

Als ich einmal zu ihr sagte: »Mein Gott, du bist so wenig gesprächig«, erwiderte sie: »Und du mir zu sehr!« Stimmt. Ich kann den Mund nicht halten. Wenn ich mich über etwas freue, wundere, ärgere, erzähl' ich's. Gabika schweigt und bespricht es mit sich selber. Sie ist da ganz ihr Vater. Sie scheint mich aber doch sehr zu lieben. Wir telefonieren oft miteinander. Und sie schenkt mir schöne Sachen. Ich wünsche ihr weiter den großen Erfolg. Nichts Schöneres könnte mir der Herrgott geben, als wenn sie so viel erreichen würde, wie sie sich das wünscht.

Ich habe in meinem Leben alles Schöne erhalten. Zu Persönlichkeit, Fleiß, Begabung, Gesundheit, Vielseitigkeit, Hübschheit braucht man etwas, was man nicht kaufen und nicht erlernen kann: das große Glück.

Ich hatte es. Ich wünsche von Herzen, daß Gabi, wenn sie einmal in meinem Alter ist, auch sagen kann: »Ich bin ein glücklicher Mensch gewesen.«

## Haut wie Seide

*Tiergeschichten : Löwe »Europa«, Schlange am Hals und ein sonderbares Mittel gegen Flöhe*

Eigentlich, wie man weiß, haben Regisseure, Schauspieler und Tänzer beruflich nichts mit Tieren zu tun. Wenn sie aber der Ehrgeiz packt und sie der Teufel reitet, dann lassen sie sich plötzlich mit der Kreatur ein, betreten bibbernd Löwenkäfige, schlingen sich dicke Schlangen um den Hals, überwinden alle Ängste, die eigentlich schon beim winzigen kläffenden Spitz einsetzen. Sie lassen Tiere um sich sein.

Natürlich gibt es auch Spezialisten, Draufgänger und Psychologen, die es völlig natürlich finden, einem Tiger angesichts der Kamera – die er meist nicht besonders schätzt – den Kopf in den Rachen zu stecken. Harry Piel war ja berühmt auf diesem Gebiet.

Aber auch Jacoby ließ es nicht ruhen. Er drehte häufig beherzt mit Tieren, was seine Darsteller oft gar nicht recht zu schätzen wußten. Als Jacoby mir Georg Alexander, den eleganten Salonkomiker, in meiner Garderobe vorstellte, sagte der als erstes: »Frau Rökk, Sie lieben einen Sadisten!«

Er hatte nämlich bereits einschlägige Erfahrungen mit Georgs Vorliebe für ungewohntes Getier gemacht, auch dessen Drehstil kennengelernt, der dem Schauspieler körperlich meist sehr viel abverlangte. In

»Frauen sind doch bessere Diplomaten« spielte Alexander meinen Zirkusdirektor, und endlich hatte er einmal Glück: Die einzige Schlange in diesem Film war ich.

Jacoby selber erzählte mir aber gern eine Geschichte von den Dreharbeiten an »Quo vadis?«, die noch »vor meiner Zeit« stattfanden. Sie ist teils heiter, teils entsetzlich.

Gedreht wurde in Rom. Emil Jannings als Nero. Löwen en masse.

Jacoby spielte eine seiner Lieblingsrollen: »Wie mutig ist ein deutscher Regisseur?« und bewegte sich mit wahrer Todesverachtung zwischen den mehr oder weniger zahmen Bestien. Die Löwen, die besondere schauspielerische Leistungen zu bewältigen hatten, stellte ein Herr Schneider, Dompteur aus Sachsen. Sein Prachtstück hieß »Europa« – massig, behäbig und ziemlich altersschwach.

Schneider hielt trotzdem große Stücke von Europa. So pflegte er zu sagen: »Wenn die hier die Gage nicht pünktlich zahlen, da geh ich mit Europa rein, da sollen Sie mal sehen, wie schnell ich mein Geld kriege.«

Nun, Europa bekam tatsächlich eine Star-Rolle. Schneider wurde gar prächtig wie ein römischer Leibwächter gekleidet. So hielt er am Fuße einer Treppe Wache, Europa malerisch zu seinen Füßen liegend.

Die anderen Löwen, leider keineswegs lauter zahme, grollten inzwischen in einem Zwinger, dessen Stäbe mit Leinwand bespannt waren, die wiederum mit Mörtelkalk bedeckt worden war, um für die Kamera die Illusion einer Mauer herzustellen.

Tausend Komparsen waren im Stadion verteilt und hatten aus Leibeskräften »Evviva« oder ähnliches zu brüllen, eben aufgerauhte Volksseele zu demonstrie-

ren. Georg führte mit Lautsprecher Regie. Es war sehr laut und unruhig.
Oben zu Häupten der Treppe, an der Schneider und Europa Wache hielten, lagerte Jannings in vollem Kaiserornat auf einer Marmorbank. Zwei Sklavinnen fächelten ihm heiße Luft zu – ein ergreifendes Bild.
Die Statisten hatten sich inzwischen eingebrüllt, und der Chor erreichte furchterregende Lautstärke. Kein Wunder, daß es Europa bange wurde. Langsam erhob er sich und stieg die Treppe rauf in Richtung Jannings.
»Europa, mach doch keine Fisimatenten!« rief Meister Schneider in schönstem Sächsisch. Jannings, der Kaiser, raffte seine Toga und jagte wie ein Wahnsinniger durch die Menge, war überhaupt nicht zu stoppen, sauste in seine Garderobe – wann hat man je einen Kaiser so rennen sehen?
Jacoby folgte seinem Star, während Schneider Europa zurückpfiff. Aber Jannings zeigte sich nicht, rief nur dumpf: »Ich lasse mich von dir nicht umbringen!«
Er war nicht feige. Er war vorsichtig.
Wie gefährlich das ganze wirklich war, zeigte sich noch am selben Tage. Auch das harmloseste Tier kann plötzlich wild werden, und so war es auch.
Die Löwen im Käfig waren sehr unruhig geworden. Der Lärm, die vielen Menschen regten sie auf. Sie wurden zur Beruhigung dauernd mit Fleischbrocken gefüttert. Einer sprang danach, verhakte sich mit den Hinterbeinen in der als Mauer zurechtgemachten Leinwand, gab sich einen Ruck – und war draußen.
Alle Komparsen rannten in hellem Entsetzen davon. Sie wußten: Dies war nicht Europa, der Schoßlöwe. Nur ein uralter Komparse blieb ruhig sitzen. Er rührte sich überhaupt nicht, selbst dann nicht, als das Tier an

ihm schnupperte und ihm die Tatzen auf die Schultern legte.

Versteinert sahen die Komparsen und Jacoby aus erheblicher Entfernung diese grauenvolle Szene. Dann rafften sich die Dompteure auf. Schneider näherte sich und schlug das Tier mit einer Eisenstange. Der Löwe erschrak und biß dem uralten Mann die Kehle durch.

Eine unvorstellbare Panik brach aus. Zwar konnte der Löwe eingefangen werden, aber der Mann blieb im Blut zurück. Er war tot.

Eine ärztliche Untersuchung ergab später, daß er schon tot gewesen war, als der Löwe sich näherte. Es hieß, er habe einen Hitzschlag erlitten. Aber das Makabre der Situation wurde dadurch nicht gemildert.

Ich selber wagte mich – natürlich herausgefordert von Jacoby – an eine Schlange. Es war bei den Vorbereitungen zu »Kora Terry«.

Jacoby sah mich nachdenklich an und stöhnte dann genießerisch: »Hmm, du mußt eine Schlange haben.«

Ich riß die Augen auf. »Aber keine lebendige, Georgy, eher sterbe ich«, sagte ich mit einem Stimmchen, das jeden anderen gerührt hätte.

Ihn nicht.

»Schau, Marika«, sagte er beruhigend und legte mir seine rechte Hand auf den Arm, »das ist gar nicht schlimm. Versuch es wenigstens. Du gewöhnst dich dran. Du wirst sie schließlich *liebhaben!*«

Ich blickte nachdenklich auf seine Rechte. Ein Stückchen Ringfinger fehlte dort. Ein Affe hatte ihn abgebissen. Aus *Liebe*. Ein schwacher Trost.

Ich ließ mir eine ausgestopfte Schlange anfertigen, die würde mir bestimmt nicht die Kehle abdrücken, den Brustkorb knacken, die Handgelenke brechen. Natürlich schrie mein marokkanischer Bauchtanz nach einer

Schlange, aber doch nicht nach einer lebenden! Ich war doch nicht lebensmüde!

»Kora Terry« – große Generalprobe, exotische Atmosphäre. Ich schminkte mich in meiner Garderobe. Wer trat ein?

Jacoby. Und was trug er lässig um den Hals gewickelt? Eine Schlange. Ich hoffte auf eine Ohnmacht, doch glückte mir mal wieder keine. Ich bin einfach zu robust für solche anmutigen Ausfälle.

»Schau, das liebe Frauchen«, säuselte Jacoby im Stil einer hochbezahlten Kinderschwester.

»Hau ab«, rief ich entsetzt.

Er gab nicht auf. »Schau, sie tut dir nichts«, erklärte er, während das Geschöpf sein Vorderteil in meine Richtung drehte und zierlich züngelte.

Er streichelte den Riesenwurm. Ich streckte zaghaft die Hand aus und tippte auch mal an. Komisch, meine Angst verlor sich.

Plötzlich wickelte Georg seine bewegliche Halskrause ab und legte sie mir um. Die erste Schrecksekunde lähmte mich, dann stellte ich etwas Erstaunliches fest: Sie war gar nicht glitschig, auch nicht eiskalt. Sie hatte eine Haut wie Seide. Das Gefühl, das sie verursachte, war ausgesprochen schmeichlerisch.

Nun, ich tanzte mit ihr, als ob ich mein Leben lang nichts anderes gemacht hätte.

Das Tierchen gehörte einer Artistin aus dem »Wintergarten«.Schon vor den Dreharbeiten stand es im Korb in der Garderobe bei mir. Es wog 48 Pfund und war Pfund für Pfund äußerst liebebedürftig.

Ich hatte eine Idee. »Georgy«, sagte ich, »ich nehme *zwei* Schlangen. Mit einer hantiere ich. Die andere wickele ich mir um den Bauch.« Georg nickte.

Die Artistin winkte ab. Sie hatte zwar noch eine

kleinere, aber sie warnte: »Lieber nicht. Die kleine ist unberechenbar.«
Sie ließ sich nicht bewegen – zum Glück. Einige Zeit später traf ich sie. Sie ging hinkend am Stock. »Sehen Sie, die kleine hat mich verletzt«, sagte sie.
Die große blieb tatsächlich brav. Wenn Sie noch einmal eine Kopie des Films anschauen sollten, werden Sie sehen, daß bei einer Großaufnahme, während ich mich zurücklehne, die Schlange mit ihrer schmalen Zunge auf meinen Lippen spielt.
Immer wieder habe ich damals lesen müssen: »Wie hat sie das wohl gemacht, daß es wie echt aussieht?«
Hier die Auflösung der Preisfrage: Es *war* echt.
Dieser Schlangentanz war im Film ein großer Erfolg. Ich war Jacoby sehr dankbar – wieder einmal –, daß er mich sanft dazu gezwungen hatte.
Er hatte einfach gewußt, daß ein so ausgeprägter Instinktmensch wie ich auf das Tier traumwandlerisch sicher und richtig reagieren würde.
Nach dem Kriege hatte ich im Wiener Bürger-Theater noch einmal eine Schlangennummer. Ich führte einen indischen Tempeltanz vor. Die Schlange wurde in einer schön bemalten goldenen Holzkiste auf die Bühne geschleppt. Ich öffnete tanzend den Deckel, nahm, immer noch tanzend, die Schlange heraus und führte sie gravitätisch – und natürlich immer noch tanzend – vor. Dann steckte ich sie wieder in die Holzkiste. Und das an Wochenenden zweimal täglich.
Nachmittags kamen die Kinder. Der Applaus war stets sehr groß. Ich »bezog« meine Riesenschlange immer aus dem Zoo.
Eines Tages kurz vor der Vorstellung wurde ich benachrichtigt: Schlange ist weg. Ausgerissen, weggeschlängelt, was weiß ich.

Da stand ich nun, überall war mein Tempeltanz groß plakatiert. Und jetzt war ich sozusagen nackt ohne das Tierchen.
Aber die Zooleute trösteten mich telefonisch. »Nur keine Aufregung, Frau Rökk, wir stellen Ihnen eine Ersatzschlange.«
Fabelhaft. Ich konnte pünktlich auf die Bühne treten. Das Tier war gerade geliefert worden, wurde nun herangeschleppt. Ich öffnete den Deckel und wollte mit elegantem Schwung meine Partnerin herausheben. Na, Servus! Das Luder war einfach endlos, wie ein Bandwurm. Dünn, aber endlos. Ich zog und zerrte und ruckte. Im Publikum begann man zu kichern.
Als ich sie endlich draußen hatte, führte sie sich in keiner Weise würdig auf. Sie war ja weder an meinen Geruch noch an die ganze Atmosphäre gewöhnt. Sie wand sich hin und her und benahm sich überhaupt viel mehr wie eine aufgeregte Schlange als wie eine Showattraktion.
Im Publikum gingen inzwischen Lachsalven hoch. Ich schaltete schnell, stellte meine Nummer auf komisch um. Es war ein toller Lacherfolg. Die Schlange, offenbar ein ausgesprochen komisches Talent, gewann Spaß an der Sache. Woher ich das weiß? Nun, sie wollte nicht wieder in ihre Kiste. Partout nicht. Keiner traute sich natürlich, mich zu unterstützen. Wütende Schlangen sollen ja ziemlich rabiat sein.
So blieb mir nichts anderes übrig, als selber zu stopfen. Kaum hatte ich sie drin, schon steckte sie den Kopf wieder raus. Ich drückte runter, sie machte eine elegante Wendung. Da war sie wieder.
Das Publikum quietschte vor Lachen, hielt das Ganze wohl für eine lustige Dressureinlage. Schließlich hatte ich genug. Ich gab ihr zwei Ohrfeigen – eine links und

eine rechts. Und wenn ich auch nicht viel von autoritärer Erziehung halte: Es half!
Trotzdem stand für mich fest: Mit *der* tanze ich nicht wieder. Zum Glück wurde die echte Künstlerin gefunden. Es war kühl draußen, und sie war schon ein bißchen steif durch die Kälte, aber gesund.
Von da an wurde sie immer zeitig in meine Garderobe gebracht, damit sie sich an mich gewöhnen konnte. Ich öffnete den Deckel, und sie schmeichelte herum.
Als eines Tages der Direktor, Professor Franz Stoß, mir etwas sagen wollte, kurz klopfte und energisch meine Garderobe betrat, sauste sie ihm zur Begrüßung entgegen. Er rannte schreiend weg. Ich mußte sie belehren: So geht man nicht mit Direktoren um. Aber ich weiß nicht wirklich, ob sie mich überhaupt verstehen wollte.

Die letzte »Tiergeschichte« ist in diesem Zusammenhang vielleicht etwas gewagt. Sie handelt von sehr kleinen Tieren, und ich muß auch etwas weiter ausholen, um die Atmosphäre richtig zu schildern.
Wir drehten »Tanz mit dem Kaiser«. Die Außenaufnahmen fanden in Siebenbürgen statt, in einem wunderschönen Schloß aus der Maria-Theresia-Zeit. Unser Architekt Kettelhut hatte es entdeckt und uns mit dem Schrei »Das ist es, Tor aus echtem Schmiedeeisen!« hingelockt, Wolf Albach-Retty und mich, Lucie Englisch, Rudolf Carl, Sabine Ress und das komplette Ballett, das später in Siebenbürger Trachten um den Brunnen hüpfen sollte.
Axel von Ambesser, der den Kaiser spielte, hatte nur im Atelier zu tun, deshalb blieben ihm die Abenteuer dieser Fahrt auch erspart.
Es war himmlisch. Wir hatten immer Sonne, das

Schloß und die Wege waren strahlend weiß – wir hatten sie selber weiß gemacht, denn, ehrlich gesagt, alles war ziemlich verwahrlost gewesen. Der Graf war völlig pleite. Die riesigen Ländereien, die einst zum Schloß gehört hatten, waren nach und nach verkauft worden, und der Mann, der an Reichtum einmal der König Drosselbart der Gegend gewesen war, lebte in einem einzigen Raum des Schlosses. Er hatte sich dem Alkohol ergeben, morgens schon schwankte er, leicht delirierend, aber immer senkrecht und immer ein Herr, über sein Anwesen.

Er blieb allemal, was er war: ein Graf – auch im Suff. Ein paarmal lud er uns zum Essen ein. Es war köstlich, aber doch nur für Menschen, die ungarische Kost gewohnt waren. Wolf Albach-Retty mit seinem überempfindlichen Magen litt nachher unter den Folgen dieser gutgemeinten Gastlichkeit.

Außer seinem Zimmer hatte der Graf noch einen stark angeschlagenen Wagen und zwei Pferde. Damit kutschierte er hoch von der Burg herab ins Dörfchen. Eines Tages hatte ich frei und wollte mich zu Fuß aufmachen. Da trat er heran, ganz Kavalier, und erklärte: »Gnädige Frau, ich kutschiere Sie!«

Die Fahrt wird mir unvergeßlich bleiben. Das Wägelchen krachte und ächzte in allen Fugen, die Pferdchen gaben ihr Äußerstes, eine Bremse war sicher nicht vorhanden, und hinten im Wagen schepperte und klirrte es gefährlich. Irgendwie kamen wir jedoch im Dorf zum Stehen. Der Graf half mir galant vom Sitz. Ganz flink hob ich die Decke hinten etwas an. Lauter Flaschen. Ich war auf einem »Bierwagen« gefahren. Aber der Kavalier kutschiert – und durstet so lange.

Ach, war das Schloß schön. Zuerst war man bei Regen draußen bis zu den Knöcheln im Matsch versunken,

aber wir hatten alles zementiert und geweißt, das Tor entrostet und gestrichen.
Der Graf hatte es für eine relativ bescheidene Summe verliehen, dieses Prachtstück, als wir jedoch abfuhren, war es prima in Ordnung. Lohn der guten Tat.
Mit meinem Tanzpartner, dem fabelhaften Jockel Stahl von der Berliner Staatsoper, eröffnete ich für unseren Film den »Ostertanz«. Erster Drehtag, alles war herrlich.
Drinnen war das Kernstück ein riesiger Salon mit wenigen Möbeln. Ein paar ungepflegte, speckige Gobelinsessel standen noch da, verblichene Pracht. Unsere Laune blieb trotzdem intakt – jedenfalls bis zur Nacht.
Auf einer Seite des Salons hatte ich mein Zimmer, auf der anderen Wolf Albach-Retty.
Ich wischte ein bißchen Staub, als ich mein Schlafzimmer betrat.
Das Bett war kostbar, herrlich geschnitzt. Wie ein Schloßfräulein legte ich mich nieder. Und wie ein Tippelbruder erhob ich mich des Morgens. Ich war völlig zerstochen. Meine Haut juckte und hatte rote Stellen.
Ich begegnete Wolf. Er kratzte sich gerade. »Du auch?« fragte er.
»Wanzen!« argwöhnte ich.
»Nein, Flöhe«, erklärte er. Das war ja doch beruhigend.
Wir meldeten unser Mißgeschick der einzigen Bedienerin des Schlosses. Sie nickte verständnisvoll. Städter sind eben ein bißchen pingelig.
»Das machen wir schon«, beruhigte sie uns, »heute nacht werden Sie ungestört schlafen.«
Wir sahen uns an. Keiner konnte beim anderen auch nur einen Funken Hoffnung entdecken.
Als ich abends in mein Zimmer trat, glaubte ich zuerst im falschen Film zu sein. Das ganze Riesenbett war –

bis auf eine kleine »Einstiegluke« – dicht bedeckt mit großen Nußbaumblättern. Es sah tatsächlich aus wie aufgebahrt. Nur die Leiche fehlte noch. Klar, die sollte ich sein.

Sofort fiel mir Albach-Retty ein. Er liebte Späße und Schabernack. Wir waren auch schon im Atelier gemeinsam auf die Beleuchterbrücke geklettert und hatten die Leutchen unten mit Papierkügelchen beworfen. Bis Jacoby uns entdeckte und zurückrief – ein Erwachsener.

Ich wetzte also zu Wolfs Zimmer hinüber, klopfte. Er machte sich gerade frisch.

»Da hast du dir aber viel Mühe gegeben«, sagte er. Sein Bett sah genau wie meins aus. Und natürlich hatten wir jeder den anderen verdächtigt.

Die Bedienerin aber ließ uns im Brustton der Überzeugung wissen, dies sei das beste Antiflohmittel aller Zeiten.

Was soll ich sagen? Es half! Von nun an schliefen wir jede Nacht, aufgebahrt zwischen Nußbaumblättern, etwas makaber, gewiß, aber floh- und stichfrei.

Das war ein Kapitel vom Umgang mit Flöhen. Zur Nachahmung trotzdem nicht empfohlen.

# Plötzlich schwarzes Schaf

## *Zeit der Wanderschaft – Gabriele wird in Salzburg geboren*

Ich habe ein Publikum, das mich zärtlich liebt, und ich bin dafür voller Dankbarkeit. Immer bin ich so verehrt worden, daß es zu Leistungen und Anstrengungen verpflichtete. Im Krieg schrieben mir die Soldaten – Waschkörbe voller Post kamen täglich, zwei Sekretärinnen sichteten und sortierten. Manchmal war die Vergötterung bestürzend und beklemmend für mich: Der junge Beinamputierte, der mir schrieb, er habe beim Anschauen von »Kora Terry« wieder Mut zum Leben geschöpft. Der Junge, der an unserer Wohnung klingelte und mich einmal sehen wollte, weil er am nächsten Morgen an die Front mußte. Menschliche Verpflichtungen, denen man nie gerecht werden konnte.

Ich tat mein möglichstes. Auch die zahlreichen Wehrmachtstourneen sah ich unter diesem Gesichtspunkt. Wir wurden zur Unterhaltung der Soldaten nach Plan eingesetzt. Es war schön und schrecklich. Sie waren so ausgehungert, so begeistert, so sehr auf diese zwei Stunden Glücksgefühl versessen. Sie trampelten, schunkelten, luden mich auf Schultern, schleppten mich singend durch den Saal, Riesenchor. Marschrhythmus: »In einer Nacht im Mai.«

Habe ich die »Kampfmoral« gestärkt? Habe ich so zur Verlängerung des Krieges beigetragen, wie man es mir später vorwarf? Ich habe reagiert wie eine Frau, wie eine Mutter, wenn man so will. Ich habe versucht, ein bißchen Heiterkeit und Ablenkung zu vermitteln. Ist das wirklich verwerflich?

Oft werde ich gefragt, was ich lieber mag: Bühne oder Film. Nun, Filmen strengt mich an, weil man da so unerhört früh aufstehen muß. Ich bin ein aktiver Typ. Rumstehen strengt mich mehr an als Tanzen. Theater heißt: Volle Kraft. Aber man kann Luft schnappen, den Motor mit Sauerstoff vollpumpen.

Film ging von morgens bis abends, das hieß Monate ohne Sauerstoff, ein paar Schnapper in der kurzen Mittagspause, eventuell mal an einem Sonntagnachmittag. Sonst: Tanztraining, wenn die anderen nach Hause gingen, rumfeilen an den Tanznummern, Bastelarbeiten an einzelnen Szenen, Sommerhitze in primitiver Garderobe und unter Scheinwerfern überstehen.

Es wurde bei der Ufa jedoch nie ein Jahr durchgearbeitet. Stars wurden gepflegt, das Publikum wurde hungrig gehalten. Mehr als zwei Filme im Jahr wären schon Übersättigung gewesen.

Deshalb waren die Pausen lang und schön.

Jacoby und ich reisten herum. Wie gesagt: Er war ein schlechter, dafür aber um so begeisterterer Autofahrer. Ich muß zugeben, daß ich als Beifahrerin auch nicht gerade Talente entwickelte.

Jacoby war ein »Besichtiger«. Was irgend am Wege oder ein Stück vom Wege lag – Berg, See, Kapelle, Schloß, mußte beguckt, abgehakt, bestaunt, besucht werden.

Natur war sein ganzes Glück. Meins nicht. Ich mochte

Städte – Berlin, Paris, New York, London, da fanden meine Entdeckungsreisen statt, die Landschaft der Häuser und Straßen sagte mir zu. So über Land schukkelnd wurde mir in erster Linie schlecht.
»Kleiner Umweg«, tröstete George. Wie fürs unruhige Baby das Fläschchen, so wurde für die greinende Marika eine Packung Boonekamp mitgeführt.
»Trink noch ein Fläschchen«, ermunterte mich mein Ritter am Steuer. Ich tat's, säuselte schließlich: »Georgy, simmwirballda?«
»Man könnte meinen, du wärst blau«, sagte er. Wie wahr. Die leere Packung flog aus dem Fenster.
Schließlich streikte ich, nahm zum nächsten Ziel die Bahn, überließ ihm freiwillig alle Umwege der Welt. Was passierte?
Kaum war ich im Hotel, fuhr auch mein Georgy vor.
»Was soll das heißen?« fragte ich.
»Das heißt, daß Umwege mir *ohne* dich gar keinen Spaß machen«, lächelte er. Was sollte ich machen? Mußte ich in den sauren Apfel – oder vielmehr in den Magenbitter beißen.
Während schon alles in Schutt und Scherben ging, die Wohnung in Budapest und auch die Semmelweis-Klinik zerbombt waren, ich hochschwanger ins Hotel Post nach Radstadt flüchtete, bereitete die Ufa am Rande des Abgrundes noch eine riesige Filmproduktion vor. »Die Puppe« sollte das Mammutwerk heißen. Regie: Jacoby. Hauptrolle: Marika Rökk. Franz Grothe und seine Frau Kirsten Heiberg trafen in Radstadt ein, um die Vorbereitungen voranzutreiben.
Bei ihnen war als Korrepetitor Theo Nordhaus, der später eine so wesentliche Rolle in meinem Leben spielte.
Kettelhut werkelte in Babelsberg inzwischen an auf-

wendigen Traumkulissen für »Die Puppe« – welch ein Wahnsinn. Ein Fest der Selbsttäuschung auch, denn eigentlich, ganz sicher, wußten wir doch schon, daß der Krieg verloren war.

Bevor unsere Gabi zur Welt kam, trampten wir noch einmal nach Berlin und holten aus unserer Wohnung in der Domstraße 11 ein bißchen Schmuck, Wäsche, Pelze. Dann schlossen wir die Tür – zum letztenmal. Die Zeit der Wanderschaft begann.

Im Salzburger Diakonissenheim wurde Gabi geboren. Wir zogen wieder ins Hotel Post, auch Mutter, Tante Valerie und schließlich auch Papa. Als die Flüchtlingskolonnen aus Ungarn durch Radstadt rollten, abgekämpft und nun auch in uns Furcht erregend, als furchtbare Berichte uns erreichten, brachen wir in heller Panik auf.

Es war ein trauriges »Gans-hack-an«-Spiel. Ein fremder Mann gab uns Plätze in seiner Wagenkolonne. Wir waren: Jacoby und ich, Mama, Papa, Tante Valerie, Theo Nordhaus und Baby Gabi. Wir schleppten Babykost und die Sachen aus Berlin mit, die wir später so gut zum Vertauschen brauchen konnten.

Die Schweiz war unser Ziel. In Fügen wurde unser Auto schon von Soldaten requiriert. Meine Eltern zukkelten im vorderen Wagen ahnungslos weiter. Wir suchten Unterschlupf, ein bißchen warmes Wasser, um das Baby zu waschen, einen Herd, um den Brei zu wärmen.

Nix war. Ich hatte als Liebling erst mal ausgedient. Es folgte der höchst private Film: »Wie man aus einem Star ein schwarzes Schaf macht ...«

# »Marika Hari«

## *Ein Buch und die schlimmen Folgen – Debut im Gefängnis und Dank an Dr. Zörnlaib*

In Mayrhofen sammelten wir uns – auch die Eltern hatten kehrtgemacht und uns tatsächlich wieder aufgestöbert im Chaos der Flüchtenden.
Wir wohnten auf dem Bauernhof der Eggers, machten uns klein, fuhren zum Hamstern auf die Höfe in der Umgebung, hörten die ersten amerikanischen Schlager im Radio, waren nun »besetzt«. Ordnung konnte einkehren. Die Amerikaner waren leise über Nacht an die »Siegermacht« gelangt.
Ein Jeep knatterte vor, Captain Marshal hieß der Truppenbetreuer, holte mich aus der Versenkung, erlöste mich vom Nichtstun, machte mich wieder zum Menschen, zur Rökk, bot mir Arbeit in einer Show. Bezahlung? Keine.
Aber Aufenthaltsgenehmigung für diese zweifelhafte Familie mit deutschen, ungarischen, dubiosen Pässen, Lebensmittel, Wohnung. Für mich Applaus, gellendes Pfeifkonzert der GIs, als Zeichen der Begeisterung.
»Glory Road« hieß unsere Revue, erstklassig besetzt, alles lag ja noch auf der Straße, Esther Rethy sang Operette, Opernstars sattelten auf leichte Muse um. In Salzburg fingen wir an. Später übersiedelten wir nach Badgastein, eine gemischte Truppe, Künstler vom Be-

sten und Ami-Freundinnen mit schlanken Taillen und kleinen Stimmchen, die »Sugar-Baby-Songs« vortrugen und die besten Garderoben und die schöneren Kleider bekamen.

Wir schluckten es. Ich hatte meine Familie. Esther Rethy war mit Mann, zwei Kindern und dem Mädchen dabei. In Badgastein bekam aber *ich* die bessere Unterkunft – bei Frau Erna Kreen im Hotel Mozart. Sie mochte mich sehr. Mama, Papa und Gabika wohnten ganz in der Nähe.

Nordhaus hatte schon den Boogie-Woogie-Bogen raus. Er saß am Piano, hottete gepflegt und brachte Zigaretten, Peanuts, Butter, Käse, Zucker, Cognac und Schokolade an. Einen Teil verkauften wir, der Rest wurde verzehrt. Es ging prima.

Ich war in Theo Nordhaus verliebt. Ich werde noch davon erzählen. Jacoby wußte es von mir. Er hatte immer erwartet, daß seine sehr junge Frau eines Tages von der Leidenschaft überrannt werden würde. Mein Verhältnis zu Nordhaus war zwar nicht offiziell, aber die Leute hatten schließlich Augen im Kopf.

Unsere Show kam an. Ich kam an. Ich brachte mein gesamtes Repertoire auf englisch. In zwei Tagen hatte ich das drauf. Amerika, Amerika. Ich kannte das ja. Mein tänzerisches Können war im amerikanischen Sinne hochmodern. Ich war die Riesenüberraschung für die Soldaten und Offiziere, die gedacht hatten, solche Girls gäbe es allenfalls in den USA.

Wir gaben ihnen alles, was das Landserherz begehrte. Esther sang die »Merry Widow« aus voller Kehle, eine Salzburger Truppe jodelte im Trachtenlook, und dann platzte ich als Bua in Lederhosen auf die Bühne, Schuhplattler und Watschentanz, sie pfiffen sich fast die Seele aus dem Leibe. Danach trat ich gleich nach einem Schnellumzug als Sweet-Honey-Girl, mit offenen Haaren, vor sie hin, ganz kurzes Kleidchen, röhrte »Somewhere over the rainbow«, Garland-Song, »Dream, when you are feeling blue«, steppte »You are my lucky star« und raunte »Tea for two«, alles, wie's gewünscht wurde, mit toller Ami-Big-Band, die war in Uniform.

Marshal sagte: »The civil people ...«, er hatte schnell raus, daß unsere Leute das auch sehen wollten. »Make money«, sagte er. Sie mußten ja Eintritt zahlen. Dreimal wöchentlich spielten wir nun »öffentlich«. Ich stellte mein Programm sofort für diese Vorstellungen um, machte meine Schlager für meine Leute. Ha! Das Landestheater hätte doppelt so groß sein können.

General Collins war der Ober-Mann in Salzburg. Er gab Galaabende und lud uns ein. Für Garderobe mußten wir selber sorgen. Wie? Nun, es gibt immer eine Möglichkeit. In diesem Fall hieß sie Groll, gleich zweimal. Gegenüber vom Landestheater hatten die Schwestern Groll einen Textilladen. Den gibt's heute noch. Die Schwestern sind tot. Sie mochten mich, luden mich ein, führten mich ins Hinterzimmer. Da lagen wie bei Aladin die Schätze: Brokate und Seiden.

»Nehmen Sie – Sie können später zahlen«, sagten sie. »Sie haben uns in der guten Zeit mit Ihren Filmen viel, viel Freude gemacht!«

So war ich gut in Schale. Alles war gut. Nicht lange. Zuerst wurde Jacoby jede Betätigung verboten. Dann kam Marshal zu mir, druckste rum, erklärte: »Eine ernste Sache, Marika, du mußt aus der Show raus.«

So fing es an. Eine Kette von Demütigungen und Verleumdungen und von verborgenen Vorwürfen, Vernehmungen beim CIC: »Gestehen Sie endlich!« Jun-

ger Uniformträger, Beine auf dem Tisch, ich davor, in strammer Haltung.
Ganz, ganz junger Bursche, brüllte mich an: »Reden Sie nicht um den heißen Brei herum!«
Ich brüllte zurück. Hatte ja genug atemstützende Übungen in meinem Leben gemacht, konnte sehr gut brüllen.
»Ich bin diese Art von Antworten nicht gewöhnt«, donnerte er.
Nun, ich war nicht unhöflich gewesen. Etwas sarkastisch, nicht gerade freundlich. Ich machte meine Kehle voll auf: »Und ich bin gewöhnt, daß man aufsteht, wenn ich stehe, oder wenigstens die Füße vom Tisch nimmt!«
Er klingelte. Ich wurde einen Nachmittag lang eingesperrt. Ehrlich gesagt: Ich war nicht in schlechter Gesellschaft dort.
Captain Marshal eilte schließlich als Ritter herbei.
Was war los? Ich rannte den Leuten vom CIC die Bude ein. Ich bettelte um Aufklärung.
»Wir prüfen«, sagten sie. »Wir suchen.«
»Sie werden ewig suchen«, jammerte ich, »es gibt ja nichts zu finden!«
Dann zeigten sie mir streng ein Foto. Wie bitte? Ich, in Venedig, mit meinem Hochzeitskleid angetan. Und wer stand da Arm in Arm mit mir? Doktor Goebbels! Mir blieb die Luft weg.
»Eine Fotomontage – ein ganz gemeines Machwerk«, konnte ich nur hervorquetschen. »Eine Autogrammpostkarte von mir. Sie existiert ja x-mal. Man hat Goebbels einkopiert. *Gut* einkopiert. Ich werde das Original besorgen.«
Es dauerte aber sehr lange, bis ich es fand. Meine Sachen waren verlorengegangen, und die öffentlichen

Kommunikationsmittel funktionierten noch nicht wie heute.
Viel später ergatterte ich ein Original, aber da hatte ich schon die lange, lange Durststrecke hinter mir.
Marshal ging zu Collins. Der sagte: »Befehl aus Nürnberg – sie darf vorläufig nicht für uns arbeiten!« Ich fragte: »*Warum* nicht!?« Sie sagten: »Wir prüfen noch.«
*Was* war der Grund? Wir überlegten – Kis-Papa, Kis-Mama, Nordhaus, Jacoby –, du lieber Himmel. Wir wußten nicht, was tun. Jacoby konnte als Deutscher in Österreich nicht entnazifiziert werden. Meine Eltern wiederum konnten nicht nach Deutschland. Wir alle hatten keinen Löffel mehr.
Ich selber? Und Gabi, das Baby? Wohin sollte ich mit ihr? Unser Haus in Babelsberg hatten russische Offiziere besetzt. Keine Aussicht darauf, daß sie sagen würden: »Ach, wir haben auf Sie gewartet, bitte kommen Sie in Ihr Traumschlafzimmer!«
Wir lebten vom Restschmuck. Ein Kilo Fleisch kostete Phantasiesummen. Gold und Brillanten wurden gut bezahlt, aber an ein paar Stücken hing ich sentimental, trennte mich schwer, dachte an meine Mama – damals in Paris.
Ich rannte von Pontius zu Pilatus. »Warum?« fragte ich. »*Ich* war's nicht«, beteuerte jeder. »*Man* sucht!« So ein Blödsinn! Drei Jahre haben sie gebraucht, herauszufinden –, ob ein gewisser Herr Kurt Singer recht hatte – oder nicht. Das war des Pudels Kern. Einer sagte: »Es wäre eine große Blamage für uns, wenn das nicht stimmte.«
Kurt Singer hatte in Amerika ein Buch geschrieben, eine »Dokumentation« selbstverständlich. Ich möchte keinen langweilen, doch zitiere ich hier ein paar Sätze

des Meisterwerkes, das mich dazu verdammt hat, als junge, gesunde Frau zu Untätigkeit und Armut verpflichtet zu sein.

»Admiral Canaris hatte eine Idee, wie Mercier erwischt werden konnte. Eine seiner geschicktesten Spioninnen wurde nach Lissabon geschickt, um dort den Aufenthaltsort des Franzosen ausfindig zu machen. Der Admiral war überzeugt, daß der junge Mann am ehesten auf Liebe hereinfallen würde.

Die Agentin, die den Auftrag erhielt, war als Schauspielerin und als Sängerin sehr bekannt. Eine der wenigen Erinnerungen an die Berliner Vorkriegsfröhlichkeit war das wöchentliche Konzert des ungarischen Stars Marika Rökk. Sie hatte eine wundervolle, anziehende Stimme. Innerhalb von Nazi-Deutschland allein besaß sie eine Radiozuhörerschaft von Millionen, und ihre Stimme wurde auf langen Wellen durch ganz Europa und auf Kurzwellen bis nach Südamerika geleitet. Einer breiten Zuhörerschaft war es längst bekannt, daß sie jede Woche einmal im Radio sang. Aber was diese Millionen nicht wußten, war, daß die Lieder oft von Schallplatten wiedergegeben wurden. Marika Rökk war häufig monatelang von der deutschen Hauptstadt abwesend.

Sie war es, die mit dem Spezialauftrag nach Lissabon geschickt wurde. In der portugiesischen Hauptstadt war sie unter verschiedenen Namen bekannt; bisweilen nannte sie sich selbst Mary, dann wieder, intimer, Muckie oder Liebling!«

Sie können sich denken, daß ich bei der Lektüre eine äußerst erstaunte Muckie war.

Er schrieb auch: »Sie war eine geistreiche und temperamentvolle Zigeunerin und hatte eine ereignisreiche Karriere hinter sich.« So war ich also als eine zweite

Mata Hari in das Buch »Verräter und Spione« eingegangen. Es wäre sehr ulkig gewesen, aber die Amerikaner nahmen es ernst. Ernst nahmen es offenbar auch die Redakteure einer Wiener Zeitung, denn sie druckten es später nach. Nur die Russen feixten darüber. Ein russischer Offizier sagte zu mir: »Unsinn – wenn einer Spion ist, weiß Russe zuerst«, und er lachte, zeigte fröhlich Riesengebiß.

Da war der Zirkus vorüber, die Alliierten waren krumm und beschämt aus dem Gerichtssaal geschlichen, nur die Russen nicht. Sie hatten es wirklich besser gewußt und mich ja auch zum Zeichen dessen schon beschäftigt. Und der Redakteur der Wiener Zeitung ließ mich wissen: »Es tat mir leid, einer so hochgeschätzten Künstlerin weh zu tun ...« So ist das Leben. So sind die Leute.

Dazwischen floß noch viel Wasser die Donau herunter. Ich war gefeuert. Wir mußten aus unseren Quartieren. Nicht sofort, aber unumgänglich – ein gepflegter Rausschmiß.

Wir suchten Quartier und waren bald entmutigt. Alles in Badgastein war entweder voll besetzt oder noch gar nicht wieder eröffnet.

»Mama«, sagte ich auf der Straße, »wir finden nichts. Keine Ahnung, was wir jetzt machen!«

Guckt da eine Dame aus dem Fenster, ruft: »Diese Stimme?! Nein, ich werd verrückt. Sind Sie denn nicht mein allergrößter Liebling?« Genau so.

Es war Resi Fuchs, unsere liebe, geliebte »Tante« Resi Fuchs. »Wir suchen ein Quartier, stehen praktisch auf der Straße«, rief ich kläglich nach oben.

Sie sagte: »Mein Engelchen, wir hatten hier ein Lazarett. In ein paar Tagen sind die Handwerker raus. Sie können aber gleich einziehen.« Genau so.

Wir bekamen ihr Schlafzimmer für den Anfang. Sie brachte sogar ihre guten Teppiche rauf. Später gab sie uns zwei Zimmer. Es ist nicht mit Worten zu schildern, wie lieb sie war. Diese Frau vergesse ich nie. Sie versorgte uns mit Sandwiches und mit Weinchen. Und vor allem: Sie scherte sich keinen Deut um die Gerüchte und Behauptungen, die mir das Leben so schwer machten.
Wie eine Lawine gingen Meldungen wie »Marika Rökk wegen Spionage verboten« durch die Zeitungen. Resi Fuchs schirmte mich ab. Sie sorgte für uns. Meine Eltern wurden in der Nähe in einem Bauernhaus in Bad Bruck untergebracht, das erstemal bekamen wir wieder Fleisch auf den Teller, und einmal wöchentlich wurde auch meinen Eltern ein Korb mit Lebensmitteln gebracht.
»Ich nehme den Ring nicht an«, sagte Resi Fuchs nur. »Und Sie essen bei mir, dafür nehme ich nichts!«
Später, als es mir wieder gutging, konnte ich einen klitzekleinen Teil wiedergutmachen. Damals mußte ihr Mann in Wien ins Krankenhaus. Sie hatte Steuerschulden – sie gab immer, konnte nicht rechnen, war temperamentvoll und impulsiv, da war keine krumme Tour dabei.
Ich war glücklich, wenigstens mit einem *kleinen* Bruchteil dessen aushelfen zu können, was sie für mich getan hat.
Es geschah noch etwas, was mein Leben schließlich wieder zum Guten wendete. So war es immer. Solange ich zurückdenken kann, kam immer im letzten Moment ein Wunder auf mich zu. Ich hab' mich schon richtig darauf verlassen. Der Herrgott hat so lange Arme. Daß man gläubig wird, wenn man das immer wieder spürt, ist selbstverständlich. Ich mußte einfach

glauben, hatte das Recht dazu. Alles hat seinen Sinn gehabt, das Glück blieb bei mir.
Nach Badgastein kamen KZ-Häftlinge, sehr viele. Die Bevölkerung freundete sich schnell mit ihnen an. Sie waren beliebt. Ihre »Care-Pakete« wohl auch.
Die Stimmung gegen mich wurde immer erhitzter. Meine »Spionage« war eine Riesensache geworden. Die Jubler von einst spuckten mir nun ins Gesicht. Türen klappten, wenn ich auftauchte. Sogar in Wien wurde mir bedeutet: Mit solchen Menschen wollen wir nichts zu tun haben.
Vorher hatte es im Lokal geheißen: »Ja, küß die Hand, gnädige Frau, wie schön, daß Sie uns wieder einmal die Ehre geben!« Jetzt krähte der Ober: »Feierabend!« Ich konnte es nicht fassen. Stets war ich verwöhnt und gehätschelt worden. »Jeder liebt mich« war einer meiner Standardsätze gewesen. Ich war naiv und voller Liebe. Ich brach seelisch zusammen, aber ich zeigte es nicht. Justament nicht! Heute weiß ich, daß es nur wenige waren, die mich schlecht behandelten, das konnte ich damals nicht übersehen.
»Ich geh nicht mehr auf die Straße, sie werden mich steinigen!« erklärte ich hysterisch.
Es klopfte. Ein jüdischer Nachbar stand vor der Tür. »Haben Sie vielleicht noch Babywäsche von Ihrer Tochter?« fragte er. Er wirkte lebhaft und nett. Ich gab sie ihm. »Wissen Sie nicht, wer ich bin? Ich bin die aus der Zeitung ›Von Mata Hari bis Marika Rökk‹!« sondierte ich schüchtern.
Er lachte. »Haben wir alle gelesen. Gute Reklame. Die Frau ist gescheit, haben wir gesagt.«
Ich war platt. Er trank unbedenklich meinen Spioninnen-Kaffee. Hatte 1936/37 noch Filme mit mir gesehen. Sagte: »Wir lieben Sie, Sie sind eine schöne Frau,

eine fesche Frau. Glauben Sie, daß wir so blöd sind, darauf reinzufallen? Wenn Sie solche Spionin gewesen wären, hätte man Sie längst in Nürnberg verurteilt.«
Natürlich. Außerdem hätte eine Frau mit meinem bekannten Namen doch gar nichts verbergen, ableugnen können. Ich hatte immer im Licht der Öffentlichkeit gestanden. Es hätte gewiß Neider gegeben, die gleich alles an die große Glocke gehängt hätten. Auch für Verleumdungen muß man schließlich einige Tatsachen anbringen können. Singers Gedankengang war wohl doch zu simpel: Mata Hari hat auch getanzt. Machen wir die Rökk zur Geliebten von Canaris. Wie ich hörte, soll Canaris ein gutaussehender Mann gewesen sein, das war also noch ganz rücksichtsvoll gedacht.
Es entspannte mich sehr, daß es Menschen gab, die auf diese naheliegenden Gedankengänge kamen. Mein Besucher half mir jedoch viel, viel entscheidender. Er sagte: »Ich werde Ihnen noch einen Tip geben. Die Amerikaner dürfen Sie als Deutsche nicht verklagen, das steht fest, aber sie können doch die Wiener Redaktion verklagen. Dann wird Ihr ›Fall‹ öffentlich aufgerollt. Das wollen Sie doch, nicht?«
»Mensch, und ob ich das will!« seufzte ich. Das Ei des Columbus!
Am nächsten Tag reiste ich nach Wien, brauchte eine Kennkarte, bekam sie gleich, nette Leute diesmal. »Hallo, Marika, hab Sie in ›Glory Road‹ gesehen, good luck!« Kein Siegerlächeln mehr, freundliche Mienen. Alles ändert sich.
»Gnädige Frau, was machen Sie denn für Sachen? So eine gefährliche Spionin!« rief Dr. Zörnlaib, der bekannte Anwalt, als ich ihn zu Hause in Wien aufsuchte, stammelte, daß ich kein Geld hätte. Er ging zur

Tür: »Mama, mach Kaffee, unser Liebling ist hier«, rief er. Mir kamen die Tränen.

»Das Geld nehmen wir von denen, die's haben«, feixte er.

Große Prozesse – Schwarzhandel, politische Delikte – waren an der Tagesordnung. Die Richter hatten Hochsaison.

»Ich freue mich, Ihnen helfen zu können«, sagte Dr. Zörnlaib. »Wer redet da von Geld? Zwei Karten für Ihre nächste Premiere, das soll mein Honorar sein.«

So haben wir es auch gemacht.

RECHTSANWALT
**Dr. HUGO ZÖRNLAIB**
VERTEIDIGER IN STRAFSACHEN
WIEN V/55, HAMBURGERSTR. 8

FERNRUF 57-65-78 · 57-65-79 Dr.Z/N.
POSTSPARKASSEN-KONTO NR. 7.226

WIEN, am 14.Juli 1964

In Sachen: Marika Jacoby-Rökk - Buch" Spione und Verräter des zweiten Weltkrieges"- (1)

Bei Antwortschreiben wird unbedingt um Angabe der links oben angeführten Sachbezeichnung gebeten.

Frau
Marika Jacoby - Rökk,
Mozartstrasse Nr.15,
B a d e n bei W i e n.

Sehr geehrte gnädige Frau !

Auf Grund Ihres heutigen telefonischen Anrufes habe ich Ihren Akt aus der Registratur beheben lassen und festgestellt, dass der Faszikel betreffend Ihre Presseklage wegen des Inhaltes des Buches " Spione und Verräter des zweiten Weltkrieges " voll erhalten ist und Ihnen selbstverständlich die Einsicht in diesem Aktenfaszikel freisteht.

Ich bemerke jedoch schon jetzt,dass Ihnen am 13.Sept. 1946 die Bescheinigung der Gewerkschaft der Angestellten der freien Berufe (Sektion Film) vom 11. Sept. 1946 von meiner Kanzlei ausgefolgt worden ist.

Ich zeichne mit der Versicherung meiner vorzüglichsten Hochachtung und ergebenstem Handkusse

( Dr.Hugo Zörnlaib )

PS.Nebenbei will ich nur noch bemerken,dass man in Österreich über das Buch " Spione und Verräter des zweiten Weltkrieges" und insbesondere über die grundlose Verdächtigung Ihrer werten Person herzlich gelacht hat.

Obiger.

Sprechstunden: Nachmittags 3–6 Uhr. · Samstag nachmittags sowie an Sonn- und Feiertagen bleiben laut Kammerbeschluß die Kanzleien geschlos

*Mein Persilschein!*

# Zweimal schießen: Stop!

*Die Russen lieben meine Filme –
Endlich ein gültiger Paß*

Als ich noch verboten war, kam ein Telegramm von den Russen: Aufforderung, einen Galaabend in der Wiener Hofburg zu geben – gegen *Gage*! Wie hinkommen? Nordhaus sagte: »Wir haben ja unsere Pässe.« Klar. Ich packte Kostüme von »Glory Road« zusammen, stellte das Repertoire zusammen.

An der österreichischen Grenze hielt der Zug endlos lange. Zwei junge Russen kamen ins Abteil: »Paßkontrolle.«

Wir zeigten unsere Pässe vor. Die alten. Die mit dem Hakenkreuz. Die Russen starrten, als säße ein Skorpion drauf. Dann brach eine Schimpfkanonade los. »Nazzi!« verstand ich, und »Njet!«

Sie schubsten uns aus dem Wagen. Der eine nahm sogar das Gewehr dazu. Nun lasse ich mich nicht schubsen. Auch nicht anfassen. Da könnte der Kaiser von China kommen und mich schubsen wollen – würde nicht gutgehen. Lieber hätte er schießen können. Ich fing also an zu brüllen und um mich zu schlagen. Nordhaus hielt meine Hände fest, flüsterte: »Bist du verrückt?« Ich heulte, laut, ganze Bäche von Tränen. Die Russen könnten keinen weinen sehen, hatte man mir gesagt. Diese konnten.

Alles lehnte nun aus dem Zug. Ha, die Rökk ist verhaftet!
»Nehmt die Nazihure mit!« schrie eine, und »Liebe Frau Rökk, die tun Ihnen nichts« tröstete eine andere.
Ich heulte. Man hörte ja soviel. Manche wurden festgenommen und dann tagelang vergessen. Manche wurden rausgeholt und blieben wochenlang weg. Ich heulte.
Ein andrer Russe, schon ein bißchen erwachsen, fragte mich:
»Warum du weinen, Frau?«
Der andere erklärte ihm etwas. Ich sagte: »Ich habe hier ja ein Telegramm von Ihrem General aus Wien!« und schwenkte es wie eine neue Fahne beim Schützenfest.
Er sah mir fest und eine Spur vorwurfsvoll in die Augen. »Ah, General. *Ich* General hier!« sprach er markig. Er nahm mir mein Telegramm aus der Hand und machte lauter kleine Fetzen draus.
Ich quiekte: »Tanz, Film, *ich* Tanz, Film, Kino, du verstehn?«
Er schaut in meinen Paß, auf mich, in meinen Paß, wieder auf mich. Ruft: »Duuuuu!« Schneeweiße Zähne. Er lacht. Er hat mich erkannt.
»Foto! Foto!« verlangten sie nun im Chor. Nordhaus rückte seins raus. Man rechnet ja nicht unbedingt bei solchen Reisen mit auftauchenden Verehrern.
In Wien, wie ich später erfuhr, waren meine Filme nämlich Geheimtip bei den russischen Besatzern. Einer kam sogar mit Gewehr zum Kinobesitzer, herrschte ihn an: »Marika-Rökk-Film!« Der, schrekkensbleich, konnte schließlich noch irgendwo eine Kopie auftreiben. Sie besetzten die Kinos, sahen sich

meine Filme drei-, viermal an, aßen und tranken dabei, Volksfest mit Marika. »Frau meiner Träume« war ihr Liebling.
Ganz Kavalier, das Foto wie ein Siegestrophäe schwenkend, begleitete mich mein »General« wieder zum Zug. Die anderen folgten, eine richtige Ehreneskorte. Ich war vielleicht froh. Rein in den Zug. Er fuhr wieder an.
»Theo!« brüllte ich. »Theo!!!« Er stand noch bedeppert da. Hatte nicht geschaltet. Dann hörte ich zwei Schüsse. Theo, dachte ich.
Ich erwachte in den Armen eines wildfremden Herrn. Theo stand daneben. »Du bist nicht tot?« fragte ich albern.
»Wie du siehst«, antwortete er erstaunt.
Des Rätsels Lösung: Die Russen schossen als Signalzeichen. Zweimal schießen hieß: Noch mal anhalten. Das hatte der Zugführer getan. Eine Höflichkeitsgeste. Man soll eben nicht so schreckhaft sein.
Wir drängelten uns wieder in unser Abteil. Da sah's furchtbar aus. Zwei Parteien – eine pro-Rökk, eine kontra-Rökk – hatten sich inzwischen geprügelt. Jetzt waren sie alle mucksmäuschenstill. Meine Partei hatte gesiegt.
Am Bahnhof in Wien wurde ich abgeholt. Ein Mannsbild stand da, hochgewachsen, blond, blauäugig, germanischer Recke – ein Russe namens Stiefelmann.
»Haben Sie sich Namen geben lassen?« fragte er. »Nein, wozu auch?«
Ich bekam Krimsekt und Kaviar. Klasse. Leider war mein Paß weg. Ich kriegte eine schriftliche »Sondererlaubnis«, darauf reiste ich, bis mir der CIC eine Kennkarte gab.
Als mein Prozeß gelaufen war, erhielt ich den richti-

54 Der zweite Herr bin ich! Mit Theo Lingen spielte ich leider nur einmal zusammen: in dem Film »Die Nacht vor der Premiere«, 1959...

55 ...und in »Bühne frei für Marika!«, 1958, flirtete Rudolf Platte mit mir.

56/57 In »Bühne frei für Marika!«, 1958, hatte ich, wie zu besten Ufa-Zeite mehrere turbulente Showszenen, in die inzwischen auch komisch-parod stische Elemente eingeflossen waren.

58 In »Mein Mann, das Wirtschaftswunder«, 1961, war Conny Froboe meine Filmtochter.

9 Mit dem großen Hans Moser in der Verfilmung der »Fledermaus«, 962...

0 ...und mit Peter Alexander in dem Operettenfilm »Hochzeitsnacht im 'aradies«, 1962.

61 Gute Kontakte! Bei den Proben zu dem musikalischen Lustspiel »Da Ministerium ist beleidigt« verliebte ich mich in Fred Raul.

62 Mit Fritz Tillmann in der Fernsehverfilmung der Oscar-Straus-Operett »Der letzte Walzer«, 1973.

gen Paß als Deutsche. Jetzt bin ich österreichische und deutsche Staatsbürgerin.
Im Wiener »Ambassador«, in dem ich einquartiert war, klopfte es plötzlich so komisch an die Tür. Ich zuckte zusammen. Damals zuckte man ja leicht, wenn es klopfte. Draußen stand ein russischer Kleiderschrank, trug Riesengepäck in seinen Muskelarmen. Grinste: »Von Kommandeur – für dich, Mama, Papa, Baby, Mann, Tante. Du Foto für mich?« Hatte ich nicht. Aber ich lächelte wie die Frau seiner Träume. Dann packte ich aus. Außer meiner Gage waren Lebensmittel drin. Herrlich. Die Russen haben einen angeborenen Sinn für die Kunst und für die Künstler.
Ich hatte dem Kommandanten ein bißchen mein Leid geklagt. Dies war eine prächtige Entschuldigung für alle Grenzschwierigkeiten, fand ich.

# Im Knast

## *Ein kleiner Sadist beim Verhör und die Damen von der Reeperbahn*

Ja, es stimmt: Ich war eine Knastschwester. Und das kam so: Gastspiel in Berchtesgaden, Wohltätigkeit, eingeladen. Die Stimmung war kolossal, und danach feierten Nordhaus und ich noch mit den »Gastgebern«, die uns eingeladen hatten, vor allem mit dem maßgeblichen amerikanischen Offizier.

In Österreich war zu dieser Zeit die nächtliche Ausgangssperre schon aufgehoben, aber in Berchtesgaden durfte sich nach zehn Uhr kein deutsches Schwänzchen mehr auf der Straße sehen lassen. So rief ich um zehn vor zehn: »Jetzt aber fix ins Hotel!« Der hohe Offizier stellte uns einen Jeep zur Verfügung, und fünf Minuten nach zehn setzte der uns vor unserer Berchtesgadener Bleibe ab.

Ich klingelte – damals wurden die Hotels ja abends verschlossen – und fixierte dabei gleichgültig den Kontroll-Jeep, der auf der Suche nach Nachtbummlern und Opfern um die Ecke bog. Ein Jüngling beugte sich heraus und sagte streng, wir seien zu spät.

»Na schaun Sie, drinnen wird schon Licht gemacht«, erklärte ich freundlich.

Er hüpfte, sportgestählt und gutgenährt, heraus. »Come on«, forderte er markig.

Das durfte doch nicht wahr sein! »Ich bitte Sie, wir waren bei Ihrem Major F. eingeladen, Sie müssen doch noch seinen Jeep gesehen haben«, sprach ich vornehm und fummelte an meinem Nerz herum, weil ich hoffte, er würde mich beim Anblick des kostbaren Stückes nicht länger für eine Landstreicherin halten. Er blieb ungerührt. »Come on«, verlangte er kategorisch und packte mich am Arm.

Das kann ich nun, wie gesagt, gar nicht leiden, und während der Hotelportier, ein alter Mann, kläglich rief: »Aber gnädige Frau, was bedeutet das alles?«, konnte er die Szene »Jakob ringt mit dem Engel« beobachten, wobei der Engel laut schimpfte. Der Engel war ich.

Trotz meines gezielten Widerstandes kriegte er mich aber in den Wagen. Nordhaus stieg freiwillig ein. Schließlich saß noch einer drin. Der sah auch recht kräftig aus.

Ein junger Sadist verhörte mich dann zwei Stunden lang. Ich stand vor seinem Pult, räumte ihm meine Tasche aus und antwortete auf seine liebenswürdigen Fragen der Art: »Haben Sie Ihren Nerz von Freunden bekommen?« »Ist der Mann Ihr Liebhaber?« »Was wollten Sie auf der Straße?«

Natürlich mußte er mein Foto gesehen haben. Es prangte in allen Schaufenstern. Natürlich hatte ihm mein Festnehmer vom Portier berichtet. Natürlich *wußte* er, daß eigentlich alles in Ordnung war. Auch mein Ausweis stimmte. Er langweilte sich wohl meistens. Dies war die begehrte Abwechslung: eine kleine Extrashow, speziell für ihn.

Später erfuhr ich, daß jeder Geschnappte einen Punkt für einen künftigen Sonderurlaub einbrachte. Das erklärt natürlich auch manches. Ich nahm mich jeden-

falls sehr zusammen. Nach zwei Stunden fragte ich lediglich: »Kann ich jetzt endlich gehen?«
Er lächelte und lächelte. »Jetzt? Jetzt werden Sie eingesperrt«, sagte er. So war es. Ein Jeep – wieder mit unserem Festnehmer – brachte Nordhaus und mich zu einem offenbar sehr abgelegenen Gebäude. »Und jetzt?« fragte ich.
»Der Herr kommt ins Herrengefängnis, die Dame ins Damengefängnis«, verriet unser Festnehmer – er sagte tatsächlich »Gentlemen« und »Ladies«!
Ich grinste nicht. Mir war gar nicht mehr zum Grinsen zumute. Ehrlich gesagt: Ich wurde feige. In »Sing-Sing« war ich einmal einen Tag vor Heiligabend aufgetreten, der Saal war geschmückt gewesen, viele Hunderte enthusiastisch begeisterter Gefangener hatten mir zugejubelt. Ich hatte sogar Gage bekommen. Darauf durfte ich jetzt wohl nicht rechnen.
Ein Zivilist nahm die »Gäste« am Eingang in Empfang. Als er mich erblickte, schlug er die Hände über dem Kopf zusammen.
»Ja, Frau Rökk, was machen *Sie* denn hier!?«
Ich fragte stumpfsinnig: »Sie kennen mich?«
»Was heißt kennen? Ich habe für Ihre Vorstellung morgen zwei Karten, zweite Reihe!« rief er fröhlich.
»Armer Mann, ich trete nicht auf«, murrte ich verbittert.
»Das können Sie mir nicht antun«, jammerte er. Dann tat er etwas, was viel Einfühlungsgabe und Sinn fürs Praktische verriet. »Ich koche Ihnen mal zuerst Kaffee«, sagte er und wieselte schon los.
Meine Festnehmer aber, der »Anfasser« von vorhin, der Schnapper, lief nun zu großer Form auf. »Zigarette?« fragte er und zückte sein Päckchen.
»Von Ihnen bestimmt nicht!«

Er: großes Lächeln, große Augen, lange Wimpern, legte das ganze Packerl hin, sagte gedämpft: »Mag sein, daß Sie's doch brauchen!«, zog sich zur Tür zurück, wie bei Hofe, Rücken zum Ausgang, verbeugte sich leicht: »I am sorry!« So was! Ein gutmütiger Gentleman. Vor Überraschung vergaß ich ganz das Anfassen, grinste gequält zurück. Ein gepflegter Abgang fürwahr.

Der Zivilist schlurfte mit dem Kaffee herbei, der tat mir gut. Dann sagte er: »Tscha, ich muß Sie reinbringen. Was haben Sie denn bloß angestellt?«

Wir kamen zu dem »Aufenthaltsraum«: riesiger Lagerraum, vergittert, provisorisch hergerichtet für Sünderinnen aller Art. Der Wärter öffnete schwungvoll die Tür, rief: »Meine Damen, eine ganz große Überraschung für Sie: Marika Rökk!«

Der Applaus war in der Tat überwältigend. Mein »Publikum« war gemischt. Frauen, deren Männer gesucht wurden, welche, die randaliert hatten, viele Prostituierte, eine, die einem Soldaten eine geschmiert hatte, als er sie streicheln wollte, Frauen, die Nachbarinnen durch Zuruf noch schnell mit der Pflege ihrer Kinder beauftragt hatten, Nachtschwärmerinnen wie ich – so richtige Verbrecherinnen schienen mir nicht dabei zu sein.

Sie sorgten fabelhaft für mich, setzen Sie sich hierher, nein, die Ärmste muß auftreten, legen Sie sich dorthin, nein, lieber da drüben, hier sind soviel Wanzen, nehmen Sie diese Decke. Ich konnte nicht schlafen. So richtig urgemütlich war es eben doch nicht. Der Wärter, immer mit Blick auf seine zwei Eintrittskarten, kochte unentwegt Kaffee, um mich fit zu machen. Ich erzählte den Damen, meinen Knastschwestern, von der Flimmerwelt des Films. Sie wollten alles hören:

»Haben Sie ein Double? Wie schminken Sie sich? Wird richtig geküßt?«
Eine rief: »Verdammt, ich muß mal eben raus, erzählen Sie nicht weiter inzwischen«, und unser Wärter stand auch ständig lauschend da.
Ein Mädchen, rotblond und hübsch, war sehr um mich herum. Sie sei Kollegin, verriet sie mir. »Ich bin ausgebildet. Aber dann ist alles schief gegangen. Alles schief«, erinnerte sie sich trübsinnig. Der Wärter nahm mich beiseite: »Die und Tänzerin«, erklärte er höhnisch, »die tänzelt auf der Straße rum, und zwar meist nachts!« Nun, sie hatte eben ein gesundes Selbstbewußtsein. Und sie war wirklich nett.
Morgens bat ich den Wärter: »Rufen Sie Frau Schuster an!« Das war eine lustige, couragierte Person, und sie hatte im Auftrag des amerikanischen Offiziers das Gastspiel arrangiert. »Darf ich nicht«, grinste er. Nachher ging er Milch und Brötchen holen, kam zu mir, sagte: »Sie ist gleich da. Beinahe aus dem Bett gefallen.« Es war sieben Uhr. Gar nicht viel später kam sie tatsächlich wie eine Rakete in den Knast geschossen, Mantel überm Nachthemd, blanke Nase, Donnerstimme, die Tatkraft in Person.
Sie war schon beim hohen Chef gewesen, am Burschen vorbei direkt ins Schlafzimmer gestürmt mit dem Schrei: »Wissen Sie, wo sich unsere Diva zur Zeit aufhält?«, hatte ihm das vernichtende Wort »Knast« unter die warmen Bettfedern gejubelt, unaufhaltsam in ihrer Raketenumlaufbahn.
»Liebe Frau Rökk!« rief sie. Weiter nichts. Das langte auch. »Sie müssen sich erholen. Dann werden Sie über Ihren Auftritt positiver denken«, säuselte sie später.
»Wir haben sowieso keine Musik. Der Nordhaus sitzt nämlich auch«, quengelte ich. Schon setzte sich die

Rakete ein zweitesmal in Bewegung. Ich schimpfte. Ich hatte einen kleinen Schüttelfrost. Mein Bauch gluckerte, und mein Herz puckerte – vom Kaffee. Soviel Kaffee habe ich nie wieder in meinem Leben in mich hineingeschüttet. Es waren die Nerven, daß ich an einem Tränenkloß würgte. Nur die Nerven. Alles Einbildung.

»Ich trete *nicht* auf!« rief ich ein übers andere Mal. Aber ich schlief, und die Vorstellung fand statt. Natürlich. In der zweiten Reihe entdeckte ich das strahlende Gesicht von meinem kaffeekochenden Wärter, und wer saß ganz vorn? Ganz strahlender Vollmond? Ein richtiges Wonnekerlchen, freundlich zähnefletschend und ohne jede sadistische Note?

Mein Verhörer!

Ich leistete schier Übermenschliches an Selbstbeherrschung. Ich warf ihm meinen Schuh *nicht* an den Kopf!

Nun, auch dieser Knastbesuch war eine Erfahrung. Vor allem hatte ich gesehen, wie nett und liebenswürdig die Damen von der Straße sein können.

Viel später fand ich diese Erkenntnis bestätigt. Da machte ich mit Fred einen zünftigen Reeperbahnbummel. Endlich! Bei Jacoby hatte es immer geheißen: Dazu bist du zu jung. Damals war man sehr streng in solchen Dingen.

Nun ging's. Ich trat in Hamburg in »Maske in Blau« auf. Fred und ich starteten unseren Bummel ganz bescheiden, aber es wurde der reinste Triumphzug daraus. Es wurde eine unbeschreibliche Nacht: kostbar – und billig. Denn bezahlen durften wir nirgends. In jedem Lokal wurden uns bereits Zettel zugesteckt: »Die Direktion vom ... lädt Sie herzlich ein!«

Und *überall* strömten die einschlägigen Damen an

unseren Tisch. »Wir wollen unsere Marika auf Händen tragen«, erklärten sie. Wie ein Lauffeuer war es herumgegangen: Die Rökk ist auf der Reeperbahn. Ich schlürfte roten Sekt, und sie erzählten mir aus ihrem Leben. Jede hatte irgendeine besondere Geschichte. Und sie folgten mir von einem Lokal ins andere.
Ich kenne die Reeperbahn. Ich habe *alles* gesehen. Bis zum Sonnenaufgang. Da rauschte noch eine hübsche Dame auf mich zu. »Meine liebste Kollegin«, rief sie mit ausgebreiteten Armen. Ich mußte mir ihre Tanznummer ansehen. Sie strippte zu Chopin. Sehr ernsthaft und kunstbewußt. Zum Schluß nahm sie eine Kerze und ging damit in die Horizontale. Alles natürlich streng künstlerisch. »Was sagen Sie dazu?« fragte sie stolz. Ich nickte: »Großartig!«
Ehrlich: Soviel Herz und Menschlichkeit wie bei diesen Mädchen habe ich selten erlebt. Wenn sie einen lieben, würden sie sich für einen vor die Straßenbahn werfen. Die Reeperbahnmädchen schickten mir damals jeden Tag Blumen, und immer trampelten welche in der ersten Reihe. Leisten konnten sie sich's ja. Verdienten ja gut.

# Blut ist im Hut

## *Unfälle und Schmerzen, aber die Show geht weiter*

Jeder Auftritt versetzt den Künstler sozusagen in Trance. Die Suggestion von Publikum und Scheinwerfern ist tatsächlich ungeheuer. Schon fünf Minuten vor dem Auftritt verändert sich das Gesicht – es ist wie ein Wunder.

Man ist geschminkt, die Perücke ist schon drauf. Jetzt zieht die Garderobiere den Reißverschluß zu. Ich schaue in den Spiegel. Die innere Erregung spannt die Züge, läßt die Augen leuchten. Ich sehe herrlich aus.

Was für ein Mirakel: Morgens war dir schlecht, morgens konntest du nicht auf deinen kaputten Beinen stehen, nun tänzelst du auf die Bühne wie auf Federwölkchen. Morgens konntest du nicht »Brötchen« sagen, jetzt trällerst du, und deine Stimme kommt glatt wie auf Schmierseife.

Ich will damit aber gewiß nicht behaupten, ich sei eine Sängerin. Überhaupt nicht. Sagen wir mal: Ich war eine Tänzerin, die die Frechheit hatte zu singen. Dabei habe ich mich jedoch stets in meinen Grenzen gehalten. Nie habe ich mich an Sachen gewagt, für die man eine ausgebildete Stimme braucht. Meine Liedchen und Schlager zur Ufa-Zeit wurden ja von Komponisten

für mich geschrieben, die meine Mittel und Grenzen genau kannten.
Natürlich wurden viele Platten mit meinen Schlagern verkauft, aber sie verlängerten und vertieften für den Käufer den Spaß am Kinobesuch. Nach dem Kriege dagegen wurden meine Lieder von Komponisten geschrieben, die ihren eigenen Stil pflegten, beileibe nicht meinen. Sie kamen aus der Schallplattenbranche und planten die Lieder gleich für die Plattensängerin, die sie nachher in den Geschäften zum Hit machen sollte. So wurde ein Lied zum Beispiel für mich und meinen Film entworfen, gleichzeitig aber einer Schlagersängerin zugedacht. Jedenfalls: Ich singe. Und dabei ist das Tänzerische enorm schädlich für die Stimme. Beim Training schon schwellen die Stimmbänder an. Alles ist vergessen, wenn du auf die Bühne trittst. Alles ist vergessen. Schmerzen sind wie weggeblasen.
Es war ein Galaabend im Berliner Palais am Funkturm. Ich zog mich blitzartig hinter der Bühne zu meiner Charlestonnummer um. Um Hüte im Eiltempo befestigen zu können, arbeite ich mit altmodischen, langen Hutnadeln. Ich bin wie ein Wiesel hinter diesen raren Prachtstücken her. Sie sind für mich einfach wichtiger als ein fünfkarätiger Lupenreiner. Ich gehe glatt in die Knie, wenn ich in irgendeinem Antiquitätenladen ein Paar entdecke.
Ich vergesse nie den Blick, den eine elegante Verkäuferin in Wien auf meine doch recht modische Kleidung warf, als ich um die eigentlich unverkäuflichen, zu Dekorationszwecken bestimmten Nadeln flehte. Solche Prachtstücke verwendete ich nun also auch beim Schnellumzug. Ich hatte mich in mein hellblaues Charlestonkleidchen geworfen und rammte die Na-

deln durch Hut und Perücke. Es piekte, und ich dachte: noch mal rausziehen? Ach was! Das Orchesterstück ging schon zu Ende. Wir machten nonstop.
Ich war enorm in Form und sang und tanzte wie verrückt: »Charlestonboy, my little Charlestonboy, o bitte, bleib mir treu.« Da brach im Publikum Unruhe aus, die Leute sprangen auf und drängten vor zum Podium. Ich schwitzte übermäßig, der Schweiß lief mir übers Gesicht und sogar in die Augen. Ich wischte mit der Hand drüber, und da sah ich: Der »Schweiß« war Blut. Auch das Charlestonkleidchen war bekleckert. Mir wurde schlecht. Ich stürzte von der Bühne, während mein zweiter Mann, Fred Raul, einen Arzt aus dem Publikum auftrieb und dann auf der Bühne Witze erzählte. Die Show geht weiter.
Ich gebe zu, ich war hysterisch. Als ich die Hutnadel herauszog, wußte ich, was los war. Ich hatte sie durch die Kopfhaut gerammt. »Bloß keine Blutvergiftung«, schrie ich, »bringt Alkohol!« Man brachte mir eine ganze Flasche Schnaps, und ich goß sie mir eigenhändig bis zum letzten Tropfen über den Kopf.
Eigentliche Hauptperson war allerdings Partner Claus Cristofolini, der mit dem Schrei »Mir wird schlecht« an die Fenster stürzte, die sich gar nicht öffnen ließen. »Ich muß brechen!« gurgelte er. Er war für die nächste Ulknummer bereits als »Dolly-Sister« angezogen und bot einen reichlich bizarren Anblick. Später erfuhr ich, daß Clausi einfach kein Blut sehen kann.
Jetzt ging alles wie im Stummfilm: Ich setzte Perücke und Hut wieder auf, diesmal vorsichtig, wischte das Gesicht ab und tanzte meinen Charleston zu Ende. Von der Musik habe ich allerdings nichts gehört, so sehr applaudierte mein Publikum. Da sehen Sie, was für ein Pferd ich bin. Aber auch Partner Clausi kam

wieder auf die Beine und auf die Bühne. Jeder Showmensch würde es tun.

Der »komische Tango« in Bad Oeynhausen endete mit einem absoluten Fiasko. Ich tanzte mit Helmut Ketels dieses Galastück aus dem »Grünen Kakadu«, setzte einen Sprung zu energisch an und sackte in seinen Armen wie Pudding zusammen. Ich hatte einen Muskelhüllenriß in der Wade. Helmut schleppte mich hinter die Bühne. Ich schrie wie ein Tier. Im Krankenhaus versicherte man mir, in vier bis fünf Wochen würde alles in Ordnung sein. Otto Hofner, der nette Gastspielunternehmer, sah aus wie Hamlet in der Friedhofsszene. Vier Wochen – das bedeutet eine geplatzte Tournee, Künstler ohne Engagement, finanziellen Ruin.

Claus Cristofolini empfahl mir Dr. Bentzon in München. »Der Mann ist Klasse«, sagte er, »der hat mir oft geholfen!« Dr. Bentzon erklärte: »Es wird sehr weh tun, aber ich werde Sie schnell wieder auf die Beine bringen.« Beides stimmte.

Ich trank schon nachmittags einen Cognac, was ich sonst nie tue, um die Behandlung in einigermaßen korrekter Haltung zu überstehen. Nach acht Tagen stand ich in Essen wieder auf der Bühne. Ich konnte die Ferse noch nicht auf den Boden senken, so ließ ich mir vom Schuhmacher den Absatz drei Zentimeter erhöhen. Unter dem Netzstrumpf sah man den Wickel. Aber es ging! Ich hab's gemacht! Wenn man springen muß, dann muß man halt springen.

Nur auf einen Tanz mußte ich schweren Herzens verzichten: Auf den wunderschönen Kaiserwalzer, den Höhepunkt jeder Schau. Seine klassischen Posen verlangen heile Ballettpatscherln, ich versuchte es, aber ich mußte abgehen.

Ich kann nicht sagen, daß ich in diesen Tagen zugenommen hätte. Nach einer Woche konnte ich jedoch meinen Absatz bereits einen Zentimeter niedriger machen lassen, in der nächsten Woche wieder einen. Dann kam auch dieser große Moment: Ich hatte wieder zwei gleich lange Beine. Ich war sehr glücklich. Noch heute bewahre ich die Bad Oeynhausener Zeitung auf mit der dicken Schlagzeile: »Marika Rökk verunglückt!« und in kleinen Buchstaben darunter »Papst Pius schwer erkrankt« – geschmacklos, aber doch auch von entschieden schwarzem Humor.
Man hält viel aus, wenn man für eine Sache lebt. Generalprobe für die »Maske in Blau« in Wien. Mein einer Tanzpartner warf mich mit einen gewaltigen Schwung hoch. Wie ein Weihnachtsengel, mit ausgebreiteten Armen, flog ich zu meinem zweiten Partner hinüber. Nur: Der stand nicht da. Ich knallte mit dem Kopf auf die Bretter und dachte noch: »Daß du so auf der Bühne endest ... Gabi, mein Kind ...«
Im Rettungsauto erwachte ich ein bißchen. Benommen registrierte ich, daß Clausi neben mir saß, meine Hand tätschelte und unentwegt rief: »Sie sterben nicht, Frau Rökk, denken Sie daran, was Sie alles schon ausgehalten haben. Nein, nein, nein – Sie sterben nicht! ...« Das war in der Tat ungeheuer aufmunternd.
Als ich das nächstemal erwachte, stand ein Arzt an meinem Bett. Er fragte: »Welchen Tag haben wir heute? Welchen Monat? Wieviel ist 38 und 7?«
Ich dachte: »Himmel, jetzt bist du in der Klapsmühle!«
Ich preßte die Lippen zusammen und sagte vorsichtshalber gar nichts. Er fragte: »Hören Sie mich?«
Das war ja nun wirklich zu dumm. »Ich höre Sie deutlich«, erklärte ich mit Würde. Aber Auskünfte gab ich

nicht. Das Datum hätte ich bestimmt gewußt. Rechnen kann ich allerdings gar nicht gut. Ich hatte sieben Nähte auf dem Kopf und eine Gehirnerschütterung. Ein Fotograf hatte just im Moment meines Sturzes auf den Auslöser gedrückt, und das Foto ging durch die Presse. Er muß toll daran verdient haben, so ist dem einen sin Uhl dem anderen sin Nachtigall. Alle Zeitungen verbreiteten die Nachricht von meinem schlimmen Sturz – ein Wunder, daß sie schrieben: »Sie atmet noch.«

Die Leute stürmten die Kassen und wollten ihr Geld zurück. Heinz Hentschke kam aus Berlin in Wien angereist, um zu fragen, wie lange sein Star liegen müsse. Man sagte ihm: »Sie weiß den Monat nicht und kann nicht 38 und 7 rechnen. Vier Wochen mindestens!«

Für mich brach eine Welt zusammen. Mein Mann druckste beim Besuch herum. Ich fragte: »Freddy, was ist los?« Da erfuhr ich's: Er probierte bereits mit einer kleinen Nachwuchskraft die leichtere Fassung – die ursprünglich geplante war eigens für mich aufgepeppelt worden. Am vierten Tag sagte ich mir: Eigentlich geht's dir prima. So stand ich vorsichtig auf, zurrte mein Nachthemd um die Taille fest und und beschloß: Wenn ich jetzt zweimal Handstand schaffe und werde nicht ohnmächtig, dann ist alles in Ordnung. Ich schaffte drei.

»Auf eigene Verantwortung« wurde ich entlassen. Natürlich waren sie froh, mich los zu sein. Ich hatte mich wahrhaft entnervend aufgeführt, hatte gerufen, ich vertrüge den Anblick von weißen Kitteln nicht, geschmollt und gemeckert. Heimlich hatte ich sogar mit dem Gedanken gespielt, wie im Krimi meine Bettwäsche zum Seil zu drehen und mich aus dem ersten

Stock herabzulassen – schließlich hatte ich als »Stern der Manege« schon mal am Seil gearbeitet, und ein Taxistand war vom Fenster aus zu sehen.

Nun, mein Mann holte mich ab. Ich sagte: »Fred, bitte gleich ins Theater!« Was sollte er sagen? Er kennt mich ja.

»Kinder, da bin ich!« rief ich. Professor Marik, der Theaterdirektor, fiel beinahe vom Stuhl. Mein kleiner Ersatz sagte tapfer: »Schön, daß Sie wieder gesund sind!« Sie tat mir sehr leid.

Nach acht Tagen war Premiere. Ich hatte ein stark ausgebautes tänzerisches Entree: Blues, Cha-Cha-Cha, Ballett, Akrobatik und Pirouetten. Die Jungens schleuderten mich durch die Luft. Ich war glücklich. Eine kleine Naht auf dem Hinterkopf war geplatzt, und ich fühlte, wie das Blut sickerte, aber ich war froh, denn es war ja hinten, und ich trug ein knallrotes Kleid. Keiner konnte es merken.

Zwei Ärzte aus meinem Krankenhaus saßen in der ersten Reihe. Wie hatte ich sie geärgert. Jetzt tobten und klatschten sie vor Begeisterung. Zu einem Reporter haben sie gesagt: »Sie ist nicht nur auf der Bühne ein Phänomen, sondern auch im Leben ein Unikum.« Na bitte!

Als ich mit der Juliska in Berlin gastierte, fuhr mich ein Taxichauffeur. Ich war noch geschminkt, und er guckte unentwegt in den Rückspiegel. »Wir sind nun ungefähr gleich alt«, sagte er. »Nein, wie Sie sich gehalten haben! Klasse! Da is nu allet drin.« Ich durfte nicht bezahlen. Zum Schluß meinte er: »Wissen Sie, Deutschland hat nur zwei Phänomene: den Adenauer und die Rökk.« Ich fühlte mich wahnsinnig geschmeichelt.

# Rumpelstilzchens Kavaliere

*Große Klasse: Meine Tanzpartner Helmut Ketels und Claus Cristofolini*

Nach dem Kriege drehte ich in Bendestorf bei Hamburg »Sensation in San Remo«. Ich brauchte einen Tanzpartner. Alles war verstreut. Ich wollte keinen bulligen »Heber«, der seine Partnerin wie ein Elefant über die Bühne wuchtete, sondern einen erstklassigen Tänzer, der heben konnte.
Sabine Ress empfahl mir einen zwanzigjährigen Jungen, sehr ernst, sehr gut gebaut, sehr begabt: Helmut Ketels. Nach zehn Minuten wußte ich, daß er der Richtige war. Er wirkte bei der Arbeit auf mich wie eine ganze Flasche Baldrian, das brauche ich. Wenn ich arbeite, dann strahle, funkele, platze ich. Alles mache ich mit einem Überschuß an Temperament, der keineswegs immer vonnöten wäre. Alles wirkt übermäßig auf mich. Wenn ich eine viertel Schlaftablette nehme, mache ich einen Winterschlaf. Wenn ich mich ärgere, ist Rumpelstilzchen nichts dagegen.
Ich brauche Menschen, die nicht wiederfunkeln, wenn ich funkele. Dann bin ich still.
Helmut blieb mein Partner, ausgeglichen und lieb, wir haben wunderschöne Sachen zusammen einstudiert.
Nach einigen Jahren wollten wir den Farbfilm »Maske in Blau« machen. Helmut fühlte sich schlapp. Er sah

schlecht aus. Ich sagte: »Ruh dich aus«, aber er war krank – nicht lebensgefährlich, doch eine Kur wurde fällig.

Nun stand ich da – kurz vor Weihnachten war jedes Bein im Bühneneinsatz, und bei der Bavaria in Geiselgasteig wurden schon die Kulissen aufgebaut. Ich testete einige Tänzer. Dann trat mit einem Schock Claus Cristofolini in mein Leben, sehr groß, sehr schlank, sehr blond. Er war von Hals bis Fuß und bis zu den Fingerspitzen in ein kornblumenblaues Trikot gehüllt. Er sah aus wie die Riviera im Hochsommer: blau und strahlend, auch landschaftlich reizvoll. Ich erschrak sehr.

»Improvisieren Sie bitte ein bißchen«, würgte ich hervor. Er tat es. Er war wundervoll. Die Frage, ob dieses Hämeken heben könnte, beantwortete sich sehr schnell. Er faßte mich zwar anders an als der sehr kräftig gewachsene Helmut, aber er handhabte mich wie ein Jongleur. Ich nahm ihn. »Junger Mann, von mir aus . . .«, sagte ich.

Er hatte mit diesem Film ein glänzendes Entree. Er war so lieb, hatte eine so entzückende Ausstrahlung. Als Helmut zurückkam, hatte ich zwei Kinderchen. Die Produktionen wurden teurer.

Zwanzig Jahre waren Helmut und Clausi fast immer für mich da. Wenn einmal einer ausfiel, sprang Fred Milan ein, auch er ein Ausbund an Treue.

Wir haben viele Tourneen zusammen gemacht, und möglichst wurden sie auch in meine Theaterstücke eingebaut. Natürlich haben sie sich selbständig gemacht, und ich bin beruhigt: Sie sind beide gut drin.

Als wir einmal auf Tournee waren, hatte ich eine Frau engagiert, die unsere Sachen in Ordnung halten sollte, doch hatte sie offenbar andere Auffassungen von der

Arbeitsmoral des »Künstlervölkchens«. Sie »wurde gegangen«, und nun übernahm Helmut freiwillig und zusätzlich ihr Amt. Wenn ich in einem neuen Ort ankam, eilte ich ins Hotel, um noch ein bißchen zu ruhen. Helmut bereitete währenddessen alles in meiner Garderobe vor.

Er legte alles bereit und richtete meinen Tisch her, und ich vergesse nie den Anblick, als ich in die Tür trat und Helmut meine Netzstrümpfe nähen sah. Er hielt die Nadel mindestens so ungeschickt, wie ich sie gehalten hätte, und sah mich mit einem Blick an, der deutlich besagte: »Mit *dir* möchte ich nicht verheiratet sein!« Er wußte natürlich damals noch nicht, wie gut ich kochen kann . . .

Clausis großer Kummer war, daß Helmut sich nicht von ihm helfen ließ. Eines Tages vertraute er mir an: »Wissen Sie, Frau Rökk, ich habe das Gefühl, daß der Helmut mich für einen völligen Idioten hält!«

Trotzdem kann ich mich nicht erinnern, daß sich diese zwei Menschen in all den langen Jahren gezankt oder verletzt hätten. Sie waren zwei vollendete Kavaliere, mit denen ich gern in Gesellschaft ging. Ich war stolz auf sie – auf ihr Können. Und auf ihr Benehmen.

Auch Clausis große Stunde schlug übrigens. Ich war verliebt in meinen jetzigen Mann, aber ich durfte es damals noch nicht offen zeigen. In Antwerpen entwarf ich deshalb entflammte Telegramme an ihn und bat Clausi sie zur Post zu bringen. So erschien er täglich mit telegrafischen Ergüssen wie »Ich hab dich nicht vergessen – deine Pippi« oder »Ich liebe dich, deine Pippi«, auch nur schlicht »Bussi – deine Pippi« auf dem Postamt. Pippi war ich.

Eines Tages gestand er mir bedrückt: »Frau Rökk, ich kann das nicht mehr machen. Sie rufen immer ›Hach, du, Pippi!‹, wenn ich komme, und ein junger Mann hinterm Schalter wollte sich heute mit mir verabreden.«

Nun, ich bat nun meine uralte Garderobiere, den Postillon d'amour zu spielen. Die Wirkung war frappierend. Nach ein paar Tagen gestand sie mir bedrückt: »Frau Rökk, ich kann das nicht mehr machen. Die Beamten in der Post gucken mich so komisch an. Man sieht, daß sie denken: ›Die Olle schreckt aber auch vor nichts zurück!‹«

# So sind die Menschen

*Prozeß gewonnen, Comeback bei Kerzenlicht, Fred Raul tritt in mein Leben*

Reisende in Revue. Immer auf Bühnen unterwegs, bei denen man beim ersten Sprung befürchtet, sie würden gleich zusammenklappen mitsamt dem ganzen, köstlichen Festspielhaus.

Tournee-Geschädigte, immer abgekämpft, verpflichtet für alte Kinos, Feuerwehrsäle, Turnhallen. Schränke als Garderoben, Hetze, Kälte oder auch Hitze, Eisenbahnfahrten, knochenharte Hotelbetten, Zauberwort: Improvisation. Aber auch: Das begeistertste Publikum der Welt, das Glück, wieder zu dürfen, das herrliche Gefühl, wieder geliebt und verwöhnt zu werden.

Tournee. Lauter verhungerte Zaunpfähle sind losgezogen. Lauter Ballons kommen nach vier Monaten zurück. Das ganze Ensemble wird gespickt mit Fleischkonserven und selbstgemachter Marmelade, Dauerwurst und Knochenschinken.

Braunau 1950 – jeder kommt schließlich irgendwoher. Das halb zerbombte Kino soll Schauplatz unserer Künste sein. Man nimmt, was noch da ist. Leute schneiden aus Silberpapier Sterne aus und deuten damit auf dem alten schwarzen Vorhang verwegen Flitterwelt an. Ausverkauft natürlich.

Fünf Minuten vor Beginn geht ein Wolkenbruch nieder. Wir blicken drohend gen Himmel – das Dach fehlt nämlich zum größten Teil. Ich sage: »Absagen.« Aber die Braunauer wollen nicht aufgeben, rennen nach Hause, holen Eimer und Wischtücher, packen Zeitungspapier lagenweise auf die Stühle. Ich schlappe in meine Garderobe, das Regenwasser hat sich anmutig verteilt. Aber mein Hauptkoffer ist in irgendein festes Haus gebracht worden. Nur mein Walzerkleid weint auf seinem Bügel vor sich hin.
Wir beginnen mit Verspätung, aber wir beginnen. Zweistunden-Show bei Kerzenlicht. Stimmung: bombastisch. Ja, ich durfte wieder. Das Ehrengericht der österreichischen Schauspielgewerkschaft hatte seinen Segen gegeben, nachdem mein Prozeß so eindeutig verlaufen war. Da hatte eine riesige Menschenmenge vor dem Gericht gelauert. Ich hatte mich an Dr. Zörnlaibs Manschette geklammert und mit aufgerissenen Augen und heiserer Stimme versichert: »Ich steige nicht aus dem Auto. Die wollen mich zerrupfen!«
Aber was wollten sie? Sie wünschten mir Glück, sie knuddelten mich zärtlich, riefen:»Kopf hoch, Marika«, und zu Dr. Zörnlaib: »Passen Sie auf unsere Marika auf!« Die Stimmung war umgeschlagen. Man bereitete mir eine Ovation und riß meinem Anwalt vor Begeisterung die Jackettknöpfe ab. Wir hechelten mit Verspätung in den Gerichtssaal, arg derangiert, aber strahlend wie ein Galafeuerwerk. Übrigens: Jetzt, da sich der Nebel verzogen hatte, sah alles plötzlich ganz klar und einfach aus. Der Wiener Redakteur entschuldigte sich. Kurt Singer war lieber gar nicht erschienen. »Der Autor ist erkrankt«, hieß es, »Beweise werden nachgeliefert!«
Wir warten. Er ist zwar inzwischen gestorben, doch

auch von seinen Erben kam nur das große Schweigen. Im Gerichtssaal hatte er allerdings damals damit einen überaus starken Lacherfolg.
Alle gratulierten mir nachher. Keiner *suchte* und *prüfte* nun noch. Mancher wird sich vielleicht geschämt haben. Aber ich lächelte. Sollte ich verbittert sein? Ich weinte auch ein bißchen. So ist das Leben. So sind die Leute.
Start war in Graz mit »Zwei Stunden für dich«. Meine Güte, was für ein Erfolg! Ich hatte die Nonstop-Show selber zusammengestellt, mit Evergreens und ganz modernen Sachen. Nordhaus betreute sie musikalisch. Und wir hatten prima Leute, denn es standen ja noch immer erste Kräfte arbeitslos herum, die bettelten: »Nimm mich mit!«
Nach der ersten Tournee lernte ich Direktor Rudolf Marik kennen, damals Chef des »Neuen Schauspielhauses« im russischen Sektor Wiens. Es war eigentlich ein Kino gewesen. Bevor wir es als Bühne verfremdeten, lief dort der »Zarewitsch« mit Johannes Heesters. Alles war behelfsmäßig in jener Zeit, aber der Elan war grenzenlos. Zusammen nagelten wir ärmliche Dekorationen aus Silberpapier und Pappe.
Direktor Marik und ich haben nach diesem begeisterten Start noch wunderschöne Sachen im Raimund-Theater zusammen gemacht, und wir sind bis zum heutigen Tag Freunde geblieben. Bei ihm spielte ich mit Wolf Albach-Retty »Die Nacht mit dem Kaiser«, in »Das Ministerium ist beleidigt« lernte ich Fred Raul, meinen Mann, kennen. Wir machten »Ball im Savoy« von Paul Abraham und »Wirbel um Rosy« nach einem Buch von Rolf Olsen, etwas Musicalartiges, ganz reizend, aber noch zu ungewohnt fürs Publikum. Regie führte Fred Raul.

Danach kam der große Erfolg mit der Juliska in »Maske in Blau«, von Fred inspiriert mit den Worten: »Du mußt zündende Stücke spielen, mit denen du auf Nummer Sicher gehst.«
Eigentlich war das eine Soubrettenrolle, zwei, drei Dialoge und gut verkaufte Nummern. Fred sagte: »Ich inszeniere es in Innsbruck. Schau es dir an.« Bis fünf Uhr früh saßen wir danach zusammen und bauten die Rolle um und aus, mit Tanzeinlagen und mehr schauspielerischem Gewicht.
Georgy sagte darauf zu Freddy: »Du wirst die Marika damit ruinieren!«, und Mama sagte nur zu ihm: »Du Blöder ..., du Blöder ...« Sie konnte nicht mehr Deutsch, sonst hätte sie noch andere Sachen gesagt.
750mal haben wir's insgesamt gespielt. Fred hatte es inszeniert. Fred hatte recht gehabt.
Auch »Blume von Hawaii« haben wir herausgebracht. Und in »Ball im Savoy« wurde das junge Mädchen in eine Diplomatengattin umgewandelt.
Als ich mit der »Maske in Blau« in Hamburg war, bot mir Professor Kutschera »Hallo, Dolly« an. Über diese Besetzung hatte lange Unklarheit geherrscht. Die Figur ist ja stark vom Schauspielerischen her zu bringen. Man hatte an Zarah Leander und an Hildegard Knef gedacht – und an mich auch.
»Ist was zum Tanzen drin?« fragte ich. »Das bringen wir rein«, rief Professor Kutschera. »O.K.«, sagte ich, und so mußte ich ihm dankbar sein, daß er mich in der Rolle gesehen und mir damit den Weg in ein neues Fach geebnet hat.
Es wurde eine schöne Aufführung im Theater an der Wien. Der Münchner Staatsintendant Kurt Pscherer führte Regie, Gene Reed hatte die Choreographie besorgt. Den Erfolg konnten wir in Hamburg und auf

einer Deutschlandtournee mit dem Schweizer Tournee-Theater der Gebrüder Grabowsky fortsetzen, die sich für andere zerfetzen, Hunderten von Künstlern Brot und Lohn geben und sich selbst bescheiden. Sie tragen das Risiko – und verdienen am wenigsten.
Und als wir in Berlin ins Theater des Westens zur 500. Vorstellung einzogen, feierte mich mein Publikum bei der Premiere so enthusiastisch, als ob es sagen wollte: Im November wird sie sechzig. Wir wollen ihr *jetzt* danken. Ja, ich wurde den Tränenkloß die ganze Vorstellung über nicht mehr los. Aber ich fühlte mich von allen meinen Freunden umarmt. Ich bin sehr dankbar dafür.
Professor Kutschera war stolz auf seine Initiative. Er pflegte zu sagen: »Wir haben mit Dolly Wehen gehabt – aber wir haben ein gesundes Kind geboren.«
Nach »Tanz mit dem Kaiser« spielte ich in Wien bei Professor Stoß ein musikalisches Lustspiel. Ein dünner junger Mann hatte eine paar-Sätzchen-Rolle als Kellner. Er stand immer in den Kulissen herum, beobachtete, war höflich und wohlerzogen. »Ich singe auch«, verriet er mir. »Kann ich Ihnen mal vorsingen?« Ich sagte ja und vergaß es.
Im dritten Akt hatte Heinz Conrads eine kleine Bonbon-Rolle: Man kommt, serviert und kassiert den Beifall – wenn man's kann. Nun, Conrads erkrankte. Ein Schlag. Da meldete sich der spacke junge Mann. Wir saßen da wie eine Löwenfamilie, denen der Zoowärter plötzlich Salat mit Zitrone reicht. Nun, er wollte vorsingen. Also schön.
Dann sahen wir uns an wie die Blöden: Der spacke Junge konnte es! Er kopierte nicht, er machte selber. Nein, der Peter!
Dann tauchte er in einem Valente-Film auf. Ich fragte:

Wer ist denn das? Nein, es war *der* Peter. Peter Alexander. Peter der Große.
Eine grandiose Karriere begann, und die Art, wie er sein Fach meistert, ist auch wirklich absolute Spitze.
Indirekt waren wir zweimal Filmpartner. Als direkter Partner war er ja zu jung für mich, und bei den Tanzeinlagen wollte er erst gar nicht ran, er angelt lieber, erzählt endlose Angelgeschichten, ist Angelfan. Schon morgens im Atelier, noch im Halbschlaf, pflegte er von seinen Würmern zu plaudern und neueste Angelstories zu berichten.
Beim Schminken sprach er über Blinker, und sonnabends befragte er bang den Himmel: »Fischwetter? Werden sie beißen?«
»Ich angle, aber ich tanze nicht«, hatte er gesagt. Doch als er's einmal begriffen hatte, schlug er gleich vor: »Können wir's nicht noch ein bißchen verlängern?«
Die »Fledermaus« kam in unserem Film nur ziemlich zerrupft über die Runden, aber Schwamm drüber.
Eine komische Tanznummer sollte ich mit Hubsy von Meyerinck für »Hochzeitsnacht im Paradies« einüben. Nun war er ja nicht mehr der Allerjüngste. Wir kannten uns schon von »Kora Terry« her. Und Tänzer war er auch nicht. Aber wie ein Zirkusgaul trabte er bei toller Sommerhitze in die Trainingshalle. Eine volle Stunde tanzten wir durch. Das Wasser lief uns in Strömen von Stirn und Rücken. Ich markierte zuerst noch. Er betonte immer wieder: »Ach, ich schaff es. Ich mach das schon!«
Pause. Es war sehr schwül. Wir setzten uns, atmeten tief. Er schaute mich an. Fragte: »Sind Sie *müde*?« Ist das nicht entzückend?
Paul Hubschmid war mein Partner im Film »Maske in Blau«. Er war so nett. Ein Blumenstrauß wurde abge-

geben bei mir. Auf der Karte stand: »Ich freue mich auf die Zusammenarbeit. Paul Hubschmid.«
Ich guckte vorsichtshalber mehrmals nach, ob das auch wirklich für mich war. Es war. Ich freute mich sehr. Noch nie hatte ein Partner mir vorher Blumen geschickt. Später hat mir Hans Holt auch einmal welche spendiert.
Tourneen. Heinz Hoffmeister holte mich nach dem albernen Film »Fregola«, in dem das Beste das Lied »Mama sagt, ich darf nicht küssen« war und in dem Josef Meinrad und Rudolf Prack als Partner mit mir litten, zu einer Deutschlandtournee. Auch bei Otto Hofner bin ich später »gereist«. Er hat wirklich ein Herz für seine Künstler.
Sagte Hofner eines Tages: »Marika, du machst zuviel. Das wird zu anstrengend. Laß etwas weg, ich flehe dich an!«
Ich hing an meinen Nummern. An jeder einzelnen. Ich wollte mein Publikum ordentlich füttern und sattmachen.
Trotzdem ließ ich Hofner vier Wochen später wissen: »Otto, frohe Botschaft. Ich habe gekürzt!«
Seine Augen leuchteten auf, doch sein Mund blieb skeptisch. »Fein«, lobte er. »Und was?«
»Also, bei dem dritten Lied«, erklärte ich stolz, »da, wo's dann geht ›da dada dadadada‹ – da lasse ich die Koloratur weg!«
Er kriegte einen verbitterten Lachkrampf. »Dir ist nicht zu helfen«, stellte er fest. Er war nicht der erste, der das sagte. Auch nicht der letzte.
Meinen Kollegen blieb nicht verborgen, daß ich kurz vor den Auftritten stets noch einmal aufs Örtchen mußte. Sicher war es Nervosität, aber es mußte sein. Nun spielten wir ja sehr häufig in »überlebenden« Ki-

nos, und da war die Behelfsgarderobe meist hinten, das Örtchen aber vorn. So sah das Publikum seinen Star so richtig menschlich in letzter Minute in Richtung Klo und zurück huschen. Ich tobte und schimpfte, aber ändern ließ sich halt nichts.
Einmal – ich hatte mich gerade wieder »nach Gefühl« geschminkt bei der Tranfunzelbeleuchtung – erschien feierlich das Ensemble in meiner Garderobe, und Conférencier Peukert überreichte mir mit charmanter Rede und viel Würde ein großes, schönes Paket, sorgfältig in Geschenkpapier verpackt. Ich löste die Seidenschleife, und was war drin? Ein Nachttopf. Ein sehr elegantes Modell.
Ehrlich: In Zwangssituationen habe ich ihn benutzt.
Am Schluß der Tournee schenkten sie mir für mein Bettelarmband einen kleinen, goldenen Nachttopf mit der Gravierung: »Zwei Stunden für Marika.« Ich habe das Armband noch, und jeder der vielen Anhänger erinnert mich an einen Menschen oder an eine spezielle Situation.
Einmal, bei einer Hofner-Tournee, tanzte ich mit meinen beiden Partnern Boogie-Woogie. Sie ließen mich abwechselnd wie einen Pfeil zwischen ihren Beinen hindurchsausen. Dabei kam ich dem Holzboden zu nahe, und schon steckte ein Riesensplitter im Po.
Ich werde nie das Gesicht des Zufallsbesuchers vergessen, als er später in meine Garderobe guckte. Helmut versuchte, mit einer Pinzette den Splitter rauszuziehen, und Clausi hielt meine Hände dabei. Er war natürlich wieder der Tapferste.
Wir haben's aber nicht im Do-it-yourself-Verfahren geschafft. Der Arzt mußte kommen und einen kleinen Schnitt machen.
Später erhielt ich eine Postkarte von einer Stamm-

tischrunde. Sie schrieben: »Unser Doktor renommiert ständig herum mit den Worten ›Ihr könnt sie tanzen sehen und singen hören, aber ich hab euch etwas voraus, was nicht mit Geld zu bezahlen ist. Ich habe ihren Po gesehen.‹«

Den zweiten Splitter rammte ich mir im Deutschen Theater in München ein, als ich dort mein Nachkriegs-Theaterdebut mit »Das Ministerium ist beleidigt« gab. Damals war gerade die große Filmstille eingetreten. Ich hatte alles Geld in mein schönes Haus in Geiselgasteig investiert und sagte lakonisch: »Na, da schauen wir ja schön aus«, da kam Direktor Angerer und fragte: »Frau Rökk, möchten Sie gern Theater spielen?«

Wieder Glück in der richtigen Minute. Ich wollte.

Fred Kraus, der Vater von Schlagersänger Peter Kraus, hatte Angerer auf mich aufmerksam gemacht. Fürs Zweite Deutsche Fernsehen inszeniert er gerade mit mir »Der letzte Walzer« mit Ivan Rebroff. So kommen die Fäden oft wieder zusammen.

Natürlich hatten wir auch im »Ministerium« einen Boogie drin – und ich hatte wieder einen Splitter drin. Der Po gewöhnt sich. Aber Oskar Angerer entschied: »Später werden wir an dieser Stelle ein Denkmal errichten.«

Mit den Filmen ging's wie im Lift: Erfolge und Mißerfolge. »Kind der Donau«, unter Jacobys Regie, mit viel Folklore und unter russischer Hoheit in den Wiener Rosenhügel-Ateliers gedreht, geriet in die Mühle der Weltanschauungen.

Nach der Hoffmeister-Tournee machte ich unter Jacobys Leitung »Sensation in San Remo« mit Ewald Balser und Peter Pasetti, »Die Csárdásfürstin« mit Johannes Heesters, »Maske in Blau« mit Paul Hubschmid

und »Die geschiedene Frau« wieder mit Heesters. Dann kam die neue Schlagerwelle und die Vico-Torriani-Welle, die Zeit der ausgesprochenen »Schlager-Filme«, eben mal etwas anderes. Unsere Einspielergebnisse rutschten ab, und da ein Filmschauspieler bekanntlich »immer so gut wie sein letzter Film« ist, waren Jacoby und ich – er nun erheblich über siebzig – gar nicht mehr en vogue. Produzenten, denen wir viel Geld eingebracht hatten, riefen im Lokal plötzlich bei unseren Anblick: »Ober, zahlen!« Man spürte richtig ihren Schreck: Mein Gott, jetzt kommt sie!
Tatsächlich saß ich da wie Pik-As. Alle Autoren, alle Komponisten schrieben auf die neue Masche, strebten schnelle Erfolge an. Verständlich.
Ich dachte: Qualität bleibt. Gute Ware hält sich. Meine fünfzig Prozent Steuern hatte ich geblecht und den Rest ins Haus gesteckt. Als ich eines Tages liebe Freunde in Baden bei Wien besuchte, blieb ich stehen und rief: »Das kann doch nicht wahr sein!« Es duftete genau wie damals, als ich als Neunjährige an Papas Hand gegangen war und ich gesagt hatte: »So schön duftet es nirgends in der Welt.« Das war in Budapest gewesen. Und nun war derselbe Schwall von Akazien und Flieder in der Luft. Meine Augen füllten sich mit Tränen. Es war, als hielte Papa meine Hand. Ich wurde schwach.
Fred und ich entschlossen uns, hier ein Häuschen zu bauen. Später gab ich dem österreichischen Fernsehen ein Interview, und ich schwärmte, schwärmte von Baden. Der Bürgermeister schickte mir einen Dankbrief, freute sich sehr über die unbezahlbare Reklame. Und ich bin froh: Hier, nahe meiner Heimat, werde ich meine alten Tage verbringen.
Nach Angerers Angebot fürs Deutsche Theater ging's

wieder aufwärts. Vier Jahre dauerte es, dann legte ich 1957 noch einmal einen richtigen Kinoerfolg hin. Das war eine wonnige Genugtuung.

Jacoby hatte ohne mich bei der Real-Film »Ich und meine Schwiegersöhne« gemacht. Gyula Trebitsch und Walter Koppel hatten eine Firma von Format aufgebaut. Als Trebitsch bei Jacoby anfragte: »Was macht die Marika? Ich möchte mal was mit ihr machen?«, war der nicht erstaunt, daß er gar nichts von meinem Theatererfolg gehört hatte. Filmmenschen denken und agieren in festen Bahnen. Nun, er sah sich meine »Maske in Blau« an, und ich war gebucht.

Jacoby lieferte den Stoff: Sein Vater hatte einmal einen Schwank geschrieben. »Der doppelte Mensch« hieß er. Diese Geschichte vom Papa, der übrigens auch die »Pension Schöller« geschaffen hatte, wurde nun für mich umfrisiert. Aus der männlichen Hauptrolle wurde eine weibliche Doppelrolle konstruiert.

Trebitsch rief: »Marika, Ihr Aussehen und Ihre Kraft – wir machen einen Hit!«

So war es. War bei der »Geschiedenen Frau« alles alt und muffig und sparsam gewesen, so wurde bei »Nachts im Grünen Kakadu« alles jung und frisch und äußerst großzügig gehandhabt. Aus dem geplanten kleinen musikalischen Lustspiel wurde nach Umfragen bei den Kinobesitzern ein richtiger Rökk-Film. Trebitsch sagte zu Jacoby: »Was heißt kleiner Film? Wir machen mit Marika einen *großen* Film. Das verdient sie.«

Das Ballett vom Lido wurde verpflichtet. Sabine Ress setzte ihre Mädchen ein. Es rauschte noch einmal. »Das Wirtshaus im Spessart« und »Nachts im Grünen Kakadu« lagen Nase an Nase als Renner. Im Berliner Marmorhaus war Premiere, und siehe da, neben meinen »alten« Verehrern hatten sich auch viele ganz

junge Leute eingefunden, die mir ihre Begeisterung zeigten.
Dann machten wir's falsch. Wir ritten die Erfolgsmasche zu Tode. Wir drehten »Bühne frei für Marika!« – mit Johannes Heesters – und »Die Nacht vor der Premiere« – mit Wolfgang Lukschy. Immer das gleiche Thema mit Variationen. Und mit »Mein Mann, das Wirtschaftswunder« und »Heute gehn wir bummeln« ging ich unter fremden Regisseuren in den Keller, stand bescheiden mitten in der Besetzungsliste, wurde allerdings bei »Mein Mann, das Wirtschaftswunder« nachträglich aufgewertet, weil mein einziger, von mir hart erkämpfter Tanz so gut gefallen hatte. Ich rückte an die Spitze der Namensreihe. Na, wenn schon, das Filmfest war vorüber. Ich drehte noch »Die Fledermaus« und »Hochzeitsnacht im Paradies«, aber es waren schon keine Rökk-Filme mehr. Schluß der Vorstellung – im Film. Bühne frei für Marika.

## Sex und Liebe

### *Zwölf Jahre Theo Nordhaus – Fred wird Glück und Halt meines Lebens*

Professor Marik hatte in München »Das Ministerium ist beleidigt« gesehen, und er entschied: »Das machen wir auch in Wien.«
Mein Partner sollte Fred Raul sein, und ich bat: »Bitte, machen Sie noch nichts fest, vielleicht verstehen wir uns gar nicht.« Das war nun wahrhaftig nicht gerade hellseherisch gesprochen. Marik lächelte nur fein und sagte:
»Ich habe ihm schon gesagt, daß Sie sehr schwierig sind.«
Ich reiste mit Theo Nordhaus in Wien an. Nordhaus. Zwölf Jahre sind wir zusammen gewesen. Ich will ihm gewiß nicht weh tun. Nordhaus, Typ englisches Top-Modell, superpotent, sexy, ganz auf Bett und Zärtlichkeiten eingestellt. Seine Anziehungskraft auf mich war anfangs übermäßig gewesen. Wir verstanden uns vornehmlich in einem Punkt: in diesem.
Wenn ich ihn die erste Zeit nur in die Tür kommen hörte, begann ich schon, mich auszuziehen. Seine Blicke stürzten mich in eine Verwirrung, die ich sehr genoß. Später machte ich, schon etwas ernüchtert, Befreiungsversuche. Wir zankten uns. Ich rief: »Ich verlasse dich!«

63 Mit meinem zweiten Ehemann Fred Raul in der Fernsehsendung »Frauengeschichten«, 1982...

64 ...und mit meiner Tochter Gabriele Jacoby.

65–70 Filmballgeflüste mit Zarah Leander i den fünfziger Jahre (links oben).
Im Wiener Raimund Theater bei Professo Rudolf Marik stand ic nach dem Krieg i mehreren Produktio nen auf der Bühn (links unten).
Bei den Dreharbeite zur »Csárdásfürstin« 1951, v. r. n. l.: Johan nes Heesters, Huber Marischka und Frau

Georg Jacoby und Walter Müller (Mitte oben). Mitte unten: Ein Hoch auf Dolly! Premierenfeier nach »Hallo, Dolly« im Theater an der Wien mit Professor Rolf Kutschera, 1962.
Rechts oben: Als Spaßmacher in einer Fernsehshow der sechziger Jahre mit Helmut Ketels und Claus Cristofolini.
Als Juliska in »Maske in Blau«, Deutsches Theater München, 1965.

71 In Walter Firners Komödie »Das Kuckucksei«, Kleine Komödie München, 1986. ▷

72 Nach mehr als 25 Jahren dreht ich wieder einen Kinofilm: Pete Schamoni verpflichtete mich fü »Schloß Königswald«, 1988.

73 Heimkehr nach 58 Jahren. An 24. Oktober 1992 hatte ich am Bu dapester Operettentheater Premie re in der Titelrolle von Emmerich Kálmáns »Gräfin Mariza«. Mein Partner: Lászlo Csere.

Er lächelte selbstsicher, meiner sicher, der schöne Nordhaus. »Du wirst mich *nie* verlassen!« Er hatte lange Zeit recht. Ich kam nicht los.
Mein neuer Bühnenpartner gefiel mir sofort sehr gut. Er war sonnig, sympathisch, und er konnte sehr viel. Wieder ein *netter* Partner, dachte ich. Gefunkt hatte es nicht.
Stutzig wurde ich das erstemal, als ich bei der Liebesszene seine Hände über meinen Rücken gleiten fühlte. »Hallo, ein Kerl«, registrierte ich. Erotik schlummerte noch.
Auch bei ihm. Ich war ihm viel zu sehr Kommandeuse. Er hat überlegt: Wie mag sie als Frau sein? Ob sie überhaupt eine gute Geliebte sein kann?
Erst wenn mich ein Mann im Bett hat, sieht er, was los ist mit mir.
Schräg gegenüber vom Theater im Kaffeehaus saß er in der Ecke, trank traurig sein Kaffeetscherl. Ich setzte mich zu ihm: »Sie sehen so traurig aus?«
»Ja«, sagte er, »nach siebzehn Jahren hat mich meine Frau jetzt verlassen. Und wissen Sie was? Ich bin schuld. Ich habe Schmetterlingsblut. Ich enttäusche jede Frau. Die Frau, der ich treu sein könnte, ist noch nicht geboren worden.« Er färbte sich nicht vorteilhaft ein. Er sprach so nett über seine Frau. Kein Wunder, sagte er, daß sie nun endgültig genug habe. Sie hätten sich schon so oft trennen wollen. Sie habe viel mitgemacht an seiner Seite.
In dem Moment gewann ich ihn lieb. Keine Spur von Imponierenwollen, Aufrichtigkeit. Ausnahmsweise war ich eine gute Zuhörerin. »Es wird schon noch die Zeit kommen, in der Sie ruhig werden«, tröstete ich. Ich war 41, er 43. Er lachte: »Sicher haben Sie recht!«
Abends gingen Nordhaus und ich immer essen. An den

nächsten Abenden kreuzte immer ganz »zufällig« auch Herr Raul in den verschiedensten Lokalen auf. Wir saßen dann natürlich an einem Tisch. Später verabredeten wir uns gleich der Einfachheit halber.

Eines Abends dann rauschte das Schicksal durch den Raum – und es zwinkerte mir deutlich zu. Fred hatte eine Hornbrille aufgesetzt und studierte sorgfältig und ernsthaft die Speisekarte. Da schoß es mir wie ein Pfeil durch den Kopf: »Den kannst du lieben!«

Es war gewiß nicht erotische Gier. Erotik hatte ich bei Nordhaus im Übermaß, wahrhaftig. Nein, ich spürte, daß er richtig war für mich, vertrauenswürdig, ein Beschützer – und, voilà, ein *Mann!*

Ich dachte: Marika, er würde bei dir bleiben. Und es könnte dir nie schlecht gehen mit ihm. Ich fühlte, wie ich rot wurde. Meine Hände zitterten ein bißchen. Schließlich rauscht das Schicksal auch nicht alle Tage vorbei.

Von jetzt an stand ich in den Kulissen, wenn er spielte, ich schaute ihn an, beobachtete seine Gesten, hörte seine Stimme. Ich fühlte, wie sich mein Herz bewegte. Ich dachte nicht in erster Linie: »Wie wird er im Bett sein?« wie bei Nordhaus. Unsere Basis war das Liebeslager gewesen. Mit Fred war es anders. Wir konnten miteinander sprechen! Wir trafen uns nun – im Café, bei Spaziergängen. Er sagte: »Sie sind nicht frei. Sie verstehen sich gut mit Ihrem Partner – und Sie sind mit Jacoby verheiratet.«

Ich erklärte es ihm: »Ich bin keine Abenteurerin. Wenn ich liebe, dann liebe ich sehr lange. Ich bin nicht mehr im ›neugierigen‹ Alter. Ein Mann, der nicht treu sein kann, käme für mich nicht in Frage. *Meine* Männer sind treu. Ich würde niemals wie Ihre Frau auch nur ein Jahr aushalten. Ich bin schließlich Skorpion!«

Er sagte: »Ich will einer Frau nicht weh tun, aber ich kann nicht garantieren, daß ich's nicht doch tue.«
Wir redeten und redeten – wie schlecht wir zusammen paßten. Dabei war schon das Veilchen in unseren Herzen. Nach einem gemütlichen Heurigen und zwei Gläschen mehr überrumpelte uns die Sehnsucht nacheinander. Da hatten wir den Salat: Theo war nachgiebig gewesen. Fred war ein Kerl, herrschsüchtig – wie ich. Empfindlich – wie ich. Jacoby hatte sich immer beschützend über mich gebeugt. Fred forderte mich heraus.
Trotzdem stellten wir fest, daß wir zusammen paßten. Das Gewissen meldete sich.
Wem konnte ich mein Geheimnis anvertrauen? Ich lief zu Georgy, meinem Ehemann. Er liebte mich ja. Seine kleinen Freundinnen erzählten mir immer, daß er viel von mir sprach. Er hat mich nie aus seinem Herzen reißen können. Aber ich ihn auch nicht.
Als er die erste Freundin hatte, dachte ich: Hoffentlich verwöhnt sie ihn. Als er mir aber gestand: »Du, die ist lieb. Sie verwöhnt mich richtig«, da platzte ich fast vor Eifersucht. Jetzt sagte er: »Ich wünsche mir einen Mann an deiner Seite, der dich nicht nur mit Liebe berauscht, sondern der zu dir steht und dich beschützt, denn, Marika, das brauchst du.«
Das stimmte. Zu Nordhaus' Zeiten bin ich immer, wenn ich Sorgen hatte, zu Jacoby gelaufen. Wir blieben immer verbunden. Er wurde 82 Jahre alt und hat bis zuletzt gearbeitet.
Damals sagte er: »Der Fred Raul – er ist rauh, ein schwieriger Mann sicher, aber vielleicht geht es gut mit euch.«
Heute weiß ich, daß sich Ehe lernen läßt, wenn man sich liebt. Fred ist beleidigend und aufbrausend, aber

wenn das Gewitter vorüber ist, dann weiß ich nach wie vor: Er liebt dich über alles! Freunde sagen manchmal zu mir: Du läßt dir zuviel von ihm gefallen. Was wissen sie schon?

Keiner kann es wissen, aber ich fühle es. Hier ist eine Liebe ohne Egoismus. Fred war wer, als ich ihn kennenlernte. Er war an guten Theatern in ersten Positionen erfolgreich. Das Vulkanleben an meiner Seite, das Riesenmaß an Verantwortung, das er für mich übernommen hat, hätte er sich ersparen können. Er hat mich gewählt. Er kennt mich gut. Ich bin impulsiv, und mit Gewalt geht bei mir gar nichts.

Wenn bei uns einmal die Fetzen fliegen und ich renne aus dem Haus, dann kehre ich an der nächsten Ecke wieder um und denke: »Nein, von *dem* gehst du *nie* weg!« Ich stütze mich ganz und gar auf ihn. Mein Papa ist im August 1951 gestorben. Wir haben ihn auf dem Friedhof am Wolfgangsee begraben, dort, wo er immer so gern spazierengegangen war. Stets hatte er gesagt: »Ich wünsche mir, daß Charlotte einst an meiner Seite liegt.« Zehn Jahre später folgte ihm meine Mutter nach.

Gabi und Fred sind mein Lebensinhalt. Für sie lebe ich und sie liebe ich. Fred ist mein Halt im Leben und mein Partner im Beruf. Er versteht etwas davon, sagt mir, was ich noch besser machen kann, berät mich vorzüglich – wie damals bei der Juliska. Er rüstet mich auch auf vor Premieren, soweit das möglich ist. Denn mein Lampenfieber ist ein ganzer Kilimandscharo an Beklemmung, ein richtiger Alptraum. Eine Woche vor der Premiere möchte ich niemandem mehr raten, mich anzusprechen. Ich kann nicht essen. Ich magere ab. Ich jammere: »Keinen Ton werde ich rauskriegen!«

Dann wird es ernst. Ich habe innerlich gefleht: Bitte

nicht! Aber der Countdown läuft. Eine Sekunde vorher etwa setzt alles aus. Ich höre nichts. Ich sehe nichts. Ich stehe da – eine leere Hülle.
Dann dämmert so etwas. Das musikalische Entree. Ich wanke auf die Bühne. Ich höre meinen Auftrittsapplaus. Der Nebel schwindet. Wie durch ein Wunder fallen mir die ersten Worte ein. Ein Glücksgefühl überrollt mich. Meine Rolle. Mein Publikum. Mein Leben. Ich lebe wieder.

# Trauer und Courage

*Gemeinsam erlebten wir Glück und Erfolg – Fredy starb in meinen Armen – Rückblick auf Musical- und Operettenerfolge*

Wenn einem der liebste Mensch stirbt, wird die Welt grau und leer. Was gestern Glück war, bedeutet nun gar nichts mehr: Erfolg, Triumph über Neider, über den Hochmut von Kritikern und über den schlimmsten Gegner, das Alter.

Fred Raul war für mich der Mann meines Lebens geworden. Siebzehn Jahre lang liebte und stützte er mich. Er lenkte meinen beruflichen Kurs, setzte meine Fähigkeiten richtig ein, hielt mich zurück, wenn mein Temperament mit mir durchzugehen drohte, war Schirm im Umgang mit Reportern, Fotografen und Kollegen, ein männlicher, kraftvoller Charakter, ein Kerl aus der Steiermark. Ohne selbst den Glamour des Showgeschäfts auszustrahlen, wußte er vorzüglich damit umzugehen.

Schon 1973, als ich mit »Hallo, Dolly« im Berliner Theater des Westens gastierte, war er ein sehr kranker Mann. Herz und Lunge waren angegriffen. Bei ungünstigen Wetterlagen fiel ihm das Atmen schwer. Dann geleitete ich ihn bei Spaziergängen im Tiergarten von einer Bank zur nächsten. Ich machte ihm Mut, wie er mir stets Mut gemacht hatte.

Wir haben uns mit Wonne gezankt, spielerisch, nach

Art total eingespielter Gespanne. Da ging es um so weltbewegende Themen, welche Farbe denn nun die Polster des neuen Autos haben sollten, und wir machten ganz großes Theater daraus. Doch selbst wenn ich aufgebracht nach draußen stürzte – nach zehn Minuten war ich zurück.

Bei den Polstern ging es übrigens nach meinem Kopf. In den wirklich wichtigen Fragen des Lebens aber waren wir uns einig. Das galt auch in hohem Maße für meine Karriere. So hatte ein recht bekannter Autor für das Fernsehen die neue Fassung einer alten Operette auf mich zugeschnitten. Fredy las mir den Text vor, wie er das immer tat. Wir schauten uns an, und ich sagte, was er gerade dachte: »Da werden wir noch viel machen müssen mit unserem goldigen Humor.« Und das machten wir dann auch. Gemeinsam. Unser Einverständnis war tief.

Als Fredy immer hinfälliger wurde, habe ich alles getan, um ihn wieder auf die Beine zu bringen. Ich habe ihn nicht ins Pflegeheim gebracht, wie man es mir vorschlug. Am 30. November 1984 hatte ich mich im Münchner Deutschen Theater mit Paul Abrahams Operette »Ball im Savoy« von meinem Publikum verabschiedet, um mich ganz der Pflege meines Mannes zu widmen. Ich wollte es zwingen. Die Ärzte haben mir bestätigt, daß meine Fürsorge sein Leben verlängert hat. Doch es konnte nicht ewig dauern.

In unserer Villa, im Kurort-Klima von Baden bei Wien, habe ich alle Energie, die ich sonst in meine Rollen gesteckt hatte, im Kampf gegen die Krankheit meines Mannes eingesetzt. Aber der körperliche Zusammenbruch war zu umfassend: Lungenemphysem, Thrombose, ein Schlaganfall, eine Verkalkung der Bauchschlagader, hohes Fieber. Er magerte ab.

Sein Geist verwirrte sich. Er mußte gefüttert werden. Stumm und gelähmt saß er tagsüber im Rollstuhl.
Doch er hatte noch lichte Momente. Dann sprach er von den Anfängen unserer Ehe und von dieser großen Liebe zwischen uns.
Schließlich mußte er dann doch ins Krankenhaus. Das tödliche Ausmaß seiner Krankheit war ihm gar nicht bewußt, das tröstete mich ein wenig.
Am 25. August 1985 starb mein Mann in meinen Armen. Ja, ich war in der letzten Minute bei ihm und gab ihm noch einen Kuß, bevor es zu Ende war.
Ich erstarrte vor Schmerz. Ich kämpfte um eine Haltung, die mir das Weiterleben ermöglichen konnte. Ein Teil meiner Lebensfreude ist mit Fred Raul gestorben. Es ist schwer, allein zu sein. Ich war einsam. Und ich sagte mir, daß als Gegenmittel meine Arbeit das beste Rezept sein würde. Ich bin für jeden Tag dankbar, den Fredy und ich zusammen waren. Gott hat gewußt, wann die Zeit für ihn gekommen war. Ich muß es hinnehmen.
Wenn ich an meine Bühnenjahre zurückdenke, so teilt sie die Erinnerung in die Zeit mit meinem Mann und die Zeit nach seinem Tode.
Ich war erst sechzig, als die Berliner Morgenpost zu »Hallo, Dolly« schrieb: »Der Glücksfall der Inszenierung ist Marika Rökk. Ihre künstlerische Vielseitigkeit ist sicher einzigartig. Wer vereint Tänzerisches, Gesangliches und Schauspielerisches so virtuos wie sie, wer ist so koboldhaft quicklebendig wie sie, wer verbreitet so verschwenderisch gute Laune wie sie? Daß sie das alles heute noch kann, ist erstaunlich genug, daß sie es heute tatsächlich noch tut, grenzt ans Wunderbare.« Nun, mit dem Wunderbaren stehe ich nun schon lange auf gutem Fuß.

Es folgte »Die Csárdásfürstin«. Damit mir die Rolle wie ein Glacéhandschuh paßte, wurde die Kálmán-Operette einfach umgeschneidert: Der Autor István Békeffy, von dem auch der Roman »Der Hund, der Herr Bozzi hieß« stammt, bauschte die Mutterrolle der Fürstin Anhilte zur Hauptrolle auf. Ich war sozusagen die Csárdáskönigin.
Im Original will der junge Revuestar Sylva Varescu, als Csárdásfürstin bekannt, den blaublütigen Edwin heiraten, aber dessen Vater möchte eine solche »Tingeltante« keinesfalls als Schwiegertochter haben. In der neuen Fassung nun ist die Gattin des alten Fürsten zuvor ebenfalls eine bekannte Bühnenschöne gewesen. Doch der Göttergatte ahnt nichts davon. Jetzt steckt sie ihm ein Lichtlein nach dem anderen auf und wird solchermaßen zur Ehestifterin ganz besonderer Art. Und ich hatte Gelegenheit, in langen Rückblenden zu zeigen, wie ich als Csárdásfürstin über die Bühne gewirbelt war.
Fred Raul führte natürlich Regie. In Wien, München, Hamburg und Berlin feierte und liebte mich mein Publikum. Ich bekam Berge von Blumen, und oft warteten die Leute mit Blümchen und Autogrammkarten am Künstlerausgang auf mich.
Bei Peter Kreuders 70. Geburtstagsfeier am 14. Mai 1975 im ZDF war ich selbstverständlich zu Gast.
1976 wurde ein schwarzes Jahr für mich in gesundheitlicher Hinsicht. Im März mußte ich in München mit einer Bauchfellverwachsung ins Pasinger Krankenhaus. Es war meine erste Operation, und ich hatte große Angst. Fünf Stunden lang operierte Professor Zimmer mich. Dann lag ich auf der Station 7a.
Wir hielten den Krankenhausaufenthalt geheim. Ich hatte mich als »Maria Greschitz« eintragen lassen –

Greschitz ist der bürgerliche Name von Fred Raul. Alles ging gut. Sogar die Narbe war wunderschön gelungen.

Ich war schon vor dieser Operation im Wiener Raimund-Theater in Kálmáns »Gräfin Mariza« erfolgreich gewesen. Nun trat ich wieder mit dieser Operette auf. Eines Abends im Oktober blieb mir mitten im zweiten Akt die Stimme weg. Ich brachte die Vorstellung trotzdem schlecht und recht über die Runden. Alle waren bestürzt. Ich behielt die Nerven. Doch ich mußte pausieren. Kaum konnte ich wieder sprechen, da erklärte ich auch schon: »Ich komme wieder. Das ist nichts Unheilbares. Nächstes Jahr gehe ich mit der ›Mariza‹ auf Tournee, basta!« Und so wurde es gemacht.

Jeden Abend rollte ich in einem knallroten Schnauferl auf die Bühne, nahm vor lauter Schwung beinahe die Kulissen mit und legte los. Hugo Wiener hat diese Kálmán-Operette bearbeitet. Fred führte wieder Regie. Die fürstliche Tante aus dem dritten Akt wurde zur Hauptfigur umfunktioniert. Als reiche Verwandte des verarmten Gutsbesitzers nimmt sie seine Werbung um ein reizendes Trotzköpfchen selber in die Hand.

Ich hatte sieben verschiedene Prachtroben und tolle Tänze. Zum Schlußapplaus erschien ich als lila kostümierter Husarenoffizier. Das Publikum war entzückt.

In Berlin gab es ein unliebsames Zwischenspiel. Ich steppte in einen Theaterskandal hinein. Die Brüder Eynar und Vincent Grabowsky, Pächter des Theaters des Westens, waren zahlungsunfähig und wurden verhaftet. Je 100000 Mark sollten sie hinblättern. Eynar Grabowsky erlitt eine Herzattacke.

Silvester 1978 wartete mein Publikum lange in bester Laune. Ich trat schließlich im blauen Schminkmantel vor den geschlossenen Vorhang und sagte: »Wenn wir die Vorstellung überhaupt durchführen wollen, müssen wir das ohne Tänzer tun. Sie streiken nämlich!« Die Leute klatschten und warfen Blumen zu mir hoch. Gerührt eilte ich in meine Garderobe. Aber als ich mein schwarzes, geschlitztes Kleid für den Auftritt anhatte, streikte auch der Chor. Ich mußte ausnahmsweise aufgeben.
Im Theater an der Wien brachte Direktor Rolf Kutschera am 4. Oktober 1978 die musikalische Komödie »Die Gräfin vom Naschmarkt« heraus. Er hatte sie eigens mit Blick auf eine Paraderolle für mich in Auftrag gegeben. Die Rechnung ging auf. Es wurde ein rauschender Langzeiterfolg.
Eine abgewrackte Soubrette, die auf dem Naschmarkt Horoskope verkauft, berichtet ihrer Tochter Ann in Amerika von eleganten Festen, in deren Mittelpunkt Mama als Gräfin stehe. Aber dann sagt das Töchterchen seinen Besuch an. Welch Malheur! Auch der künftige Schwiegervater, Ölmilliardär aus Texas und Edelausgabe von J.R. aus Dallas, wird mitkommen. Da bewährt sich die Solidarität der Armen: Die Leute vom Naschmarkt helfen ihrer »Gräfin« aus der Klemme. Sie plündern einen Theaterfundus und organisieren ein »Stelldichein des hohen Adels«. Ich spielte natürlich beide Rollen: die Schlampe in der Wohnküche und das Luxusgeschöpf aus Phantasie und Liebe.
Die Story stammt aus dem Jahre '26. Erwin Halletz komponierte eine fetzige Musik dazu. In den Umbaupausen erwärmten Heurigensänger zusätzlich die Herzen.

An meinem 65. Geburtstag 1978 war ich wieder ganz obenauf. Das war zum Teil auch die Belohnung dafür, daß ich meine Gesundheit immer gepflegt habe. Neun Stunden Schlaf, vernünftiges Essen, lange Spaziergänge und vor Auftritten möglichst zwei Stunden Ruhe, Sauna zuweilen, Training.
Im Juni '81 bekam ich in Berlin den Bundesfilmpreis in Gold für langjähriges und hervorragendes Wirken im Deutschen Film. Ich war verblüfft, weil ich ja gar keine Filme mehr machte. Aber hier irrte ich.
Meinen 70. Geburtstag feierte ich mit »Ball im Savoy« im Wiener Raimund-Theater. Ich wurde mit der Ehrennadel in Gold ausgezeichnet. Und es war wieder alles da: die Treppe, der Wirbel, die Melodien, das eingestimmte Publikum. Eine rauschende Ballnacht.
Aufhören oder Weitermachen? Ich bin so viele Treppen hinuntergefegt auf meinem Weg nach oben. Diese Treppen in der Revue, die den Beinen schmeicheln und der Show die dritte Dimension der perfekten Illusion hinzufügen.
Mein Körper ist mein Instrument, er gibt mir Selbstvertrauen. Ich bin eigentlich immer auf dem Sprung. Meine Schönheit beruht auf meiner Ausstrahlung, sie wird ständig neu gespeist. Auch sie ist ein Werk der Willenskraft, das ist mir erst in meinen späteren Jahren so recht klar geworden.
Ich weiß auch, daß Leute, die schon mal selber ans eigene Alter denken oder nicht mehr zu den Jüngsten gehören, meinen Mumm mögen. In höheren Jahren habe ich meine Komik und meine Drolerie bewußt etwas drastischer angelegt. Manche nahmen es mir übel, aber der größte Teil meines Publikums liebt mich so. Als ich in »Hallo, Dolly« auf der

Bühne ein ganzes Grillhähnchen verspeiste, lachten die Zuschauer Tränen. Ich hatte für diesen Augenblick allerdings auch den ganzen Tag über gefastet, um dann so richtig loslegen zu können.
Essen macht ja leider dick. Dabei esse ich so gern, Kohlrouladen und solche bekömmlichen Sachen. Aber ich halte mich eisern zurück. Dick werden, nein danke. Auch Champagner mag ich gern. Aber meistens trinke ich kahlen Tee mit ein paar Süßstofftablettchen.
Es gab auch Stimmen, die mir meine große Karriere zu Zeiten der Nazis vorwarfen. Aber ich glaube, daß im Grunde niemand bezweifelt, daß ich nicht der Typ bin, der sich einspannen läßt für eine Ideologie. Ich habe einen gut entwickelten Instinkt, und Mut habe ich auch. Meine Welt ist von Kindesbeinen an ein Riesenzirkus mit vielen Manegen gewesen. Ich bin international aufgewachsen. Und ich habe bei aller Gutmütigkeit stets im Auge behalten, worauf es ankommt. Schon im Sandkasten wußte ich: Man läßt sich die Schippe und die Kuchenform nicht wegnehmen!
Ich war nie ein Stichwortempfänger, und ich liefere auch keine Stichworte ab. Viele haben gemerkt, daß ich die Schau an der Rampe allein mache, das liegt einfach in meiner Natur. In meinen großen Filmen trat ich stets als letzter Trumpf zum Nachhausenehmen für das Publikum auf. Mein prominenter Partner, der allenfalls singen konnte, durfte zuschauen und verliebt gucken.
Ich habe auch 1988 in Peter Schamonis Film »Schloß Königswald« getanzt. Es hieß, die anderen Schauspielerinnen hätten es übelgenommen, aber das glaube ich nicht. Jede von ihnen war eine Berühmtheit. Aber sie tanzen ja nun mal nicht.

Ich bin Kosmopolitin. Immer noch klingt der Tonfall meiner Kindheit in meiner Sprache durch, Bé-tonung auf den ersten Silben, alles ächt ungarrisch, bittärschön. Meine wahre Heimat waren und sind die Bretter, die meine Welt bedeuten. Oft war die Bühne zu schmal für mein Temperament, manchmal hatte sie eine leichte Schräge, vom Parkett aus gar nicht erkennbar, aber ruinös für Sehnen und Muskeln einer Tänzerin. Ich kann gar nicht sagen, wie oft ich meine schmerzenden, geschwollenen Knie gekühlt und dabei zähneknirschend im Sessel gesessen habe, mit hochgelegten Beinen, bis es Zeit wurde, Maske zu machen, sich aufzuraffen für den nächsten Auftritt, den nächsten Kraftakt, den Augenblick, in dem das Publikum anspringt, den herrlichen Applaus.
Ich habe sozusagen überall und nirgends Schulen besucht. Ich spreche viele Sprachen. Die grammatikalischen Feinheiten der jeweiligen Landessprache mußte ich etwas vernachlässigen. Die Begeisterung für Mathematik hielt sich in Grenzen. Aber Geschichte fand ich interessant.
Nach '33 habe ich den Deutschen ein bißchen internationale Farbe ins abgeschottete Land gebracht. Zarah Leander mit dem schwedischen Akzent, Rosita Serrano aus Chile, Johannes Heesters aus den Niederlanden, auch sie zum Beispiel vermittelten schon allein durch ihren Sprachklang einen Hauch von Weltläufigkeit. Und ich habe immer alles gegeben. Halbheiten liegen mir nicht. Mein Publikum weiß das.

# Ich bin wieder da!

## *»Das Kuckucksei«, der Film »Schloß Königswald« und der neue Start: Mit neunundsiebzig ein rauschender Triumph in Budapest*

Wie habe ich diese Zeit nur ertragen? Nach dem Tode meines Mannes glaubte ich nicht weiterzukönnen. Mit Fred war ein Teil von mir gestorben. Ich empfand es als ungerecht, daß ich allein sein mußte. Ich hatte es nie gelernt. Mein Mann hatte mir immer alles abgenommen. Wir waren nie länger als zwei Tage voneinander getrennt gewesen. Wie versteinert bin ich gewesen, verstummt, unfähig, mich zu irgend etwas Größerem aufzuraffen.
Ich hätte nach Fredys Tod nicht in unserem Haus in Baden bei Wien bleiben dürfen, wo mich alles an ihn erinnerte. So hielt ich still, schonte meine Seele. Ich war schon so müde.
Aber nach zwei Jahren kam Sándor Németh zu mir. Er sagte: »Marika, so geht es nicht weiter. Täglich bist du an Freds Grab. Du weinst. Du wirkst blaß und übernächtigt. Du wirst es nicht durchstehen. Geh! Raffe dich auf, geh!«
Und wir machten »Das Kuckucksei«, eine musikalische Komödie von Walter Firner. Natürlich schaffte ich es nicht, mit halber Kraft zu spielen. Nein, ich stieg voll ein. Ich gab eine Mischung aus Mutti und Tolle Lola. Die Arbeit war hilfreich. Sie hat mich na-

türlich auch zeitweise wieder aufgebaut. Es entspricht meiner Natur, den Dingen entgegenzugehen, anzupacken, aktiv zu sein.
Die Zuschauer amüsierten sich und dachten vielleicht eine Zeitlang nicht an ihre Sorgen. Beim Finale hagelte es wieder Blumen. Meine Mitspieler sammelten sie ein und überreichten sie mir. Es war sehr tröstlich.
Meine kleine Filmrolle habe ich vorhin schon erwähnt. Peter Schamoni, als Produzent (»Zur Sache, Schätzchen«, »Alle Jahre wieder«) und Regisseur (»Schonzeit für Füchse«, »Frühlingssinfonie«, »Caspar David Friedrich – Grenzen der Zeit«) erfolgreich, drehte nach der heiter-hintersinnigen Abschlußnovelle von Horst Bieneks Schlesientetralogie, die unter dem Titel »Königswald oder Die letzte Geschichte« erschienen ist, seinen Film. Er versammelte darin bekannte Schauspielerinnen wie Camilla Horn, Carola Höhn, Marianne Hoppe, Rose Renée Roth, Fee von Reichlin. Und mich auch.
»Schloß Königswald« spielt im Jahre 1945, als im böhmischen Schloß alte, adlige Damen samt Diener und Zofe nach den »Tausend Jahren« das Kriegsende erleben. Zuerst zieht deutsche Wehrmacht zwecks Verteidigung des Geländes ein. Dann kommen anstelle der mit Bängnis erwarteten Russen relaxte Amerikaner. Als diese jedoch das Feld räumen für die glorreiche Sowjetarmee, rücken die Damen vorher gepflegt ab.
Zu den edlen Blaublütigen ist allerdings in letzter Minute noch eine Gräfin Böhme gestoßen, angeheiratet und immer noch von ihrer Vergangenheit als As der leichten Muse schwärmend. Den feinen Damen verlangt sie so ein hohes Maß an Contenance ab. Und

wer spielte diese schräge Person? Ihre Marika natürlich! Wer sonst?
Bei der Victory-Party der Amis tanzte ich einen Charleston und einen Boogie-Woogie, daß die Sofas wakkelten. Mein Partner als amerikanischer Major war Helmut Ketels, mit dem ich in meinen frühen Filmen so oft und gern getanzt habe. 36 Jahre hatte er Zeit gehabt, sich an mein Gewicht zu gewöhnen.
Dann mein 75. Geburtstag. Viel Trubel. Glückwünsche in Zeitungen und Zeitschriften, und massenhaft Post von Menschen, die an mich gedacht hatten. Das Fernsehen gab eine Gala für mich. Freunde und Weggefährten gratulierten mir.
Ich sagte den Leuten im Saal und an den Bildschirmen: »Behaltet mich in Erinnerung! Ihr wart ein gutes Publikum, aber ich war auch gut. Ihr habt mich immer geliebt. Ich liebe euch.« Oder so ähnlich, jedenfalls etwas in diesem Sinne. Und ich wußte im selben Augenblick: Es war aus. Die Last war zu schwer für mich. Meine Nerven hielten nicht mehr durch.
Wissen Sie, was ich mir sagte? Schluß, Marika! Keine Operette, kein Fernsehen mehr, keine Karriere, keine Öffentlichkeit, gar nichts!
Nun stellen Sie sich das vor: Da sitze ich in meinem schönen Haus, Jahre lang, und versuche, eine ruhige und abgeklärte Person zu sein. Ich habe einen richtigen Gartenfimmel gekriegt: Blättchen abgeschnitten, Blumen angepflanzt in den schönsten Farben, Trost in der Natur gesucht.
Eine richtige Fernseh-Mamutschka wurde ich. War einsam an langen Abenden, wenn es draußen kalt war und der Kamin brannte, so wie Fred und ich es immer gemocht hatten. Um elf Uhr ging ich ins Bett. Wie öde, das hätte ich mir früher nicht träumen lassen.

Sicher, meine Tochter Gabi hat mich besucht, so oft es ihr möglich war. Wir sind uns in meiner schlechten Zeit noch nähergekommen als früher. Und da ist auch Vida, meine Haushälterin, die sich mit großem Einsatz um mich kümmert.
Allmählich wurde mir klar, daß mir mein Beruf fehlte. Da traf es sich doch gut, daß in Budapest zu Emmerich Kálmáns 110. Geburtstag die »Gräfin Mariza« neuinszeniert werden sollte. Ich glaube in aller Bescheidenheit, daß Operettenliebhabern bei »Gräfin Mariza« immer auch Marika Rökk einfallen wird. Schließlich habe ich sie 700mal gespielt, immer auf deutsch.
Schon früher hat Vera Kálmán bei meinem Mann gebettelt: »Bitte, Fredylein, das muß Marika machen!« Ich habe mich ihr immer sehr verbunden gefühlt. Nun kam Direktor Sándor Németh zu mir, von dem ich vorhin schon erzählt habe, der ein Kálmán-Fan ist und auch an der Wiener Volksoper inszeniert. Er wollte mich unbedingt für seine »Mariza«-Inszenierung am Budapester Großen Operettenhaus haben. »Es wird die größte Sensation«, sagte er.
Vielleicht übernehme ich mich damit, dachte ich. Aber ich konnte nicht widerstehen. Ich mußte es einfach machen. Ich hoffte, daß der Herrgott mir die Kraft geben würde, es durchzustehen. Denn leicht war es gewiß nicht. Mit neunundsiebzig!
Vier Jahre hatte ich mehr oder weniger herumgesessen, hatte ein bißchen zugenommen, na, nicht sehr, aber eben doch ein bißchen. Und die Muskeln waren steif geworden.
Die Dehnübungen danach waren die reinste Folter. So einen Riesen-Muskelkater hatte ich in meinem

Leben noch nicht gehabt. Zwei Tage mußte ich pausieren, dann ging es weiter.
Es lohnte sich. Ich wußte, daß es hübsch werden würde. Natürlich wurde die alte »Mariza« für mich nochmals umgeschrieben. Da kommt eine ältere – nun, alte – Dame aus Rußland nach Ungarn zurück. Sie ist schwerreich und kann alles zurückkaufen, was ihr unnützer Bruder verplempert hat.
Es wurde noch zusätzlich Kálmán-Musik eingebaut, denn die Dame hat selbstverständlich ihre Chansons. Ich singe zwar tiefer als früher, wo ich dieses süße kleine Stimmchen hatte, aber ich singe! Und ich tanze natürlich.
In meinem Alter muß man schon ein bißchen aufpassen mit den großen Sprüngen. Man darf sich nicht überschätzen. Doch im Juni 1992 probte ich in Budapest gleich drei Tänze in zehn Tagen. Ich mußte natürlich etwas langsamer treten, aber ich bin eben stets sehr temperamentvoll gewesen, und so sehr ändert man sich nicht. Wenn mir eine Aufgabe gestellt wird, dann gehe ich gleich mit voller Kraft hinein. Ich komme auf Touren, brause los wie eine Lokomotive. Ich muß spüren, was ich da mache, muß fühlen, daß ich es schaffe. Es waren 35 Grad Hitze im Trainingssaal. Der Ballettmeister sagte: »Frau Rökk, Sie haben Zeit! Es ist keine Premiere heute!« Half nichts, ich ging los wie die Feuerwehr.
Gott sei Dank, es passierte nichts. Eine liebe Ungarin nahm alles auf Video auf. So konnte ich mich nachher zu Hause in Baden setzen und gucken, was noch verbesserungsfähig sein könnte.
Beim Singen habe ich noch eine ganz unerwartete Schwierigkeit gehabt. Die Lieder, die Melodien und Texte konnte ich wie geschmiert, sie waren mir längst

in Fleisch und Blut übergegangen, aber auf deutsch. Und jetzt mußte ich sie auf ungarisch singen. Nun, ich bin fleißig. Ich lernte die Texte gut auswendig. Doch wenn ich dann schön auf ungarisch angefangen hatte, machte sich plötzlich der alte Text selbständig. Kaum zu glauben, ich verfiel wieder in die geläufige Sprache, und alle riefen: »Sie singen wieder Deutsch!«

Ungarisch – meine Muttersprache. Die schöne Sprache meiner frühen Kindheit. Doch welche Sprache spreche ich eigentlich perfekt? Ich bin so viel herumgekommen.

Nach der »Gräfin Mariza« spiele ich in Wien wieder »Das Kuckucksei«, und da wird Sándors Frau Gaby Bischof als meine Tochter mitwirken. In der »Gräfin vom Naschmarkt« war sie noch eins der Straßenmädchen. Jetzt ist sie stellvertretende Direktorin – keine schlechte Karriere, nicht? Sie ist herzig, reizend, intelligent – und gut für Sándor. Er spricht Ungarisch, sie Deutsch, das ergänzt sich blendend. Hübsche Beine hat sie übrigens auch.

In »Gräfin Mariza« sind natürlich sämtliche Rollen, die in eine Operette hineingehören, bestens besetzt. Doch die eigentliche, einzigartige Note sollte ich hineinbringen. Alle sollten staunen, wie die alte Dame da auf der Bühne live herumwirbelt, mit Partner und ohne.

Manchmal dachte ich: Warum machst du das? Und dann hoffte ich, daß ich es mit Gottes Hilfe durchstehe. Nicht aus Ehrgeiz. Ich bin schon in meinem Leben soviel geehrt und gefeiert worden. Nein, aus Hingabe an diesen einzigartigen Beruf und als Dank an alle, die mich schätzen und lieben . . . an mein Publikum. Wer sonst in meinem Alter kann das noch, was ich

kann? Ich wüßte keinen. Bilde ich mir das ein? Wer beherrscht in der Branche eine Skala mit dem Spielraum, den ich in all den Jahren ausgefüllt habe?
»Welches Fach machen Sie?« fragten mich manchmal Reporter.
Nun: Film, Fernsehen, Operette. Singen, Tanzen, Komik. Ich antwortete: »Das Rökk-Fach. Es ist nur einmal besetzt.«
Die »Mariza« im Operettentheater von Budapest ist mein größter Triumph geworden. Ich sage in aller Bescheidenheit, daß ich den Erfolg schon verdient hatte. Ja, ich übertraf mich selber. Besser konnte ich nicht sein.
Alles war perfekt: die Musik, die Kollegen, die Kostüme, das Ballett, die Regie natürlich. Das Publikum jubelte mir zu. Im ausverkauften Haus applaudierte es nach der Premiere stehend dreißig Minuten lang. Es wurde gefilmt und fotografiert. Die Bühne war übersät mit roten Rosen. Ich wurde das Stadtgespräch von Budapest.
Das war die Belohnung für die Plackerei und für das größte Lampenfieber meines Lebens. Ich vergesse so leicht mein Alter, und mein Publikum vergißt es auch. Ich sehe gut aus, bin schlank und beweglich. Aber es wird schwerer.
Ich bin ganz Künstlerin. Was ich mache, muß Hand und Fuß haben. Fünfzehn Jahre war es her, seit ich diese Kálmán-Operette gespielt habe. Fredy hatte sie anders inszeniert. Jetzt werden die magyarischen Aspekte stärker betont. Viele ungarische Trachten, mehr Csárdás und Pußta und Paprika. Und ich spiele die Großfürstin reifer als damals, weicher, auch raffinierter, als eine Frau, die für andere das Schicksal lenkt.

Es hat sich ganz natürlich so ergeben. Ich bin nicht mehr so burschikos wie vor fünfzehn Jahren, und es paßt viel besser so zu dieser romantischen Zeit, in der die Handlung spielt. Gefühle lasse ich nun langsam aufblühen. Früher wäre ich vor Ungeduld aus den Schuhen gekippt.
Ich muß mich nicht mehr beweisen. Reklame brauche ich nicht mehr. Doch dieser große Erfolg in Budapest, im Land meiner Kindheit, wurde mir von Gott als ein Extra-Schmuckstück gegeben. Dafür bin ich dankbar.
Meine Begabung habe ich als Geschenk bekommen. Auch die nötige Härte für Disziplin und Ausdauer. Ich habe die stumme Zeit überwunden, diese traurige Phase der inneren Lähmung.
Irgendwann wird es zu Ende sein. Einmal müssen wir alle gehen. Das weiß ich. Ich bin keine Phantastin. Bis dahin wünsche ich mir Gesundheit und Kraft. Bitte, halten Sie mir die Treue!

# *Filmographie*

Zusammengestellt von Elvira Reitze und Peter Spiegel

Die Jahreszahlen bezeichnen das jeweilige Uraufführungsdatum. Erklärung der Abkürzungen: R = Regie, B = Drehbuch, K = Kamera, M = Musik, D = Darsteller, D = Deutschland/BRD, E = England, Ö = Österreich, U = Ungarn, F = farbig/schwarzweiß, MR = Marika Rökk (der in Klammern gesetzte Name ist die Rollenbezeichnung)

**1930**

**Kiss Me Sergeant** (E)

R: Monty Banks, B: Val Valentine (nach dem Bühnenstück »The Idol Of Moolah« von Syd Courtenay und Lola Harvey, F: schwarzweiß

D: MR, Leslie Fuller, Mamie Holland, Syd Courtenay, Frank Melroyd, Lola Harvey, Gladys Cruikshank, Gladys Frazin, Roy Travers, Olivette

**Why Sailors Leave Home** (E)

R: Monty Banks, B: Val Valentine, Syd Courtenay, Lola Harvey, F: schwarzweiß

D: MR, Leslie Fuller, Peter Barnard, Eve Cray, Gladys Cruikshank, Dmitri Vetter, Frank Melroyd, Syd Courtenay, Lola Harvey, Olivette

**1932**

**Csokolj meg edes** (U)

R: Béla Gaál, B: László Vadnay, Imre Harmath, Tamás Emöd, K: István Eiben, M: Jenö Sándor, F: schwarzweiß

D: MR, Erzsi Somogyi, Kálman Rózsahegyi, Béla Salamon, Piri Vaszary, Ilona Dajbukát, Irén Sitkey, Karola Zala, Marcsa Simon, Gyula Gózon, Gerö Mály, Antal Páger, Imre Rádai, István Gyergyai, Lajos Gárdonyi, Andor Sárosi, Géza Boross

**1933**

**Kisértetek vonata** (U)

R: Lajos Lázár, K: István Eiben, M: Dezsö Szenkár, Mihály Eisemann, F: schwarzweiß

D: MR, Jenö Törzs, Ella Gombaszögi, Oszkár Beregi, Lajos Ihász, Sándor Pethes, Ica Bodó, Margit Ladomerszky, Zoltán Miklósy, Gábor Kertesz, Jenö Herceg, Vilmos Komlós

**1935**

**Leichte Kavallerie** (D)

R: Werner Hochbaum, B: Franz Rauch nach dem Roman »Umwege zur Heimat« von Hans Lorenz-Lambrecht, K: Bruno Timm, M: Hans-Otto Borgmann, F: schwarzweiß

D: MR (Rosika), Heinz von Cleve, Fritz Kampers, Oskar Sima

**Der Bettelstudent** (D)

R: Georg Jacoby, B: Walter Wassermann, C.H. Diller nach der gleichnamigen Operette von Karl Millöcker, K: Ewald Daub, M: Alois Melichar nach Karl Millöcker, F: schwarzweiß

D: MR (Bronislawa), Johannes Heesters, Carola Höhn

**1936**

**Heißes Blut** (D)

R: Georg Jacoby, B: Rudo Ritter, L.A.C. Müller, K: Werner Bohne, M: Franz Doelle, F: schwarzweiß

D: MR (Marika von Körössy), Hans Stüwe, Ursula Grabley, Paul Kemp

**1937**

**Und Du, mein Schatz, fährst mit** (D)

R: Georg Jacoby, B: Bobby E. Lüthge, Philipp Lothar Mayring, K: Herbert Körner, M: Franz Doelle, F: schwarzweiß

D: MR (Maria Seydlitz), Hans Söhnker, Alfred Abel, Oskar Sima

**Gasparone** (D)

R: Georg Jacoby, B: Hans Leip, Werner Eplinius, Rudo Ritter

nach der gleichnamigen Operette von Karl Millöcker, K: Konstantin Irmen-Tschet, M: Peter Kreuder nach Karl Millöcker, F: schwarzweiß
D: MR (Ita, Nichte von Massaccio), Johannes Heesters, Heinz Schorlemmer, Edith Schollwer, Oskar Sima, Leo Slezak

**Karussell** (D)
R: Alwin Elling, B: Erwin Kreker, Franz Rauch, Alwin Elling, K: Robert Baberske, M: Will Meisel, F: schwarzweiß
D: MR (Erika Hübner), Georg Alexander, Paul Henckels

**1938**
**Eine Nacht im Mai** (D)
R: Georg Jacoby, B: Willy Clever, K: Robert Baberske, M: Peter Kreuder, Friedrich Schröder, F: schwarzweiß
D: MR (Inge Fleming), Viktor Staal, Karl Schönböck, Oskar Sima

**Es war eine rauschende Ballnacht** (D)
R: Carl Froelich, B: Geza von Cziffra nach einer Filmidee von Georg Wittuhn und Jean Victor, K: Franz Weihmayr, M: Peter Tschaikowsky, Theo Mackeben, F: schwarzweiß
D: MR (Nastassja Petrowna Jarowa, Tänzerin), Zarah Leander, Hans Stüwe, Leo Slezak, Aribert Wäscher

**1939**
**Hallo Janine** (D)
R: Carl Boese, B: K.G. Külb, K: Konstantin Irmen-Tschet, M: Peter Kreuder, F: schwarzweiß
D: MR (Janine), Johannes Heesters, Rudi Godden, Mady Rahl, Hubert von Meyerinck

**1940**
**Kora Terry** (D)
R: Georg Jacoby, B: Walter Wassermann, C.H. Diller nach der gleichnamigen Operette von H.C. von Zobeltitz, K: Konstantin

Irmen-Tschet, M: Peter Kreuder, Frank Fux, F: schwarzweiß
D: MR (Kora Terry, Mara Terry), Will Quadflieg, Josef Sieber, Will Dohm, Ursula Herking

**Wunschkonzert** (D)
R: Eduard von Borsody, B: Felix Lützkendorf und Eduard von Borsody, K: Franz Weihmayr, Günther Anders, Carl Drews, M: Werner Bochmann, F: schwarzweiß
D: MR (Marika Rökk), Heinz Rühmann, Paul Hörbiger (in Gastauftritten); Ilse Werner, Carl Raddatz, Joachim Brennecke, Ida Wüst, Günther Lüders, Hedwig Bleibtreu

**1941**
**Frauen sind doch bessere Diplomaten** (D)
R: Georg Jacoby, B: K.G. Külb, Gustav Kampendonk, K: Konstantin Irmen-Tschet, Alexander von Lagorio, M: Franz Grothe, F: farbig
D: MR (Marie-Luise Pally), Willy Fritsch, Aribert Wäscher, Hans Leibelt
(gedreht 1939)

**Tanz mit dem Kaiser** (D)
R: Georg Jacoby, B: Geza von Cziffra, Friedrich Schreyvogel nach dem Bühnenstück »Die Nacht in Siebenbürgen« von Nikolas Asztalos, K: Reimar Kuntze, M: Franz Grothe, F: schwarzweiß
D: MR (Christine von Alwin), Wolf Albach-Retty, Axel von Ambesser, Maria Eis

**1942**
**Hab' mich lieb** (D)
R: Harald Braun, B: Johann Vaszary, Kurt Bortfeldt, Herbert Witt, K: Reimar Kuntze, M: Franz Grothe, F: schwarzweiß
D: MR (Monika Koch), Viktor Staal, Hans Brausewetter, Mady Rahl, Aribert Wäscher, Ursula Herking

**1944**

**Frau meiner Träume** (D)

R: Georg Jacoby, B: Johann Vaszary, Georg Jacoby, K: Konstantin Irmen-Tschet, M: Franz Grothe, F: farbig

D: MR (Julia Köster), Wolfgang Lukschy, Walter Müller, Georg Alexander, Grethe Weiser

**1948**

**Fregola** (Ö)

R: Harald Röbbeling, B: Karl Farkas, Harald Röbbeling, K: Günther Anders, Hans Staudinger, M: Willy Schmidt-Gentner, Theo Nordhaus, F: schwarzweiß

D: MR (Fregola), Rudolf Prack, Siegfried Breuer, Josef Meinrad

**1950**

**Kind der Donau** (Ö)

R: Georg Jacoby, B: Friedrich Schreyvogel, Georg Jacoby, K: Walter Riml, Hans König, M: Nico Dostal, F: farbig

D: MR (Marika), Fred Liewehr, Harry Fuss, Fritz Muliar, Nadja Tiller

**Die Csárdásfürstin** (Ö)

R: Georg Jacoby, B: Bobby E. Lüthge, Georg Jacoby, frei nach der gleichnamigen Operette von Emmerich Kálmán, K: Bruno Mondi, M: Emmerich Kálmán, bearbeitet von Willy Mattes, F: farbig

D: MR (Sylva Varescu), Johannes Heesters, Franz Schafheitlin

**1951**

**Sensation in San Remo** (D)

R: Georg Jacoby, B: Kurt Werner nach einer Filmnovelle von Curt J. Braun, K: Bruno Mondi, M: Theo Nordhaus, F: farbig

D: MR (Cornelia), Ewald Balser, Peter Pasetti

**1953**

**Maske in Blau** (D)

R: Georg Jacoby, B: Fritz Böttger, Walter Forster und Joachim Wedekind, nach der gleichnamigen Operette von Fred

Raymond, K: Bruno Mondi, M: Fred Raymond, bearbeitet von Friedrich Schröder, F: farbig
D: MR (Juliska Varady, Revuestar), Paul Hubschmid, Wilfried Seyferth

**Die geschiedene Frau** (D)
R: Georg Jacoby, B: Walter Forster, Joachim Wedekind, nach der gleichnamigen Operette von Leo Fall, K: Konstantin Irmen-Tschet, M: Leo Fall, bearbeitet von Friedrich Schröder, F: farbig
D: MR (Gonda van der Lor, Revuestar), Johannes Heesters, Hans Leibelt, Trude Hesterberg

**1957**
**Nachts im Grünen Kakadu** (D)
R: Georg Jacoby, B: Curt J. Braun, Helmut M. Backhaus, K: Willy Winterstein, Siegfried Hold, M: Michael Jary, F: farbig
D: MR (Irene Wagner, Tanz- und Gymnastiklehrerin), Dieter Borsche, Renate Ewert, Hans Nielsen, Trude Hesterberg, Joseph Offenbach

**1958**
**Bühne frei für Marika!** (D)
R: Georg Jacoby, B: Helmut M. Backhaus, K: Willy Winterstein, Siegfried Hold, M: Franz Grothe, F: farbig
D: MR (Marika), Johannes Heesters, Carla Hagen, Rudolf Platte

**1959**
**Die Nacht vor der Premiere** (D)
R: Georg Jacoby, B: Maria Matray, Answald Krüger, Helmut M. Backhaus, nach einer Idee von Adolf Schütz, K: Siegfried Hold, Helmut Bahr, M: Lotar Olias, F: farbig
D: MR (Carola Lorm), Wolfgang Lukschy, Theo Lingen, Peer Schmidt, Wolfgang Neuss, Louis Armstrong (in einem Gastauftritt)

**1961**
**Mein Mann, das Wirtschaftswunder** (D)
R: Ulrich Erfurth, B: Dieter Hildebrandt, nach Joachim Wich-

mann und Thomas Westa, K: Albert Benitz, M: Michael Jary, F: schwarzweiß
D: MR (Ilona Farkas), Fritz Tillmann, Conny Froboess, Heinz Erhardt

**1962**

**Die Fledermaus** (Ö)
R: Geza von Cziffra, B: Geza von Cziffra, frei nach der gleichnamigen Operette von Johann Strauß, K: Willy Winterstein, Hans Jura, M: Johann Strauß, bearbeitet von Erich Becht, F: farbig
D: MR (Adele, Kammerzofe), Peter Alexander, Marianne Koch, Willy Millowitsch, Hans Moser, Gunther Philipp, Oskar Sima

**Heute gehn wir bummeln** (D)
R: Erik Ode, B: Werner P. Zibaso, Stefan Gommermann, K: Willy Winterstein, M: Hazy Osterwald, F: farbig
D: MR (Marika Sabo), Karl Schönböck, Bibi Johns, Heli Finkenzeller, Rudolf Vogel, Oskar Sima

**Hochzeitsnacht im Paradies** (Ö)
R: Paul Martin, B: Ernst Marischka, nach der gleichnamigen Operette von Friedrich Schröder, K: Friedl Behn-Grund, M: Friedrich Schröder, F: farbig
D: MR (Ilonka Davarosch, Revuesängerin), Peter Alexander, Waltraut Haas, Hubert von Meyerinck

**1988**

**Schloß Königswald** (D)
R: Peter Schamoni, B: Horst Bienek, Peter Schamoni, nach der Abschlußnovelle »Königswald oder Die letzte Geschichte« von Horst Bieneks Schlesien-Tetralogie, K: Gerard Vandenberg, M: Ralph Siegel, F: farbig
D: MR (Freifrau von Boehme), Camilla Horn, Carola Höhn, Marianne Hoppe, Rose Renée Roth, Fee von Reichlin, Ortrun von der Recke, Wolfgang Fierek, Anja Kruse, Dietlinde Turban

# Namensregister